48600

LE BALCON DE L'OPÉRA.

ÉVERAT, imprimeur, rue du Cadran, n° 16.

CELESTIN NANTEUIL

LE

BALCON

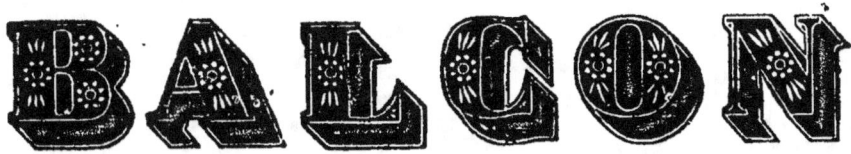

DE L'OPÉRA.

Par Joseph d'Ortigue.

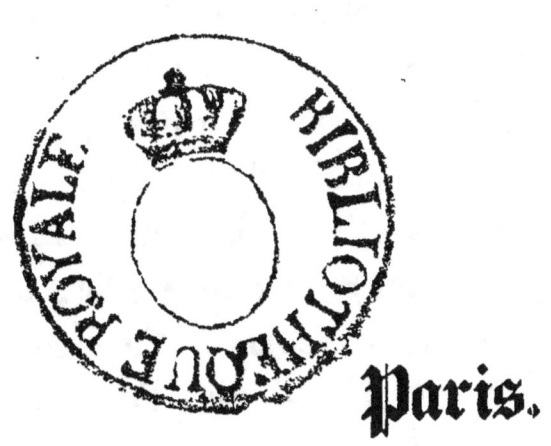

Paris.

LIBRAIRIE D'EUGÈNE RENDUEL,

RUE DES GRANDS-AUGUSTINS, N° 22.

1833.

Le titre de *Balcon de l'Opéra*, donné à un livre d'art, à un recueil d'articles sur la musique, est loin d'être, dans notre pensée, une sorte de piége tendu au public pour lui faire prendre le change sur le fonds de l'ouvrage. L'auteur serait très-fâché qu'on pût se méprendre sur la nature et le but de son livre, et qu'on s'attendît à y trouver un roman, une œuvre d'imagination, tout autre chose enfin que de la critique musicale. Il s'est arrêté à ce titre, entre une foule d'autres qui se présentaient à son esprit, parce que celui-là seul lui paraît être justifié. En effet, l'Opéra, et, sous cette dénomination, il faut entendre ici tous les théâtres lyriques, l'Opéra est, pour le public, le sanctuaire de la musique par excellence. En second lieu, l'opéra proprement dit, c'est-à-dire l'œuvre lyrique du musicien, est un composé de musique vocale et de musique instrumentale. Tous les genres de la musique, la symphonie, l'oratorio, l'hymne, la ballade, la romance, la contredanse même, l'opéra les comporte, les réunit, les embrasse. L'opéra peut être considéré comme l'expression la plus vraie, la plus complète de la musique. Le titre adopté convient donc parfaitement à un livre dans lequel chaque partie de l'art est examinée non-seulement sous son aspect particulier, mais encore sous le point de vue de l'ensemble.

C'est par la même raison que l'auteur n'a pas fait difficulté d'ouvrir son volume par l'opuscule intitulé *de la Guerre des dilettanti*, qui parut en 1829, et où, suivant ses principes et ses idées d'alors, dont plusieurs, il doit le dire, se sont modifiés depuis, il s'efforça d'apprécier l'influence de Rossini sur la musique dramatique et l'art en général. Aujourd'hui, bien que, d'un côté, le développement qui s'est opéré dans son esprit, et, de l'autre, le développement de l'art dont il a suivi attentivement la marche, l'aient forcé à plusieurs concessions et lui aient révélé, dans des principes attaqués par lui, certains élémens dont il ne soupçonnait pas l'existence, il croit devoir faire précéder ses essais de critique de cette première exposition de doctrines, non pour leur servir de base, mais comme point de départ indiquant la filiation et l'enchaînement de ses idées.

Les articles divers qui, avec *la Guerre des dilettanti*, forment ce recueil, ont été écrits dans l'espace de deux ans environ, depuis 1831 jusqu'à ce jour. Ils ont été publiés successivement dans *l'Avenir*, le *Courrier de l'Europe*, la *Revue de Paris*, la *Quotidienne*, etc. Plusieurs ont été traduits en totalité ou en partie dans des feuilles allemandes, russes, italiennes et anglaises. D'autres ont été reproduits dans des journaux français. Si ces morceaux, ainsi isolés, n'ont pas été jugés sans quelque utilité pour l'art, il est évident que l'art ne saurait perdre à leur réunion en corps d'ouvrage. Il nous semble même qu'il en peut résulter cet avantage, que, de l'ordre et de la distribution dans lesquels ils sont classés ici, doit ressortir plus nettement la doctrine d'après laquelle ils ont été écrits, et dont ils offrent tous plus ou moins l'application. Cette doctrine, qui concilie, selon nous, la plus grande activité de l'intelligence avec la plus grande prépondérance des lois, base et règle de tout progrès, qui concilie l'autorité la plus complète des principes constituant l'essence de l'art avec la liberté la plus entière des conceptions, cette doctrine, dont l'auteur a jeté les fondemens dans des morceaux détachés, présentée partiellement dans un grand nombre d'articles, et disséminée dans plusieurs journaux, en supposant qu'elle ait pu faire impression sur quelques esprits, n'a pu être saisie, dans son ensemble, par la plupart des lecteurs. En attendant qu'il nous soit permis de l'exposer avec l'étendue et les développemens qu'elle comporte, nous nous contenterons de renvoyer le lecteur au morceau intitulé : *Du mouvement et de la résistance en musique*, p. 377, à la *Lettre* à laquelle il a donné lieu, au compte-rendu du concert historique de M. Fétis sur la musique du seizième siècle, à l'article sur *Anna Bolena*, page 157, à celui sur *la Sonnam-*

bula, p. 167, et aux pages 43-46 de *la Guerre des Dilettanti*.

Il est un autre point de vue sous lequel ce livre pourra ne pas paraître dépourvu d'un certain intérêt d'actualité. Il s'agit de savoir si la doctrine qu'il renferme est ou non conforme aux besoins présens de l'art. Or il est incontestable que le public est loin de s'être élevé à l'intelligence des œuvres des grands musiciens de notre âge, de Beethoven, de Weber, de Rossini même, malgré son immense popularité; qu'il est loin d'entrevoir dans l'avenir les développemens que l'art peut atteindre entre les mains de nos jeunes compositeurs, MM. H. Berlioz, Liszt, F. Mendelshon, F. Hiller, Chopin, C. Urhan, Reber, etc., etc. Si l'on observe, au surplus, que dans ce moment il s'opère à la fois, au sein des diverses écoles, une dissolution de certains élémens et une transformation de certains autres, d'où la fécondité sortira comme d'un germe, et que la tendance particulière des différens systèmes qui se partagent le domaine de la musique n'est pas aperçue par tout le monde, un ouvrage où sont tour à tour indiqués et cette tendance et ces élémens, où ce travail régénérateur, cette fermentation secrète qui remuent l'art jusque dans ses entrailles, sont analysés progressivement, acquerra peut-être un intérêt réel de nouveauté par cette doctrine dont nous venons de parler, qui le domine et en fait le fonds, et par cette pensée d'avenir qui en lie entre elles toutes les parties.

On voit déjà qu'il n'a point été dans notre pensée de présenter une analyse des compositions musicales les plus remarquables de notre siècle. Un travail de ce genre est plutôt l'œuvre de la critique contemporaine, de la critique collective, qu'il n'est celui d'un seul homme. C'est moins telle ou telle production qui a fixé notre attention que l'école à laquelle elle appartient. Du reste, ce n'est pas à nos théâtres qu'on peut juger sainement notre époque ; au Théâtre Italien où l'on va pour le chant, à l'Opéra où l'on va pour la danse. Croyez-moi : l'art sérieux, l'art enthousiaste et profond, l'art d'avenir, respire mal à l'aise dans cette enceinte qui est avant tout le temple de la mode. Ses allures fières et hardies sont trop gênées au milieu de ces lois d'étiquette et de convention glacée. Cette atmosphère d'essences et de parfums l'asphyxie, et l'artiste qui s'est laissé séduire n'est plus qu'un homme. Après avoir fait de beaux ouvrages, il porte de beaux habits ; pour expier son silence et son apostasie, il devient fashionable. Mais il faut pénétrer dans ces réduits igno-rés, dans ces mansardes modestes où le jeune artiste médite et travaille, où il attend avec une confiante patience que l'heure sonne pour lui. Ce qu'on voit là, ce qu'on y entend, ce qu'on y apprend, vous révèle l'é-poque, non telle que la foule la juge à l'éclat des lustres dans les foyers et les salons, mais telle qu'elle est réel-lement dans les profondeurs sociales. Et pour qui va la chercher et l'étudier là, tout ce qui s'appuie sur la machine vermoulue du *statu quo*, tout ce qui ne se

VI

soutient que par la puissance d'établissement, tout cela n'est plus qu'anachronisme.

Il est une autre raison pour laquelle cet ouvrage ne saurait présenter un résumé complet de toutes les productions musicales de l'époque. Chaque critique, comme chaque artiste, a son genre de préférence, son genre à lui. Pour celui-ci, c'est la musique lyrique ; pour celui-là, c'est la musique religieuse ; pour un troisième, c'est la musique instrumentale. L'auteur n'a jamais dissimulé sa prédilection pour cette dernière. Ce n'est pas qu'il ne considère, en général, l'opéra comme l'expression la plus grande et la plus complète de tous les développemens de chaque partie de la musique, il l'a déjà dit ; mais au moment où nous sommes, moment de crise et de transition, dans la musique instrumentale, dans le quatuor, dans le quintette, et surtout dans la symphonie, se sont concentrés tous les élémens de vie et de durée. La musique instrumentale réunit les diverses inspirations qui ont présidé aux différentes périodes de l'art, l'inspiration religieuse, l'inspiration dramatique, l'inspiration lyrique ; elle absorbe à la fois la musique sacrée et la musique d'opéra ; elle résume les traditions, s'élance dans les âges ; elle mêle l'art catholique à l'art d'émancipation, la foi à la science ; elle est sociale et individuelle ; elle est tour à tour méditative, contemplative, mystique, sublime, pittoresque et colorée, passionnée et dévergondée. Aussi l'auteur tient surtout à ce qu'on sache toute l'importance qu'il a attachée à cette partie de l'art. Il est, s'il peut se permettre de le dire, le premier, sinon le seul qui ait senti la nécessité d'analyser une symphonie, une ouverture, un quatuor, avec ce soin minutieux que d'autres apportent dans le compte-rendu d'un opéra. Il a essayé d'interroger, de sonder la pensée qui fait parler tout un orchestre, de suivre l'idée du poète, du philosophe, de l'homme, dans des combinaisons de sons, dans les accens des divers instrumens, à travers les contrastes, les effets et les folies de l'instrumenta-tion. Voilà pourquoi il a dit et il répète aujourd'hui qu'une seule séance des concerts du Conservatoire, de ces concerts dont on ne parle pas, avance plus l'art que trois mois de représentations du Théâtre Italien, dont on parle beaucoup. Voilà pourquoi il a fait, dans ce recueil, une assez large part aux symphonies de Beethoven et à la musique instrumentale [1].

On ne s'étonnera donc pas que plusieurs de nos ar-ticles sur les opéras, en petit nombre, il est vrai, di-sent fort peu de chose des ouvrages à l'occasion desquels ils ont été écrits. C'est un choix d'articles que nous avons fait, et non un choix de sujets. Quelquefois, comme on peut le voir à propos du *Siége de Corinthe*, de *la Gazza Ladra*, des *Sybarites de Florence*, du *Philtre*, une question, ou seulement une pensée utile

---

[1] L'auteur néanmoins s'est vu forcé de renvoyer à un se-cond volume plusieurs articles sur ce sujet, entre autres les analyses des deux symphonies de M. G. Onslow, lesquelles, depuis plus d'un an, sont exécutées avec le plus grand succès dans les principales villes d'Allemagne.

à l'art, nous a préoccupé, et nous lui avons sacrifié l'analyse de la pièce. Plus souvent encore, divers morceaux ont été écrits sous une même inspiration ; ainsi la même pensée domine toute une série d'articles : on en jugera par ceux qui forment les divisions du Théâtre Italien, du Théâtre Allemand, et de la Société des Concerts. Les passages qui avaient trait à l'exécution, au jeu des acteurs et à des circonstances sans autre intérêt que celui du moment, ont dû disparaître de cette collection toutes les fois qu'ils ne faisaient pas corps avec l'article et qu'ils ont pu en être retranchés sans altérer l'idée principale. Avec les matériaux qu'il avait, l'auteur aurait pu composer deux volumes semblables à celui-ci. Il se borne, néanmoins, à en publier un seul ; le sort qui l'attend décidera de ce qu'il aura à faire plus tard.

En voilà assez pour dire que ce livre présente, sinon un aperçu historiquement complet de nos richesses musicales, du moins un résumé philosophiquement exact de la situation de l'art, puisqu'il n'est aucun des résultats amenés successivement par les divers systèmes et les différentes écoles, qui n'y ait été apprécié et défini, autant qu'il nous a été donné de le faire.

L'auteur le déclare. Il a foi en l'art ; et voici de quelle manière il entend cette foi : il croit que l'art est un élément social ; il est pleinement convaincu que dans un siècle vide de foi, de croyances, d'amour, où les intelligences flottent au hasard sans lien et sans but communs, sans doctrines qui les retiennent et leur servent de règle, l'artiste exerce un sacerdoce et le critique un apostolat. La musique (et ce n'est pas seulement parce qu'il l'aime et la cultive de prédilection, qu'elle est sainte et sacrée aux yeux de l'auteur), la musique, en tant qu'art, est appelée à remplir une mission sociale, en ce qu'elle exprime les rapports de tous les êtres, les rapports de l'homme à Dieu, de l'homme aux autres hommes, de l'homme à l'univers [1]. La musique est donc l'expression de l'homme, non de la même manière que la parole dans laquelle s'incorpore et s'incarne la pensée, mais elle en est l'expression dans l'ordre des sentimens et sous un rapport tout poétique et tout intime. Son caractère vague, indéterminé, se dérobe, il est vrai, à toute interprétation positive, mais c'est par cela même qu'elle peint merveilleusement l'homme intérieur, l'homme flottant, indécis, le vague de son cœur et cette oscillation perpétuelle qu'entretiennent en lui et la pensée du néant

[1] Il n'est pas nécessaire de remonter jusqu'à Platon pour trouver la confirmation de ces idées. Le *Traité de la science de la musique* par le docteur Mahomet, fils d'Abouberk — an de l'égire 750, ce qui revient à l'année 1349 de l'ère chrétienne —, roule tout entier sur le développement de ces principes. Nous transcrivons ici une note sommaire qui résume la pensée de l'auteur. « Nota tamen præcipuum intentum auctoris non esse vere docere artem cantandi, et tempus fallendi animumque recreandi quamvis de hoc nonnihil disserat, sed » ejus in hoc consistere, ut ipsemet fatetur, nempe, ut de-

X

et l'idée de l'infini. Aux yeux de l'auteur, donc, la musique se lie étroitement à tout l'ensemble de la vie sociale et des connaissances humaines. Sa foi en l'art est basée sur cette autre foi plus haute qui nous dévoile la loi de tous les êtres.

D'après cela on conçoit qu'il est loin de personnifier l'art dans un homme. Il attend beaucoup de certains artistes, jusque-là pourtant que ces artistes attendent moins d'eux-mêmes que du mouvement des esprits et de la force interne de l'art.

Aussi l'auteur entend-il bien faire de la critique musicale une chose morale et sérieuse; il entend bien que le feuilleton soit, entre ses mains, une véritable tribune et non un coin de boudoir; et les dédains de ces *esprits forts* qui *font de l'art* sans y croire, et les outrages et les injures de ces habiles qui s'imaginent que l'art est identifié en eux-mêmes, ne le feront pas plus taire que d'autres moyens qu'on n'a pas eu honte de lui proposer, et qu'il rougirait seulement d'indiquer, ne le feront parler. Aux premiers sa pitié, aux seconds son mépris. Toutefois il est homme avant d'être critique. Le talent, les préjugés et même certaines considérations personnelles ont pu l'abuser; la passion, jamais. Il a pu être enthousiaste, jamais haineux. Du

» monstret proportiones quæ inter res creatas sunt, seu pro-
» portiones quæ inter spiritualia et corporalia sunt; quia, ut
» hic dicitur, objecta artis musicæ primaria sunt res spirituales,
» v. g., auditorum animi; pariterque ejus effectus sunt spiri-
» tuales, quia musica suos effectus in animis imprimit. »

reste, disposé à louer, à exalter demain ceux qu'il a attaqués hier, s'il croit entrevoir chez eux une seule intention courageuse d'expier le tort qu'ils ont fait à l'art, un simple effort généreux pour lui rendre ce qu'ils lui ont fait perdre. Souvent, il doit l'avouer, le poids de sa propre responsabilité lui a ôté les forces. Sans s'exagérer l'autorité de sa parole, il n'a pas songé sans anxiété à l'effet que cette parole allait produire sur le public. Il a tremblé en écrivant certains noms à côté d'une expression de reproche et de blâme. Alors, comparant la faiblesse de son talent à l'importance de sa mission, il s'est réfugié, plein d'effroi, dans sa conscience, jusqu'à ce qu'il ait entendu la voix qui devait le rassurer.

Nous présumons assez bien de notre époque pour penser qu'en fait d'art, comme en fait de tout le reste, on puisse lui faire entendre *la vérité, toute la vérité, rien que la vérité;* ou du moins ce que nous croyons être la vérité. Donc, il ne sera pas dit que des hommes traiteront impunément l'art comme une industrie; que l'art sera bon ou mauvais, vrai ou faux, suivant l'argent qu'il rapportera; qu'ils spéculeront sur l'art comme sur une denrée. Il ne sera pas dit que ces entrepreneurs d'art et de génie pèseront l'un et l'autre au taux de l'avarice ou de la bêtise, ces hommes prêts à étouffer de sang-froid le génie naissant et ignoré, si ce génie n'est pas une chance de succès pour leur caisse, comme ils sont disposés à venir se courber bassement devant lui, pour peu qu'ils entrevoient la possibilité d'un lucre quelconque. Sans doute cela est déplorable, cela est affreux ! Le cœur saigne à voir l'art ainsi garrotté dans des combinaisons mercantiles. Eh bien ! la plus grande plaie n'est pas là. Elle est, cette plaie, car encore une fois nous ne prétendons pas dire la vérité à demi, elle est dans ces artistes qui ont commencé par faire de leur talent l'instrument de leur réputation, et qui finissent par faire de leur réputation l'instrument de leur fortune ; dans ces artistes qui se sont élevés pour se faire connaître, et qui ont redescendu pour se vendre ; dans ces artistes qui ont trouvé un moyen d'avancement dans le trafic de leur génie et l'exploitation d'eux-mêmes ; qui, pour être quelque chose en face de leurs contemporains, s'annihilent aux yeux de la postérité ; qui troquent leur génie immortel contre quelques jouissances terrestres, et lui font bégayer les stupidités de la foule ; qui tendent à cette foule une main avilie, tandis qu'ils la forcent de l'autre à s'incliner devant eux ; qui pour l'or de cette foule qu'ils méprisent, en viennent sans dégoût au mépris d'eux-mêmes. Qu'ils se méprisent eux-mêmes, passe encore ; mais leur génie ! mais l'art ! grâce, oh ! grâce pour cela ! dans ces artistes enfin indignes et dégradés, qui font de leur génie ce que ces créatures qu'on voit errer à la lueur des réverbères font de leur beauté, qui comprennent l'art à la manière dont ces femmes sans nom comprennent l'amour, lesquelles, après tout, se gardent bien d'usurper un titre sacré. Artistes morts-nés ! pour eux l'homme finit quand le nom commence. Jean-Jacques copiait de la musique pour vivre; mais lorsqu'il écrivait *le Devin du village*, il croyait en conscience ajouter quelque chose à sa gloire. Eux aussi sont copistes : néanmoins ils font payer le métier un peu cher. En vérité, je vous le dis, ceux-là *ont déjà reçu leur récompense.*

Et ces hommes font les parleurs et les juges! Ils décident, discutent, tranchent, conseillent, protégent! et un pauvre écrivain, un critique chétif, qui n'a que sa plume et sa conscience, mais qui a voué à l'art un culte indépendant et solitaire, qui a juré de tout lui dire, celui-là ne pourra parler haut et fort! Et il se fera le complice, le prête-main aveugle et bénévole de ces autocrates que la cupidité pousse au meurtre journalier de l'art! Et il ne dira pas au public de bonne-foi : On te leurre, on te pipe, on t'abrutit, on te vole! Et il ne dira pas à l'artiste jeune comme lui, pur comme lui : Emporte tes dieux dans ta solitude, pour qu'on ne leur offre pas un encens corrompu; va veiller sur la virginité de ton génie, et là, dans ta retraite, consacre seul l'hymen de ton art avec ton ame! — Oui, il le dira. D'honneur! il s'y engage. Pour l'en empêcher, il faudrait briser cette plume et clouer cette main.

En suivant cette ligne, l'auteur a la confiance que ses efforts ne seront pas perdus pour l'art universel comme la nature, comme l'humanité. Ses opinions personnelles peuvent se modifier, déjà il l'a éprouvé;

mais pour ses doctrines qui ne sont pas de lui, mais pour sa conscience, il leur sera fidèle : les unes seront sa règle, l'autre sera son guide. De plus, il espère particulièrement être utile à son pays, et c'est encore, dans son point de vue à lui, une œuvre patriotique qu'il a commencée. La France, il est vrai, n'est point musicienne comme l'Italie l'a été, elle n'est point artiste et laborieuse comme l'est l'Allemagne ; et, pourtant, chose remarquable ! la plupart des musiciens de génie de l'Italie et de l'Allemagne ont eu besoin de respirer l'air de Paris pour arriver au développement de leur talent et à la splendeur de la gloire. Italiens, Allemands par la naissance, ils sont devenus nos concitoyens par le génie ; leurs chefs-d'œuvre leur ont servi de lettres de naturalisation. Si Paris n'a pas été jusqu'ici une terre féconde en artistes ; s'il n'est qu'une espèce de serre chaude pour l'art, le génie étranger néanmoins y puise une séve plus vivace et y produit un jet plus brillant et plus beau que sur le sol natal. La plante est exotique, le fruit est indigène. C'est ainsi que notre patrie s'est approprié successivement les noms de Lulli, de Gluck, de Piccini, de Sacchini, de Spontini, de Chérubini, de Rossini, de Meyerbeer, etc., etc. ; elle les a faits français, pour les rendre européens. Beethoven lui-même, le plus grand nom de la musique, doit en partie à la Société des Concerts sa renommée posthume. Sa gloire naissait à Paris au moment où l'homme venait de mourir à Vienne, et maintenant cette gloire est universelle, et la Société des Concerts en est solidaire.

Cette puissance de développement est due à l'influence éminemment sociale que la France, ce centre de la civilisation, exerce constamment sur les autres peuples de l'Europe. C'est aussi ce caractère que chacun de nous, à quelque degré de la hiérarchie de l'intelligence qu'il appartienne, doit s'efforcer de lui maintenir, le poète comme le philosophe, l'artiste comme le critique.

9 Avril 1833.

ERRATA.

Page 7 , ligne 4, *de suite*, lisez : *tout de suite.*

Page 55 , ligne 10, *cet ouvrage ne doive*, lisez : *cet ouvrage doit être.*

Page 80 , ligne 1re, *a posé la cléf*, lisez : *a posé la clé.*

Page 157 , ligne 4, *a vus éclore*, lisez : *a vu éclore.*

Page 158 , ligne 27 , *es grandes gloires*, lisez : *les grandes gloires.*

Page 161 , ligne 3, *retiendrait*, lisez : *reviendrait.*

Page 185 , ligne 15, *un frémissement intérieur les contrastes*, lisez : *un frémissement intérieur; les contrastes.*

Page 194 , ligne 5, *les encouragemens*, lisez : *mes suffrages.*

Page 223 , ligne 10, *Euryanthe est un de ces jalons humain, placés le long de la route que parcourt l'esprit*, lisez : *Euryanthe est un de ces jalons placés le long de la route que parcourt l'esprit humain.*

Page 243 , ligne 3, *finhiato*, lisez : *fichiato.*

Page 257 , ligne 12, *à tous prix*, lisez : *à tout prix.*

Même page , ligne 24, *qu'il excite*, lisez : *qu'il n'excite.*

Page 261 , ligne 24, *est surpris*, lisez : *surpris.*

Page 262 , ligne 24 , *qui se roulent*, lisez : *qui roulent.*

Page 272 , ligne 10 , *leur détails*, lisez : *leurs détails.*

Page 350 , ligne 6, *festiggiure*, lisez : *festeggiure.*

Page 372 , ligne 18, *encore entendre de nouveau*, lisez : *encore entendre.*

DE LA GUERRE

DES

DILETTANTI.

Rossini! On a tant parlé de Rossini, depuis quelques années ; ce nom est devenu si populaire dans le monde musical, qu'il peut paraître superflu d'en parler encore. N'a-t-on pas déjà tout dit sur un compositeur qui semble avoir épuisé tous les genres d'éloges et de critiques?

> Et ce champ se peut-il tellement moissonner
> Que les derniers venus n'y trouvent à glaner?

Non, on n'a pas tout dit encore, si l'on veut

sortir de la sphère resserrée d'un art seul et d'un
seul homme. Les rapports qui unissent la société,
la littérature et les arts, n'ayant plus besoin d'être
démontrés aujourd'hui, il devient impossible de
séparer un homme de son siècle, soit qu'il lui ait
donné l'impulsion à laquelle il obéit, soit qu'il ait
seulement accéléré le mouvement qui l'entraîne.
Et aux yeux de quiconque a étudié les bases invariables sur lesquelles repose l'ensemble du monde
moral, tout se lie si bien, les choses expliquent
tellement les hommes, que, pour assigner à ceux-
ci la place qui leur convient, il suffit de les con-
fronter avec leur époque ou avec d'autres hommes
qui, à une époque différente et dans une autre
partie, ont suivi une marche semblable. Il est facile de voir alors à la faveur de quelles idées certaines réputations se sont faites; et celui qui se
sera élevé le plus haut avec le moins d'appui,
sera celui qu'il faudra placer en première ligne.

En prononçant donc sur le mérite personnel de
M. Rossini et sur le rang qu'il doit occuper parmi
les grands hommes, on devra bien se garder de
confondre l'homme qui a formé son siècle avec
l'homme que son siècle a formé; et examiner si la
part qu'il en a reçue est plus ou moins grande
que celle qu'il lui a apportée.

La question ne se réduit pas, comme on le voit,

à une simple dispute musicale. S'il n'y avait pas lieu à appliquer ici des principes communs à tous les arts, et à remonter un peu plus haut que des règles de *contrepoint*, j'abandonnerais volontiers la discussion aux habiles théoriciens qui ont fait de la musique une étude exclusive. Mais le terrain sur lequel nous sommes placés n'est pas tellement isolé qu'il soit indépendant des règles générales et de cette législation supérieure qui régissent le monde moral. Les révolutions qui s'opèrent dans les sommités de l'ordre social s'opèrent plus tard dans la littérature, et s'achèvent ensuite dans les arts. C'est un fait constant. D'après cette règle de transmission successive de principes, nous devons trouver dans la marche de la littérature, venue en France avant la musique, un point correspondant à celui où se trouve la musique à ce jour. Il est aisé de faire l'application de cette loi en suivant attentivement les progrès de l'esprit humain. Nous avons donc à procéder autant par voie d'analogie que par voie de raisonnement.

Peu d'hommes de génie ont joui de toute leur gloire, et ont été jugés sans appel au tribunal des contemporains : *Pauci quos æquus amavit Juppiter.* Il est de la destinée des grands hommes de passer par toutes les rigueurs de la critique, quelquefois par tous les caprices de l'injustice, avant d'être placés au rang qu'ils doivent occuper dans les divers échelons de la gloire. Racine fut méconnu des siens : son siècle avait encore quelques pas à faire ; son malheur fut de le devancer. Mozart, le Racine des musiciens, enlevé à la fleur de l'âge et du talent, ne se doutait pas d'avoir posé les dernières limites de son art ; et, dans son agonie, il rêvait une perfection que lui seul eût pu atteindre [1]. Comme Racine, il est resté dans la mémoire des gens de goût plus qu'au théâtre, où les impressions sont trop fugitives. Quoi qu'il en soit, c'est du tombeau de ces grands génies qu'a jailli le rayon de l'immortalité. Voltaire, comme

[1] « Je meurs, disait-il, je meurs au moment où j'allais » écrire sous la dictée de mon cœur. » — Grand homme, qu'aviez-vous fait jusqu'alors ! Il est à remarquer que les plus beaux génies sont moins accessibles aux illusions de l'amour-propre que le commun des hommes. Ils se font de la perfection une idée plus haute. C'est avec beaucoup de raison que Boileau a dit d'un esprit supérieur :

Il plaît à tout le monde, et ne saurait se plaire.

« Molière, dit M. de La Harpe en citant ce vers, en fut frappé » comme d'un trait de lumière. *Voilà*, dit-il au jeune poète » en lui serrant la main, *voilà une des plus belles vérités* » *que vous ayez dites. Je ne suis pas de ces esprits sublimes* » *dont vous parlez ; mais tel que je suis, je n'ai rien fait* » *en ma vie dont je sois véritablement content.* »

l'a remarqué un écrivain profond, Voltaire, fait en tout pour son siècle et formé par lui, au lieu de le devancer, l'a suivi, et bientôt l'a précédé. Il est bien plus l'homme de son siècle que son siècle n'est celui de Voltaire : il en fut l'enfant gâté. Aussi, pour sa gloire, ce siècle n'a rien laissé à faire à la postérité, qu'à retrancher souvent.

Ce n'est pas la première fois qu'on a comparé M. Rossini à Voltaire; et je n'ai point été fâché de voir que j'avais eu là même idée que M. de Stendhal. Mais je ne sais si le spirituel écrivain, qui a très-bien aperçu dans ces deux hommes célèbres les qualités qui leur sont communes, a remarqué aussi dans la fortune de l'un et de l'autre un concours semblable de circonstances et cette empreinte de leur temps, qui n'est pas un trait de ressemblance moins frappant.

M. de Stendhal s'est amusé à écrire une *Vie de Rossini*. L'esprit est myope; il ne voit que des détails, que de petits points distincts à une petite distance; et, comme les détails sont innombrables, l'esprit est nécessairement causeur. L'esprit n'est pas une chose nécessaire, même pour faire un bon livre. Avec un coup d'œil plus étendu, avec moins d'esprit et plus d'aperçu, en rassemblant toutes ses observations éparses sous un point de vue général, comme dans une perspective on

ramène tous les objets à un centre d'optique ; en
faisant dominer ses pensées par une pensée-mère,
féconde, cet écrivain n'eût fait qu'un opuscule,
une brochure. M. de Stendhal n'a eu que de l'esprit : il a écrit deux volumes.

La musique, au moment où le cygne de Pez-
zaro porta son vol vers les rives de la Seine, la
musique était à peu près au même point où se
trouvait la littérature à l'époque où l'auteur de *la
Henriade* parut. Qu'il fût possible de dépasser,
dans la même carrière, Gluck, Sacchini, Méhul,
MM. Chérubini, Berton, Boieldieu, Spontini, etc.,
cela ne se pouvait concevoir. Les jeunes compositeurs, fidèles à la même tradition, suivaient la
même route. Le degré stationnaire était atteint :
on ne voyait rien au-delà ; et pourtant, de même
qu'au temps de Voltaire les chefs-d'œuvre de nos
deux grands tragiques avaient presque épuisé l'admiration, de même aussi, à la venue de Rossini,
les grandes compositions classiques, toujours admirables sans doute, n'excitaient plus que des applaudissemens commandés par l'usage. Je ne sais
quelle gêne se faisait sentir aux esprits que le siècle poussait à des idées d'indépendance. Le joug des
règles paraissait toujours plus pesant, sans que personne osât en contester la nécessité. Le succès des
pièces prouvait assez qu'il fallait moins de nouveaux

opéras qu'un genre nouveau. Il fallait rendre l'art plus facile, plutôt que de le simplifier ; il fallait moins de vérité et plus d'effet ; il fallait un auteur qui fût compris de suite, sans qu'il fût besoin de l'étudier ; il fallait couvrir de l'éclat éblouissant d'un triomphe les premiers pas de la décadence ; en un mot, il fallait un Rossini.

De son temps, Voltaire avait emprunté à Shakespeare ses moyens pour opérer une révolution sur notre théâtre tragique. M. Rossini, à son exemple, nous a apporté les mêmes principes de *réforme* qui, avant lui, avaient changé le système de l'art lyrique en Italie.

Saisissons bien ce trait de physionomie. L'un et l'autre ont fait une révolution dans leur art ; mais ni l'un ni l'autre ne l'a faite par lui-même, c'est-à-dire avec des élémens inconnus à ses devanciers et qui lui appartinssent en propre. M. Fétis a très - bien remarqué que M. Rossini n'est point l'inventeur du *crescendo* qu'il a naturalisé en France. Il avait été déjà employé par des musiciens dont le nom est à peine connu des amateurs français. M. Rossini n'a fait que s'en emparer.

S'il est vrai que les mêmes moyens aient ici opéré les mêmes résultats, nous aurons assigné à M. Rossini la place qu'il doit occuper, avant d'a-

voir dit un seul mot de ses défauts et de ses qualités. Mais si nous en venons à cet examen particulier, nous trouverons de nouveaux points de
ressemblance avec le poète auquel nous l'avons
comparé.

Comme tous les hommes qui se sont fait une
réputation rapide, M. Rossini a eu des admirateurs passionnés et des détracteurs outrés. J'aurai
peut-être trouvé la raison de cette double fortune ;
car c'en est une réelle que d'avoir des ennemis.

Il faut distinguer, dans les arts, ce qui est du
domaine de tout le monde, et ce qui est seulement
du ressort d'un petit nombre de connaisseurs. Il
y a toujours la partie matérielle et la partie morale. Celle-ci est à peu près nulle pour ceux qui
ne jugent guère que d'après leurs sens ; mais elle
devient partie principale pour l'homme d'un goût
exercé et qui est doué d'une certaine profondeur
de sentiment. Lorsqu'il s'agit de la peinture, par
exemple, il est peu d'amateurs qui ne soient capables de juger du coloris, de la perspective, en
un mot, de tout ce qui *tombe sous les sens* ; mais
il n'appartient qu'à l'artiste d'apprécier le mérite
de la composition, la profonde expression des figures, la pureté du dessin, les nuances, les finesses de l'art, etc., etc.

Ceci va devenir plus clair encore :

La foule des peintres et des connaisseurs se pressait au Louvre pour admirer un tableau représentant Jésus-Christ et ses disciples dans le jardin des Olives, au moment où Judas arrivant à la tête d'une troupe de Juifs pour le leur livrer, saint Pierre tire son épée et coupe une oreille à Malchus. Pendant qu'on discutait avec chaleur le mérite de l'ouvrage, un paysan s'était glissé au milieu du groupe, et se souciant fort peu de ce qu'on disait autour de lui, considérait le tableau avec un sourire moqueur, comme s'il eût été le seul capable d'apercevoir un défaut. L'immobilité de cet homme, l'expression prononcée de sa physionomie, frappèrent un des connaisseurs, qui lui dit : *Dis-moi, mon ami, qu'as-tu donc remarqué dans ce tableau qui excite ta surprise ? — J'attends*, répond le bonhomme en montrant saint Pierre, *j'attends que celui-ci remette son épée dans son fourreau ; nous verrons comme il s'y prendra.* — Messieurs les savans découvrirent alors seulement que l'étroite dimension du fourreau était tout-à-fait hors de proportion avec la largeur du sabre. Cependant, comme l'a rapporté un témoin oculaire à l'auteur, *cela sautait aux yeux.* Le même homme venait de promener son regard stupide sur les chefs-d'œuvre de Raphaël et du Dominiquin !

Or il faut convenir que M. Rossini a porté jusqu'au plus haut degré les qualités superficielles et brillantes. Il a parfaitement saisi l'esprit de son siècle, qui traite de pédanterie la doctrine que jusqu'ici l'on avait regardée comme chose indispensable à tout compositeur comme à tout écrivain. Il en est résulté que ceux qui ont admiré avec juste raison la grâce et la fraîcheur des chants, la richesse des accompagnemens, l'élégance et la hardiesse des formes, le coloris, la verve du discours musical, ont été choqués que des connaisseurs plus exigeans, qui ne donnent des éloges qu'après des censures, aient hésité à mettre au premier rang des compositeurs un homme souvent inférieur aux grands maîtres dans les parties essentielles, et qui les avait tout au plus surpassés dans les qualités secondaires. Qu'après cela il y ait eu, avec cet engouement trop exclusif, trop d'aigreur dans les critiques, nous l'avons déjà dit; mais laissons les opinions exagérées. De même qu'on a pu reprocher à certains musiciens antérieurs de n'avoir pas su tirer tout le parti convenable des forces de l'orchestre, on a reproché à M. Rossini un trop grand luxe d'accompagnemens et un excès d'effets mécaniques. Au lieu de convenir qu'il a fait faire un pas à la musique dramatique, ces musiciens ont cru reconnaître qu'il n'a fait que substituer à la doctrine qui lui manque, des moyens dont il s'est servi avec bonheur, il est vrai, mais dont l'emploi nécessairement borné est plus facile et d'un fâcheux exemple. De là ces répétitions fastidieuses, ces réminiscences continuelles qui viennent détruire tout le charme d'un motif neuf et plein de fraîcheur ; de là, ce mélange d'idées originales et de phrases communes ; de là ces modulations favorites, ces transitions usées qui, à force d'être entendues, ne ressemblent pas mal à du remplissage ; et cette monotonie, cette uniformité de facture qu'on peut remarquer dans ses airs, dans ses morceaux d'ensemble, dans ses ouvertures : comme s'il n'avait qu'un seul cadre pour tous ses tableaux divers ; comme s'il n'avait qu'un seul moule dans lequel il jette ses idées, qui, en sortant, présentent toutes la même forme, la même empreinte, la même physionomie. Tout cela annonce moins un génie impuissant qu'un genre faux qui arrête son élan.

On a beau crier contre les règles, contre la science : à quoi servent-elles, dit-on, pour le public qui n'est pas savant ? Il est plaisant que, dans un siècle qui se pique de science sur tout point, on déclame ainsi contre elle ! A quoi servent les règles ? Elles servent à ménager les idées du compositeur, de telle manière qu'il ne les épuise pas tout d'un coup; ce sont elles qui empêchent l'auteur le plus abondant de n'être pas souvent stérile; elle lui indiquent tout le parti qu'on peut tirer d'une inspiration heureuse. C'est par ce moyen qu'il établit une sage économie dans toutes les parties du discours musical, que rien n'y est faible, que tout s'y soutient, et qu'il semble, dans sa marche, acquérir de nouvelles forces, pour les déployer au moment de l'explosion. C'est cette fécondité inépuisable qu'on admire dans Mozart, dans Haydn. Celui-ci est savant jusque dans son *andante* le plus simple; et jamais compositeur n'a, comme lui, su tirer des trésors du sujet le plus vulgaire.

Le public s'embarrasse fort peu des règles, je le sais; mais celui qui compose les doit-il ignorer! Et de ce qu'il les ignorerait, s'ensuivrait-il qu'elles ne devraient pas exister! La foule qui passe devant une horloge ne fait attention qu'à la parfaite distribution des heures, sans s'inquiéter de savoir si ce qu'elle voit est le résultat de l'admirable combinaison de rouages que le cadran dérobe aux regards. Certes, ce n'est pas l'absence des idées que nous reprocherons à M. Rossini. Mais trop souvent, manquant des moyens nécessaires pour en tirer tout le parti convenable, il est obligé de les répéter à satiété; et alors revient ce fracas de transitions obligées, de formules banales, de phrases rapportées, avec lesquelles il prétend remplacer ces riches développemens, ces formes pittoresques et variées, qui font un charme de la science et donnent une nouveauté si piquante à un motif connu, à l'aide desquels l'habile musicien semble abandonner parfois son sujet pour le faire reparaître ensuite avec plus d'éclat ou de suavité.

Tout ce qu'on a dit contre les règles, tout ce que M. de Stendhal a répété à ce sujet dans son livre se réduit en substance à ce vers-ci :

Tous les genres sont bons, hors le genre ennuyeux,

Ce n'est pas assurément sur la dernière partie de cette proposition que portera ma critique. Je ne trouve rien au monde de plus détestable que l'ennui, sous quelque forme qu'il se présente, de quelques beaux habits dont il se pare; mais, outre le genre ennuyeux, je soutiens qu'il en est un autre aussi mauvais et plus dangereux. Qui ne sent en effet que, si tous les genres étaient également *bons*, il faudrait admettre qu'ils sont également *vrais*; ou, ce qui revient au même, qu'il n'y a ni vrai ni faux dans les arts? Les esprits

dès lors sans autorité, sans lois, sans principes,
flotteraient, incertains, au gré d'une imagination
désordonnée ; et, dans cette anarchie des intelligences, on ne pourrait pas plus assigner des
bornes à la licence qu'on ne saurait fixer des
limites au génie livré à ses inspirations, développé
par une longue activité, soutenu par de fortes
doctrines.

Pour justifier ce que je dis ici, il suffit de jeter
les yeux sur les ouvertures de Rossini. Il n'est
pas un musicien qui ne convienne que le genre
adopté par lui, et dont les imitateurs ont tant
abusé, ne soit un asile pour la médiocrité qu'il
dissimule, et en même temps un écueil pour le
talent, auquel il interdit le vaste champ de l'harmonie.

Je ne sais même si l'on a remarqué que la plupart des ouvertures de M. Rossini sont écrites
pour deux ou trois tons : *ré majeur, ré mineur,
ut majeur*, etc., etc. On n'en connaît point ou
bien peu dans les tons de *fa*, de *sol mineur*, d'*ut
mineur*, qui pourtant sympathisent si bien avec
les passions fortes et sombres. Qu'on dise que
ces tons de prédilection et leurs *relatifs* sont
plus brillans que les autres, et l'on aura avoué
ingénuement qu'à défaut de savoir mettre à
profit les ressources de la science, il est obligé

de choisir les tons du diapazon les plus éclatans et de travailler ses effets sur des *données*.
Cette manière expéditive et économique est d'un
esprit qui cherche dans sa facilité une excuse à
sa paresse. Lorsqu'on a entendu un ou deux de
ces élégans *solo*, suivis de *tutti* bruyans et d'un
crescendo animé, on sait par cœur tous les autres.
Chaque auteur a sa physionomie particulière ;
mais on peut se ressembler sans se répéter.

Avant d'aller plus loin, et pour jeter plus de
clarté dans ce qui va suivre, il est nécessaire
d'expliquer aussi nettement et en aussi peu de
mots qu'il nous sera possible ce que nous entendons par expression musicale.

Rappelons d'abord la distinction que nous
avons faite plus haut de la *partie matérielle* et de
la *partie morale* dans les arts. La peinture,
avons-nous dit, offre deux choses : la représentation ou l'*image d'un objet*, et l'*expression de
la pensée*. Dans la musique, la partie matérielle
consiste dans la combinaison des sons, dont les
résultats doivent offrir un ensemble flatteur pour
l'oreille ; la partie morale, dans les sentimens
qu'elle exprime, et la disposition intime qu'elle
communique à l'ame de celui qui l'écoute. Chercher dans une mélodie quelconque un sens déterminé, serait chose absurde. Il est bien sûr que ni

les accords ni les élémens dont se compose le
discours musical n'ont aucune signification par
eux-mêmes ; leur réunion n'en a pas davantage.
Mais il n'est pas moins vrai de dire que si l'on ne
voyait dans cet art autre chose que des sons , on
nierait son existence tout entière : ceux-ci ne
sont pas plus de la musique que les couleurs ne
sont de la peinture. Il y a donc sinon une expression fixe, positive, précise, du moins une expression vague et générale qui ressort d'un morceau,
d'une phrase même. Observons que s'il n'en était
pas ainsi, les locutions , *discours , phrase , idée ,
style musical ,* etc. , seraient des mots vides de
sens ; et cependant la langue les a consacrées.

On peut comparer l'expression musicale à celle
qui résulte de l'ensemble d'une figure et qui constitue la *physionomie* [1], bien plus qu'elle ne
résulte de la détermination particulière de chaque
trait.

L'expression littéraire et poétique sort aussi en
grande partie de l'ensemble du morceau plutôt
que du sens direct de chaque mot.

O temps ! suspends ton vol ; et vous , heures propices !
Suspendez votre cours :

[1] Φύσις, *nature* ; γνωρων, *indice.* Indice de l'esprit, du
caractère, c'est-à-dire, EXPRESSION.

Laissez-nous savourer les rapides délices
    Des plus beaux de nos jours !

Assez de malheureux ici-bas vous implorent,
    Coulez, coulez pour eux;
Prenez avec leurs jours les soins qui les dévorent :
    Oubliez les heureux.

Mais je demande en vain quelques momens encore,
    Le temps m'échappe et fuit.
Je dis à cette nuit : Sois plus lente ; et l'aurore
    Va dissiper la nuit.

Il y a dans ces strophes de M. de Lamartine une expression vague de tristesse et de mélancolie qui ne naît pas précisément du choix particulier des mots, mais qui est générale, et qui enveloppe tout ce morceau comme d'un voile.

Le musicien donc qui s'adresse plus à l'ame qu'à l'oreille, et dont les accens trouvent un écho au fond du cœur, est celui dont le langage est le plus expressif.

Ce n'est point ici le lieu d'examiner comment un air peut changer d'expression, suivant la manière de sentir de celui qui l'exécute et le caractère qu'il lui prête. Je reviendrai ailleurs sur ce sujet, et je ferai remarquer les secrets rapports, j'ai presque dit *l'affinité* de l'art avec le cœur humain. Je tâcherai de démontrer aussi qu'après

tout il n'est pas étonnant que la musique agisse si
puissamment sur notre ame, à raison de ce vague
même d'expression que nous venons de reconnaître, puisqu'il y a tant de vague dans le cœur
de l'homme, et que c'est là une des raisons peut-
être qui expliquent ses progrès dans les temps
où les productions littéraires et des arts prennent
elles-mêmes un caractère *romantique* et rêveur.

Pour que l'expression musicale soit complète,
il faut que les paroles arrivent pour la fixer. C'est
la lumière qui éclaire les objets et leur donne la
vie. La parole fixe aussi l'expression d'une physionomie jusqu'alors vague et indéterminée. Mais
pour qu'il y ait *vérité* dans l'expression, il faut
que celle de la musique soit en parfaite harmonie
avec le sens des paroles. Or, ce qu'on ne par-
donnera jamais à M. Rossini, c'est d'avoir opposé, dans beaucoup d'endroits, l'une à l'autre.
On sait à quel point il a poussé le mépris des convenances de la scène, et, à mon avis, un de ses
plus grands torts est de nous avoir accoutumés à
ces choquantes contradictions entre l'expression
et le sujet, qui sont autant hors de la nature que
réprouvées par le goût.

On me reprochera de parler des défauts de
M. Rossini sans apporter des exemples; mais je
me suis fait une loi de m'adresser à l'homme du

monde beaucoup plus qu'au musicien. Néanmoins je ne puis m'empêcher de m'arrêter à la belle introduction du *Moïse* français et au chœur qui la suit. Je ferai même observer qu'il y a, dans ce fréquent retour à une phrase répétée en deux tons mineurs différens, une pensée dominante de tristesse qui peint admirablement l'accablement dans lequel gémit le peuple juif. Jamais peut-être cet homme de génie n'a été aussi loin pour la pureté, la noble simplicité des chants, la couleur antique et solennelle qu'il a su répandre dans cette partie de son ouvrage. Toute cette scène et l'arrivée de Moïse sont de la plus grande beauté. Mais quel est l'homme d'esprit et de goût qui n'est pas désenchanté, lorsque, pendant le chœur d'actions de grâces qui vient après, les violons font entendre une *polonaise* en *la mineur?* Cette polonaise (car ce n'est pas autre chose, et je dois ajouter qu'on en a fait une contre-danse); cette polonaise est fort belle, dit-on; l'excuse n'est pas suffisante : *non erat hic locus.* Et cependant, le goût est tel aujourd'hui que si l'on supprimait ce morceau, on trouverait peut-être ce premier acte ennuyeux : nos mœurs sont ainsi faites.

Il est juste de dire ensuite qu'avec tous ces défauts, personne n'a eu plus de qualités pour les racheter; que ces qualités sont même si belles et si nombreuses qu'elles font souvent oublier les défauts ; que les plus sévères connaisseurs se sentent malgré eux entraînés par la magie de l'art, et qu'ils ne résistent pas à l'illusion. Il faut reconnaître que personne n'a porté plus loin que Rossini l'entente des scènes, la connaissance du chant, l'emploi des ornemens et du luxe de l'accompagnement. Entre ses mains, l'orchestre est un caméléon, un protée qui revêt toutes les formes, prend toutes les physionomies. Tout y est clair, parfaitement dialogué, distribué. Chaque instrument a son langage ; les basses seules y jouent un rôle indigne d'elles.

Voltaire, qui avait infiniment d'esprit, avait très-bien compris que, pour marcher à côté de Corneille et de Racine, il fallait avoir un génie semblable ou égal à celui de ces deux redoutables rivaux. Il adopta donc un genre mixte ; et, n'ayant ni la force de conception et la hauteur des sentimens de l'un, ni la profonde connaissance du cœur humain et la sensibilité de l'autre, il mit du spectacle sur la scène, de l'exagération dans les caractères et de la déclamation dans son style. Il avait pris pour maxime qu'il fallait *frapper fort plutôt que de frapper juste*. Or, je ne crois pas qu'il vienne dans la pensée d'aucun des admirateurs de M. Rossini de contester qu'il n'ait souvent mis en pratique la maxime de *frapper fort*, et même quelquefois aux dépens de la justesse. Au reste, ce n'est pas ici le lieu de lui reprocher ses nombreuses incorrections [1]. Il y aurait de la mauvaise grâce à lui tenir compte des fautes d'harmonie qu'il a bien voulu faire le plus souvent ; arrêtons-nous seulement aux grands traits de ressemblance. Rossini n'est pas assez profond pour surprendre la nature au fond de son cœur. Ses mélodies se distinguent moins par l'expression et la vérité que par leurs ornemens et leur coupe régulière. Rossini connaît parfaitement *l'art* du chant ; Corneille et Racine parlent ; Voltaire *déclame* ; Rossini fait chanter ses acteurs, comme Voltaire faisait déclamer les siens. Mozart, Gluck, Sacchini, Méhul et surtout l'immortel auteur de *la Vestale*, avaient trouvé le chant du cœur ; il faut le dire, le plus souvent Rossini n'a trouvé que l'esprit du chant.

[1] Sans vouloir comparer le style musical au style littéraire, s'il est vrai de dire que celui de M. Rossini est moins pur, moins châtié que celui de Voltaire, en revanche les reproductions des moyens connus en Italie avant lui, du *crescendo* par exemple, sont bien plus animées que les tirades imitées ou traduites qui se trouvent dans les pièces de Voltaire, et qui sont généralement froides. Ces *imitations* du musicien, qui, dans la partition, n'offrent à l'œil qu'un fatras insignifiant, deviennent à l'orchestre des masses pleines de verve et de chaleur.

Il n'est donc pas surprenant que le public de
M. Rossini ait voulu que ce compositeur ait fait
faire un pas à son art, comme le public de Voltaire voulait qu'il eût *agrandi* l'art tragique;
puisque ces deux hommes célèbres, chacun dans
son genre, réunissant au plus haut point les qualités secondaires, n'ont pas porté au même degré
les qualités principales. L'un et l'autre semblent
avoir été faits en tout pour ces esprits qui ne
jugent que sur des apparences, et le peuple dilettante de nos jours n'a connu d'autre dieu que
Rossini, de même que les beaux-esprits du dix-
huitième siècle avaient proclamé Voltaire

Vainqueur des deux rivaux qui régnaient sur la scène.

Malgré tant de titres à la popularité, il est bon
d'observer pourtant que, dans certaines provinces de la France où l'on rencontre d'excellens
musiciens qui ont conservé la tradition véritable
de leur art, on trouve peu de *rossinistes*. On n'y
peut juger un tel compositeur que d'après une
exécution faible qui manque de couleur et de
mordant, des chanteurs qui, le plus souvent, ne
savent pas le rendre, et sur des traductions. Et
l'on sait que les traductions, tant critiquées par
ceux qui ignorent les difficultés sans nombre que
ce genre de travail présente, en les supposant

même parfaites, ne sauraient changer le génie de la langue. M. Rossini a, plus que tout autre, besoin d'une exécution forte. C'est ce qui n'est peut-être pas assez observé pour se faire une idée juste de ce musicien. Faites déclamer des vers pitoyables à M. Bocage, il vous fera illusion à tel point que vous serez tenté de les trouver bons. Les vers de Racine, au contraire, ont leur charme dans la bouche d'un enfant. D'ailleurs, pour comprendre M. Rossini, il faut avoir vécu quelque temps au centre de la capitale; il faut avoir respiré en quelque sorte l'atmosphère qu'il a réchauffée lui-même. Et s'il est vrai de dire qu'en province on est plus à l'abri des séductions de son genre, en revanche, à Paris on apprécie mieux tout son mérite, parce que là seulement on peut juger du mouvement qu'il a imprimé aux esprits, et se faire une idée de la puissance du moteur.

Ce que je viens de dire des musiciens qui exercent leur art loin de la capitale, on peut le dire aussi du public des provinces.

La musique de M. Rossini est loin d'être faite pour tout le monde. Il faut être déjà un peu *dilettante*, un peu *civilisé* dans l'art pour la goûter. Le peuple, comme les vrais amateurs, retiendra un air de Mozart, de Méhul, de Grétry. Rossini, ainsi que Voltaire, ne s'adresse qu'aux *demi-sa vans;* ceux-là seuls retiendront une *cavatine.* Il a trop de raffinemens, quelque chose qui s'éloigne un peu trop de la simplicité ; il est trop *artificiel.* Sous ce rapport, il peut être populaire dans une certaine classe d'habiles, mais je doute qu'il devienne jamais universel.

On a remarqué dans presque tous les opéras de Rossini que les beautés abondent au commencement, et qu'elles deviennent plus rares à mesure qu'on avance vers la fin. Ceci s'explique de deux manières : d'abord il travaille avec trop de précipitation [1] ; en second lieu, en excitant trop fortement les sens, il épuise bientôt leur activité.

On conçoit que ceux qui n'ont pas entendu tout ce qu'il y a de pur, de vrai, de mélanco-

---

[1] Ceci a été confirmé à l'auteur par un ami de Rossini bien connu du public. Lorsqu'il veut composer, me disait-il, il se met au piano ; il prélude au hasard sans ordre et sans suite ; ses doigts se mettent d'eux-mêmes à la poursuite des idées. Un motif heureux se rencontre sous sa main, il le répète avec complaisance, et il part ensuite à la recherche d'un autre motif, sans craindre d'oublier le premier. Il est gravé dans sa mémoire ; il est là ; il le retrouvera quand il voudra. Il ne prend la plume que lorsque tout son opéra est dans sa tête : alors il ferme le piano pour ne plus l'ouvrir, et il écrit avec une incroyable rapidité. C'est ainsi que plusieurs de ses ouvrages ont été composés en huit jours. *Il Barbiere* est du nombre ; mais cette fois il a fait un chef-d'œuvre.

lique dans Mozart; qui n'ont pas compris ce style simple sans bassesse, noble sans emphase, ce discours musical qui se poursuit sans longueur et sans lacune; on conçoit que ceux-là, plus sensibles à l'éclat des chants, au *brio* de l'accompagnement, en un mot, à la *partie matérielle* de l'art, aient proclamé la supériorité de M. Rossini sur Mozart. Je ferai observer, à ce sujet, que tous les auteurs, à quelque genre qu'ils aient appartenu, qui ont mis dans leurs ouvrages ce qu'on appelle de la *mélancolie,* ont été appréciés beaucoup plus tard que ceux qui ont été privés de cette qualité. C'est que la mélancolie, qui n'est point un ridicule du cœur, mais ce sentiment profond qui naît, dans l'homme, de l'ardent désir d'un bien infini, dont la faiblesse de sa nature lui refuse la possession et ne lui laisse que la faculté de le rêver, ce sentiment ne s'allie guère aux qualités superficielles et brillantes qui d'abord captivent, mais fatiguent bientôt. Au reste, cette observation n'est point applicable à M. Rossini. *Otello, Moïse,* attestent qu'il possède cette qualité à un degré éminent; pourquoi n'en a-t-il fait preuve que dans deux ou trois opéras?

Plus on est profond dans la pensée, et moins on fera d'impression au théâtre, surtout dans ce moment-ci. Il faut voir et entendre Voltaire et Rossini; il faut lire Racine et Mozart. Les opéras mêmes de Rossini, réduits avec accompagnement de piano, perdent infiniment; et si Rossini est l'homme des concerts beaucoup plus que tout autre compositeur, c'est que l'imagination, déjà éblouie par les prestiges de la représentation, aime à se les retracer; et jamais la puissance du souvenir n'a été plus grande qu'en musique [1].

Quels que soient les développemens que la mu-

[1] Quelquefois il arrive qu'une idée s'attache tellement à un air qu'elle y reste fixée à jamais, et qu'elle s'identifie, pour ainsi dire, avec lui. Quel homme sensible à la musique n'a pas son air de prédilection, et n'a mille fois éprouvé cette magique puissance du souvenir? Quel est celui qui, aux premiers accens d'une mélodie qu'il n'oublia jamais, n'a rajeuni de tout le temps qui s'est écoulé depuis son enfance, et ne s'est rappelé, dans les moindres détails, avec les plus légères circonstances, mais toutes intéressantes, les jeux de cet âge, des lieux qu'il ne doit plus revoir, des parens qui ne sont plus? L'expression serait-elle ici plus réelle, plus précise? Non évidemment; puisque le même chant produit des effets différens sur différens individus. Mais il n'est pas dans la puissance de l'homme de se séparer du passé; le présent n'existe pas encore pour lui. La musique rappelle le passé; c'est là son secret avec le cœur humain; l'esprit n'est pas dans la confidence.

Il y a quelques années, une jeune dame se présenta chez M. Hersent pour le prier de faire son portrait. Elle s'assit; mais les traits de sa figure, réguliers d'ailleurs, n'étaient animés d'aucune expression; son regard était immobile, sa physionomie froide. Elle posait déjà depuis plus d'une heure,

sique dramatique ait acquis entre les mains de M. Rossini, on ne peut pas dire, d'une manière absolue, qu'il ait fait faire des progrès à l'art. Pour qu'il en fût ainsi, il faudrait qu'il en eût perfectionné toutes les parties dans une égale proportion. Or, il en a laissé quelques-unes tout-à-fait en arrière ; et si ses ouvrages paraissent encore aux yeux de gens peu exercés, renfermer des choses neuves, qu'on y fasse bien attention, c'est presque toujours un moyen plus facile qu'il a substitué à un autre, ou bien un moyen exagéré, tel que l'art de l'accompagnement dans lequel il a mis beaucoup trop de fracas [1]. M. Fétis a reconnu que ce

tandis que M. Hersent, épuisant tous les genres de conversation, désespérait de donner quelque vie à son modèle. Tout à coup un orgue de Barbarie se fait entendre dans la rue. Aux premiers sons qui pénétrèrent dans l'atelier, vous eussiez vu la jeune femme faire un mouvement involontaire, ses yeux se remplir de vivacité et de feu, ses joues se colorer, le trouble du bonheur se peindre dans ses yeux : c'était la romance favorite. L'heureux accident qui avait opéré une métamorphose aussi subite n'échappa pas à l'artiste. M. Hersent, sans lui faire soupçonner la moindre indiscrétion, entretint la jeune personne dans les sentimens qu'avait réveillés cette musique. Le pinceau fixa sur la toile leur expression fugitive ; le portrait fut ravissant.

[1] « *Rosséni a vougu nous fayré creyré qué quatré péços dé cinq francs an may dé valour qu'un Napoléon dé vingt francs,* » disait, avec l'originalité provençale qui le caractérise, M. Marin-la-Douleur, premier alto du théâtre d'Aix, en s'a-

qu'il y a de nouveau pour nous dans M. Rossini,
il n'a fait que l'emprunter à d'autres compositeurs
italiens. Il est triste pour ces messieurs d'avoir
ainsi travaillé à la réputation d'un autre, sans
pouvoir établir la leur d'une manière aussi brillante : *Sic vos non vobis!*

Je ne ferai pas un reproche aux contemporains
de M. Rossini de l'avoir trop loué : ce serait méconnaître les hommes et la puissance qu'exerce
sur eux toute supériorité. Mais ce qui me surprend, c'est que des savans n'aient mis presque
aucune restriction à leurs éloges, et que leur
préoccupation pour l'homme les ait aveuglés sur
les vices de l'école qu'il a créée. M. Castil-Blaze,
en qui d'abord il faut reconnaître beaucoup de

dressant à ses voisins qui exécutaient avec lui je ne sais quel
opéra du *maëstro*. Rendons ces paroles intelligibles pour ceux
qui sont peu familiarisés avec le patois des méridionaux : *Rossini a voulu nous faire croire que quatre pièces de 100 sous
valent plus qu'un napoléon de 20 francs.* A ces mots, un témoignage central d'hilarité remplaça un moment le *pizzicato*
de l'ouverture ou les batteries du *crescendo*; un chuchote-
ment d'approbation circula dans les silences et les pauses. Pour
rétablir l'ordre, la baguette du chef d'orchestre tomba avec
force sur le pupitre au temps-levé. Un mouvement de curiosité,
mêlé d'impatience, se prolongea dans le parterre, et se com-
muniqua dans les diverses parties de la salle. Le nom de M. Marin-la-Douleur fut prononcé, et Rossini ne fit pas tout seul
les honneurs de la soirée.

goût et de savoir, a été bien sévère envers Grétry et bien indulgent pour Rossini. Et cependant Grétry, avec ses défauts, avait su favoriser l'heureuse révolution qui se préparait de son temps dans la musique du théâtre; tandis que Rossini, malgré ses qualités, ne pouvait qu'en amener la décadence; résultat que M. Castil-Blaze avait prévu sans doute, mais sur lequel il veut fermer les yeux, en faveur de l'idole. Et puis M. Castil-Blaze a traduit les opéras de Rossini : il y a bien quelque peu de diplomatie dans son fait.

Du reste, on ne saurait nier que ce musicien-littérateur n'ait fait une révolution dans la musique, et M. Fétis n'a rien exagéré à cet égard [1]. Le premier il a appelé le droit d'examen et de critique sur des ouvrages dont les auteurs avaient pu mériter quelque renom dans l'enfance de la musique dramatique, et qui, depuis, malgré de grands progrès, étaient restés l'objet d'une stupide admiration. De cette époque, date [2], pour l'art, en France, l'affranchissement de la routine, et il a contribué ainsi à lui donner une allure libre et assurée. Il a introduit autant de netteté que de précision dans le langage de la science, et l'on sait que

---

[1] V. *la Revue musicale, sur la deuxième édit. de l'Opéra en France*, par M. C. Blaze.

[2] Le livre *de l'Opéra en France* parut en 1820.

l'un ne se perfectionne pas sans l'autre. Mais il est arrivé dans la musique ce qui avait eu déjà lieu dans la littérature. Lorsque, dans un genre quelconque, l'on croit s'être élevé au plus haut point, presque toujours il se présente un homme qui, plus clairvoyant que les autres, et s'apercevant qu'il n'y a plus qu'un pas à faire dans une fausse direction pour redescendre, sent qu'il est important de se rattacher à quelque chose de solide, si l'on ne veut se laisser entraîner à la pente. Je cherche cet homme en littérature, je trouve M. de La Harpe; en musique, je trouve M. Castil-Blaze; et, peut-être, la nécessité qu'il a reconnue de rappeler les esprits aux règles positives de son art, lui a-t-elle fait négliger un peu trop, comme à M. de La Harpe dans le sien, les règles morales sans lesquelles on ne saurait élever un monument durable.

J'ai comparé un musicien à un poëte; mais, pour rendre plus sensible encore la vérité de ces rapprochemens, je ne crois pas hors de propos de mettre sous les yeux du lecteur quelques extraits d'un jugement sur le même poëte qu'à mon tour j'appliquerai au musicien. Ces fragmens sont d'un homme de notre siècle à qui personne ne contestera raisonnablement le titre de philosophe, et qui, sans avoir jamais eu la prétention de passer pour littérateur, a émis des opinions littéraires d'une grande justesse à raison même de sa philosophie. Et pour qu'on ne dise pas que les doctrines de cet écrivain ne doivent avoir aucun poids en littérature, j'ajouterai qu'il s'est trouvé parfaitement d'accord avec M. Villemain, dans les belles leçons que ce professeur a données sur Voltaire, à la Sorbonne.

Le lecteur sentira la justesse de cette application, s'il veut lire au lieu de *tragédie, opéra; musique,* au lieu de *poésie; oreilles,* au lieu d'*yeux; Gluck* et *Mozart,* au lieu de *Corneille* et *Racine; Rossini* enfin, au lieu de *Voltaire.*

« Voltaire s'aperçut de bonne heure que pour
» plaire à la multitude (et l'on peut, selon les
» temps, comprendre sous cette dénomination les
» grands aussi bien que les petits), il s'agissait
» moins, comme il le disait lui-même, de frapper
» *juste* que de frapper *fort,* et surtout de frapper
» souvent; moins d'éclairer que d'éblouir [1]. »

« M. de Voltaire a paru avec éclat dans la tra-
» gédie... Il vint au commencement du siècle, et
» les esprits, en France, encore dans la première
» ardeur des jouissances littéraires, et plus sen-

---

[1] *Mélanges* de M. de Bonald, tome Ier; *Des écrits de Voltaire,* page 4.

» sibles que nous ne le sommes aujourd'hui au
» plaisir de la tragédie, crurent, après d'autres
» essais moins heureux, voir revivre enfin dans
» Voltaire seul, Corneille et Racine, dont les
» chefs-d'œuvre avaient en quelque sorte fatigué
» l'admiration, et ne l'avaient pas rassasiée; et
» certes, pour me servir d'une expression consa-
» crée au théâtre, il faut convenir que si Voltaire
» ne pouvait pas remplacer ces deux grands poètes,
» il avait tout ce qu'il fallait pour les *doubler*.

» Cependant je crois que le sévère Boileau, qui
» reprenait, dans le premier comique de son temps
» et de tous les temps, un excès de comique et la
» plaisanterie poussée jusqu'à la farce, aurait blâ-
» mé, dans les tragédies de Voltaire, un excès de
» tragique... On ne doit pas divertir les hommes
» avec des sentimens ou plutôt des sensations qui
» deviennent de véritables tortures, et passent la
» mesure de notre sensibilité; et la tragédie de
» Voltaire, souvent romanesque dans l'action et
» exagérée dans les sentimens, exalte l'imagina-
» tion, et émousse la sensibilité, semblable à
» ces liqueurs fortes qui allument le sang, et dé-
» bilitent les nerfs.

» —L'illusion qu'il fait à la représentation ne
» se soutient pas toujours à la lecture.

» —Il a rendu, par son exemple, la tragédie plus

» facile, et ce n'est pas ainsi que l'art se perfec-
» tionne. C'est un grand poète tragique; mais
» qui n'a fait faire aucun progrès à l'art de la tra-
» gédie, puisqu'elle avait été, dans toutes ses par-
» ties, cultivée avant lui avec plus de succès. Or
» le caractère du génie est d'avancer, et non de
» rester stationnaire.

—» M. de Voltaire faisait ses tragédies à force
» d'esprit... Sa tête s'exaltait; son cœur restait
» froid... Il travaillait d'ailleurs avec trop de pré-
» cipitation. Il voulait, à tout prix, jouir, de son
» vivant, de toute sa gloire; et, en général, ceux
» qui la demandent avec tant d'empressement et
» d'inquiétude à leurs contemporains, se défient
» de la postérité. Voltaire a donc été, ou plutôt a
» eu le génie de son siècle; et ce siècle, qui l'a fait,
» s'est prosterné devant son ouvrage [1].

—» Voltaire fit révolution dans l'art drama-
» tique; il voulut être représenté beaucoup plus
» qu'être lu, et proposa même la maxime de *frap-*
» *per fort* pour la multitude, plutôt que de *frap-*
» *per juste* pour les gens instruits. Il mit dans ses
» pièces beaucoup plus de machines et de fracas.

—» Aujourd'hui on joue Corneille et Racine

---

[1] *Ibid.*, pag. 23, 24, 25, 27, 28. Il faut lire tout l'article.

» avec les acteurs de Voltaire et dans son esprit ;
» et peut-être n'avons-nous plus le *diapason* de ces
» deux grands maîtres, et nous jouons leur mu-
» sique dans un autre mode et sur un ton diffé-
» rent [1].

[1] Ceci, vrai il y a une vingtaine d'années, appliqué à la littérature, n'est pas moins vrai aujourd'hui appliqué à la musique. Poussons plus loin ces rapprochemens.

Quiconque a entendu à Paris le *Stabat* de Pergolèse sera frappé de la justesse de ce qu'on va lire : « Nos artistes ont » perdu la tradition de ce chef-d'œuvre ; il est écrit pour eux » en langue étrangère ; ils en disent les notes sans en connaître » l'esprit : leur exécution est à la glace, dénuée d'ame, de » sentiment et d'expression. L'orchestre lui-même joue machi- » nalement et avec une faiblesse qui tue l'effet. » (*Journal de l'Empire*, 28 mars 1812.) C'est là pourtant de la véritable musique d'église ; il y a de la vérité, du sentiment, la couleur du sujet. Comme on le voit par la date de l'article cité, tous ces mots sont depuis long-temps vides de sens. M. Castil-Blaze, musicien, préfère le *Stabat* de Haydn à celui de Pergolèse ; il a raison. Il conseille à l'Académie royale de renoncer à ce dernier pour faire entendre l'autre ; il a raison encore. Je pense cependant que si l'un est supérieur pour la facture, l'autre l'emporte pour l'expression. Rapprochons de ce passage du *Journal de l'empire* des réflexions sur Athalie, extraites du *Mercure de France* :

« Nous ne pouvons plus sympathiser avec les sentimens qui » dominent dans cette tragédie. Le mérite de Racine n'en est » que plus grand d'avoir su se les approprier ; mais plus il a » réussi, plus son ouvrage devient admirable, *et moins il doit* » *nous toucher... Athalie* est plus dans les mœurs des Juifs que

» Voltaire aurait pu, plus que tout autre, se
» passer du prestige de la scène; mais il avait don-
» né l'exemple de parler beaucoup aux sens du
» spectateur; et cet exemple devint contagieux,
» parce qu'il est plus facile de faire une tragédie

» *Phèdre* dans les mœurs des Grecs; mais elle est moins dans
» nos mœurs, dans nos opinions, que les tragédies de Sophocle
» et d'Euripide. M. de La Harpe a réfuté très-gravement et très-
» méthodiquement les critiques de Voltaire sur *Athalie*; mais
» ce n'est point par ses bons mots contre cette tragédie que
» Voltaire a le plus nui à son effet. Cette pièce, qui se rap-
» proche, pour les chœurs, des tragédies grecques, et qui, par
» son esprit, s'éloigne encore plus de nous, devrait peut-être,
» comme les chefs-d'œuvre anciens, être laissée dans le cabinet
» à l'admiration des connaisseurs, et ne point braver au théâtre
» un public dont l'esprit est si différent. » (*Mercure de France*,
20 janvier 1806 ou 1807.)

M. Fétis, dans la *Revue musicale*, s'exprime à peu près
dans les mêmes termes au sujet de *Don Juan*, Don Juan!
le chef-d'œuvre de Mozart! « C'est, dit-il, une question dé-
» licate et difficile à résoudre que celle-ci : lorsque le goût
» d'un peuple est vicié, est-il avantageux de tirer de l'ou-
» bli certains chefs-d'œuvre des arts qu'une ancienne ré-
» putation défend contre les folles prétentions de l'époque,
» et n'est-ce pas les exposer inutilement aux outrages
» d'une multitude incapable de les comprendre? etc., etc. »
T. II, p. 536.

Comme on le voit, le même révolution qu s'était opérée
dans la littérature, a eu lieu, quelques années plus tard, dans
la musique, et l'on pour ait faire de l'une et de l'autre une
sorte d'*histoire comparée* qu ne serait pas sans intérêt.

» avec des *perspectives* et des *costumes*, et qu'on
» a plus tôt, au théâtre, monté dix machines que
» tracé un caractère [1].

Terminons par le trait de ressemblance le plus
frappant :

« Voltaire subjugua les esprits faibles par l'au-
» dace jusqu'alors inouie de ses opinions ; et il
» imposa à sa nation et à l'Europe par le mépris
» qu'il afficha pour tout ce qu'elles avaient jusqu'a-
» lors mis au premier rang de leurs croyances et
» de leurs institutions. On vit, pour la première
» fois, un écrivain annoncer, au sortir du collége,
» une entière indépendance de tous les principes,
» ne pas daigner discuter avec les nations et les
» siècles, mais, sur l'autorité de sa jeune raison,
» flétrir par le ridicule, et comme *chose jugée*, les
» croyances les plus accréditées chez les peuples
» les plus éclairés [2] «.

Maintenant écoutons un savant professeur musicien, M. Fétis, dont il faut peser les paroles :

« Guidé par l'indépendance de son génie [3],
» et secondé par la tendance de son siècle, qui

---

[1] *Mélanges*, tome II, *de l'Art dramatique et du Spec-*
tacle, pages 336-339.

[2] *Ibid.*, tome Ier, page 6.

[3] Je ne vois pas trop jusqu'à quel point *l'indépendance*
du génie peut servir de *guide*.

» aime à voir remettre en question tout ce qui
» semblait démontré auparavant, Rossini a secoué
» le joug de toute entrave, peut-être même de
» celles que lui imposait son oreille, pour se jeter
» dans une marche diamétralement opposée à celle
» de ses devanciers. Doué du génie heureux qui
» crée de beaux chants, sûr des effets qu'il veut
» produire, il pousse jusqu'au cynisme le mépris
» pour les règles de successions d'intervalles, pour
» celles de la modulation et pour une foule d'au-
» tres points de doctrine scolastique [1]. »

Je me hâte de dire qu'on ne saurait faire sérieusement un reproche à M. Rossini d'avoir suivi le
goût de son siècle. Certes, s'il est permis à quelqu'un de se conformer à l'esprit de son temps, c'est
assurément au musicien. Demander à un compositeur, qui n'est ni un moraliste ni un philosophe,
et qui doit, avant tout, s'intéresser à sa réputation, de se mettre en contradiction ouverte avec
son siècle, et de le heurter de front, au risque de
s'y briser, lorsque d'ailleurs il est sûr, en suivant
une marche contraire, de l'éblouir et de l'entraîner, c'est pousser trop loin l'exigence. Le génie le
plus hardi n'oserait s'y risquer.

---

[1] *Revue Musicale*, n° 12, page 303. Changez le nom
encore et deux ou trois expressions qui appartiennent au langage musical, vous aurez le portrait de Voltaire.

On s'est demandé mille fois si Rossini a du génie. Il faut plaindre ceux qui en refusent à celui qui a conçu l'air de la *Calomnie*, qui a prêté à *Otello*, à *Desdemona* de si terribles et si pathétiques accens, qui s'est montré si gracieux, si fécond dans la *Gazza*, *Cenerentola*, la *Donna del Lago*, si dramatique dans *Tancredi* et *Semiramide*. Mais ne sait-on pas que si la marche grave, lente et calme des siècles qui ont précédé, laissaient jadis aux hommes plus d'action sur leur temps, le mouvement est si rapide aujourd'hui que les esprits les plus vigoureux ne peuvent avoir de prise sur leur siècle et lui imprimer une direction quelconque, sans avoir plié préalablement eux-mêmes et sans en avoir subi une à leur tour? Sans chicaner donc M. Rossini sur la route qu'il s'est tracée, nous ne ferons que constater un fait; nous examinerons un système, et non pas un homme. Je me plais à reconnaître qu'il y a des choses magnifiques dans les ouvrages de M. Rossini. Mais qu'on y prenne garde : ces beautés du premier ordre ne sont point du genre qu'il a adopté. Elles appartiennent à lui seul. Aussi, c'est moins l'homme que nous combattons que son école.

D'après cela, on voit le danger de juger une école par celui qui l'a créée. Comme nécessairement c'est un homme de talent, il s'ensuivrait qu'on courrait le risque d'attribuer à l'école le mérite qui appartient tout entier à l'auteur. Voyez la plupart des systèmes qui ont couru le monde : leur durée ne s'est pas prolongée au-delà de l'espace de la vie d'un homme, de celui qui les a imaginés. Après sa mort, l'école fait de vains efforts pour lui survivre, et souvent il arrive que le système, l'inventeur, son nom sont ensevelis dans le même oubli.

Si l'école de M. Rossini était aussi brillante que sa musique, aussi féconde que son génie, bien qu'elle ne fût pas exempte de blâme sous beaucoup de rapports, nous serions loin de nous en plaindre. Mais, comme toutes les nouvelles théories, elle aura le tort de ne pouvoir rien créer d'elle-même, et le tort plus grand encore d'avoir dégoûté de ce qui existait avant elle. Dans certaines provinces [1] où les anciennes traditions se sont conservées, elle n'a eu qu'un éclat passager. Et si elle se soutient encore à Paris, où pourtant elle n'excite plus le même enthousiasme, je crains fort qu'elle ne le doive qu'à la présence de l'homme. Ce genre si séduisant, vous allez voir comme il va devenir fastidieux entre les mains de ses imitateurs. Il y a des talens parmi eux ; n'importe.

[1] A Marseille, par exemple, et dans toute la Provence.

Leur imagination se traîne péniblement dans des
routes étroites. Leurs compositions dénuées de
force et d'originalité sont moins des imitations que
de froides copies d'ouvrages dans lesquels il faut
au moins reconnaître beaucoup d'esprit et de
verve. La manie épidémique gagne ; elle envahit
tout ; et depuis la barrière où l'on danse jusqu'à
l'Église où l'orgue accompagne les chants, tout
annonce que l'art s'est réfugié tout entier dans le
génie d'un seul homme. Il est beau sans doute de
créer une école, et, en présence des productions
qui en sont sorties, de pouvoir dire comme de ses
propres chefs-d'œuvre : Voilà mon ouvrage ! Mais,
à la longue, ces mêmes chefs-d'œuvre ne font
guère plus d'impression que les caricatures des
copistes. Ceux-ci, à leur tour, réagissent en quelque sorte sur leur modèle, qui les a pendant quelque temps protégés à l'ombre de sa gloire. Et il
arrive alors que ce public pour lequel on a tout
fait, aussi insensible qu'il avait été enthousiaste,
aussi inconstant dans ses goûts que l'art dans ses
formes, et, comme l'a dit Horace,

Cupidusque, et amata relinquere pernix.

se lasse bien vite d'un genre qui s'épuise et
se meurt de lui-même, et qui n'offre plus à la

curiosité toujours avide du nouveau qu'un aliment insipide.

En attendant, la vraie tradition se perd ; la bonne musique instrumentale est abandonnée; la sonate, plus que jamais importune, a fait place à la *fantaisie* et au *caprice*, et il est aussi rare d'entendre aujourd'hui un quatuor d'Haydn ou de Mozart que de voir représenter *Iphigénie en Aulide* ou *Cinna*.

Il est assez singulier que ce soient là les fruits d'un système qui affranchit le génie de toute espèce de contrainte et consacre jusqu'aux désordres même de l'imagination. Et comme ce genre-là trouve beaucoup d'imitateurs, parce qu'il est le plus facile, il s'ensuit nécessairement qu'il devient général ; que la médiocrité s'en empare pour déguiser sa faiblesse, et que le vrai talent perd son énergie en s'y assujétissant. Il pourrait paraître extraordinaire que les premiers qui ont donné l'exemple d'une indépendance absolue deviennent à leur tour les objets d'une imitation servile, s'il n'était pas d'une vérité incontestable que l'imagination livrée à elle-même et séparée des traditions consacrées par l'expérience, s'éteint impuissante et se resserre dans une sphère bornée. Aussi bien est-il remarquable qu'on ne parle pas des imitateurs de Racine et de Mozart, et qu'on

nomme ceux de Voltaire et de Rossini : tant il
est vrai qu'en ne s'écartant pas de la nature ou du
vrai, on conserve toujours l'*originalité*, qui n'est
autre chose que le plus haut degré de naturel.
Pourquoi Molière et Lafontaine sont-ils si originaux ? c'est parce qu'ils ont le plus approché de
la nature ; et, j'appelle toute l'attention du lecteur sur cette observation, c'est pour cela qu'ils
sont *inimitables*. Les conceptions les plus originales, j'ose dire même les plus bizarres, ont bien
plus leur type dans la nature que ces productions
uniformes qui présentent à un degré si éminemment classique l'assemblage de toutes les qualités
générales. Celui donc qui se propose l'*imitation
de la nature* produira des *créations*, au lieu que
celui qui voudra *créer* d'après tel ou tel homme
ne fera que des *imitations*. J'en demande bien
pardon à M. Boïeldieu dont j'admire le talent ;
mais il a cessé d'être lui-même dans quelques parties de la *Dame blanche*. En suivant cette route,
on se jette dans le faux ; l'esprit perd son individualité pour reproduire à teintes faibles la couleur
de celui qu'il copie ; et se rapetisse, parce qu'il va
choisir, loin de la nature, un modèle qui lui est
inférieur.

Voilà pourquoi on a de tout temps regardé
comme une maxime constante, immuable, uni-

verselle, cette proposition, que *les arts ont pour but l'imitation de la nature* : maxime vraie, quoique énoncée un peu vaguement peut-être ; car il aurait fallu expliquer qu'il y a deux natures, la nature morale et la nature physique, et que le langage qui s'adresse à l'ame, à l'intelligence, est incontestablement plus noble et plus puissant que celui qui s'adresse simplement aux sens ; que, du choix de ces deux objets, dépendent nécessairement les caractères de *beau moral* et de *beau physique*, que l'on ne retrouve pas au même degré dans les monumens de tous les peuples, et qui sont relatifs aux progrès qu'ils ont faits dans les connaissances physiques et morales. Mais ce n'est pas là la question. Toujours est-il vrai que la nature doit être le but constant auquel on doit tendre, et qu'on ne saurait atteindre qu'en suivant ces règles invariables, c'est-à-dire, ces vérités premières, qui ne sont autre chose que le développement des lois naturelles, appliquées aux arts.

Nous venons de voir M. Rossini tel qu'il est en effet, et, si je puis me permettre cette expression, avec toutes ses conséquences ; suivant l'impulsion de son siècle, et la lui rendant plus forte à son tour ; un veritable *bel-esprit* en musique sacrifiant au goût du jour, pour les ornemens et les *fioritures*, la vérité des situations ; la pureté de la lan=

gue musicale, la simplicité des chants, à la complication des moyens matériels; et demandant à la musique du *positif*, comme il est convenu de le chercher aujourd'hui dans tout ce qui a sa base dans l'ordre intellectuel.

Mais figurons-nous pour un moment ce même homme, avec tout l'avantage de la science, avec sa belle, sa riche imagination, avec tout ce qu'il a, d'une part, pour enchanter le public, et, de l'autre, tout ce qui lui manque pour satisfaire les connaisseurs; ne prenant du siècle que ce que nous aimons à penser que Mozart en aurait pris lui-même, toutefois, avec cette indépendance que les règles, telles que nous venons de les définir, n'ont jamais ravie au vrai talent; avec cette vigueur, cette énergie qui naît de l'obstacle, et se servant de tout l'ascendant de son génie et de l'autorité de son nom, pour lutter contre la licence qui s'érige en système. En suivant une telle marche, n'en doutons pas, il eût trouvé dans la solidité de sa réputation ce que ne pourra lui assurer sa brillante rapidité.

Voyez ce géant de l'Allemagne, dont les improvisations, nous dit-on, ont surpassé les compositions de toute la distance qui sépare le travail de l'inspiration ; cet étonnant Beethoven, ce compositeur toujours nouveau et pourtant toujours le même, capricieux, bizarre parfois, de peur de se répéter ou de ressembler aux autres ; savant, et quand il ne le serait pas, trouvant dans les ressources de son génie comme un supplément à ce qui pourrait lui manquer ; qui devine, crée les règles, ces règles dont il se joue sans jamais les briser, et dont rien pourtant n'épuise la fécondité, n'arrête l'impétuosité ni la fougue. C'est un fleuve qui gronde dans les bornes qui le retiennent. Quelquefois il transporte notre imagination dans un monde de chimères, et là, comme Klopstock, il la plonge dans des rêveries sublimes. Cet homme extraordinaire, dans la symphonie, est allé plus loin que Haydn et Mozart, parce que, après tout, il est naturel que lorsqu'il ne s'écarte pas des routes qui lui sont tracées, l'esprit humain avance.

Ce qui précède fait sentir la nécessité d'une institution permanente où se conserverait toujours pur et inaltérable le dépôt sacré des anciennes traditions de l'art ; de ces traditions que les compositeurs de tous les pays ont invoquées, et qui en ont fait comme les membres d'une même école [1].

[1] On a dit, et j'entends répéter chaque jour, qu'aucun art n'est, plus que la musique, sujet à la mode. Il n'y a donc pas de principes vrais en musique, ou, ce qui revient au même, la musique est un art faux. Autant vaudrait dire qu'elle n'a

Nul autre moyen de combattre cette disposition
dangereuse des esprits à se laisser entraîner à la
pente des nouveautés. Or il faut convenir que les
maîtrises établies en France dans tous les chapi-
tres remplissaient admirablement ce but. Là se
formaient d'excellens organistes, d'excellens
musiciens, d'excellens chanteurs, souvent d'a-
près les modèles de l'ancienne école d'Italie. Les
musiciens modernes ont regretté une telle institution, ou ont exprimé le désir d'en voir s'élever
une semblable. « La musique religieuse, dit
» M. Fétis, conserve à l'art ses formes classiques.»

jamais existé, car le faux n'existe pas. Elle est donc vraie ;
elle ne saurait donc être un art changeant, du moins dans ce
qui est fondamental et de principes, puisque tout ce qui est
vrai repose sur des règles fixes et immuables. « C'est vers le
» quatorzième siècle que le chaos harmonique a commencé à
» se débrouiller. Depuis Franchino Gafforio, de Lodi, qui
» professait, en 1460, à Milan, jusqu'à Marpurg, Albrechts-
» Berger, Sala et M. Catel, le style a seul varié, les principes
» sont toujours restés les mêmes ; et l'on a si bien reconnu
» leur justesse, qu'ils ont été généralement adoptés. Un Fran-
» çais apprendra la composition dans les traités allemands
» ou italiens, dans les œuvres de Van-Beethoven, comme
» dans celles de Diego Ortïz ou don Juan-Navarro, Espagnols.
» LA MÊME DOCTRINE MUSICALE RÈGNE DANS TOUT LE MONDE
» CIVILISÉ. » (De l'opéra en France, par M. Castil-
Blaze, tome I, page 168.) M. Choron a présenté à l'Institut,
en 1804 ou 1805, un écrit sur la musique, avec cette épi-
graphe : QUOD SEMPER, QUOD UBIQUE, QUOD AB OMNIBUS.

« Lorsque l'on considère, dit le *Dictionnaire de*
» *Musique moderne*, que les maîtrises de France
» possédaient autrefois quatre mille élèves, et que
» ce nombre se réduit aujourd'hui à deux cents en-
» viron, on n'est point surpris que la musique se
» perde peu à peu dans nos provinces. Les bienfaits
» du Conservatoire ne s'étendent pas au-delà de
» l'enceinte de Paris ; tandis que, placées sur tous
» les points du royaume, les maîtrises donnaient
» les moyens de recueillir et de cultiver les grands
» talens et les belles voix dans les lieux mêmes
» où la nature se plaisait à les produire. Depuis
» leur suppression presque totale, nous faisons
» tous les jours des pertes que rien ne répare. La
» pépinière des bons musiciens n'existe plus ; l'art
» dégénère dans les départemens, et le petit nom-
» bre de professeurs qu'on y rencontre, leur âge
» avancé, font prévoir sa ruine. »

Un des résultats les plus déplorables de cette
suppression, et peut-être le plus dangereux pour
la morale publique, a été de voir la musique de
théâtre passer dans l'église. Le dirai-je ? je souffre
lorsqu'un organiste, où plutôt un pianiste, bra-
vant la sainteté du lieu ou il se trouve, sans paraître se douter du caractère grave et sérieux que
la religion prête à ses cérémonies, ne craint pas
de descendre au style de la romance ; et, au lieu

de ces fugues savantes, de ces grandes pièces où
les Séjan, les Balbâtre, déployaient toutes les richesses de l'harmonie et les ressources colossales
de leur instrument, me fait entendre de mesquines
parodies des ouvertures de Rossini. Nos habiles
compositeurs eux-mêmes n'ont pu résister à l'entraînement général ; et leur *musique religieuse* ne
l'est guère que par les paroles qui l'accompagnent.

Tout en rendant justice à l'art prodigieux, au
mérite incontestable de composition que l'on admire avec tant de raison dans la musique sacrée de
Mozart, de Beethoven, de M. Chérubini, je ne
puis m'empêcher de penser que ce n'est pas là encore de la véritable inspiration. Ces noms si harmonieux appartiennent bien plus à la scène, à la
musique instrumentale, qu'à la musique d'église.
Il me semble que les pensées grandes, sublimes,
les hautes et magnifiques conceptions n'ont pas
besoin de ce concours, ou plutôt du secours de
tant d'instrumens divers. Au théâtre, on peut, il
faut même employer tous les moyens de captiver
les esprits. La magie des décorations, le jeu de la
scène, la situation, les paroles, concourent autant
que la musique à l'expression dramatique. Mais
à l'église, le compositeur, seul avec son art,
en présence de la Divinité, comment suppléera-t-

il a toutes ces ressources de l'illusion? Loin de chercher de grands effets dans de grandes inspirations ou dans l'expression morale, on a cru les trouver dans la science et le mécanisme des forces de l'orchestre. De ce qui ne devait être qu'un moyen, on en a fait le but. M. Chérubini, et je sais avec quel appareil imposant ce nom se présente à l'esprit, M. Chérubini, créateur d'un genre nouveau, fondateur d'une école parmi nous, a réuni toutes les puissances de l'art dans ses chefs-d'œuvre d'église. Cependant cet auteur, si classique et si pur sous le rapport musical, offre trop peu d'exemples de ces chants larges, de ces belles mélodies, expression de grandes et magnifiques idées. En dernier résultat, ses compositions appartiennent pour le style à la *musique de chambre*. Doué d'un goût exquis, peut-être à force de talent et de science, M. Chérubini est parvenu à remplacer le génie. Mais je me demande toujours si un temple est un théâtre où il faut multiplier tous les genres de séductions, si l'on doit s'y écarter d'une majestueuse simplicité. Je me demande si tant d'artifice, si le langage si habilement contrasté des instrumens, si l'arrangement si varié des sons qui sortent de l'orchestre, n'est pas plutôt le résultat brillant d'une longue et laborieuse expérience, qu'il n'est véritablement l'expression de ces accens inspirés de l'enthousiasme.

Il est des convenances morales que l'on néglige trop souvent parce qu'elles ne tiennent pas directement à l'art ; mais à l'observation desquelles il doit parfois ses plus grandes beautés. Et par exemple, il est tout simple que la musique d'opéra, chargée de représenter toutes les situations de la vie, doive en quelque sorte s'accommoder aux mœurs, aux habitudes, aux usages d'une société qui varie chaque jour, et qu'elle change comme elle, du moins dans tout ce qui est de forme et de style. Mais prétendre que la musique d'église, interprète sévère de dogmes invariables, subisse les mêmes métamorphoses ; introduire chez elle les changemens qui s'opèrent dans l'autre musique, c'est vouloir prêter des formes incertaines et frivoles, et donner les couleurs de la mode à ce qui, de sa nature, est immuable. A part quelques légères modifications que le goût exige, la musique sacrée doit toujours rester la même.

Ces vérités avaient été comprises par les grands maîtres de l'ancienne école. Les immortelles productions des Jomelli, des B. Marcello, des Durante, des Léo, des Hændel, le plus grand de tous, à la différence près du caractère particulier de leur génie, et bien qu'ils n'aient pas vécu dans le même temps et sur le même sol, nous présentent à peine, dans ce qui est de l'art, quelques nuances sensibles. Profondément pénétrés de la grandeur de leur sujet, ils ont enfanté ces hymnes solennelles où se peignent tour à tour les sentimens divers que fait naître une religion consolante dans ses promesses, terrible dans ses menaces, et qui commande à la fois l'espérance et la crainte. Leur musique semble être inspirée par le même esprit qui animait jadis les prophètes. Tantôt humble et suppliante, c'est la prière qui monte, tremblante, jusqu'au trône de l'Éternel ; tantôt c'est Dieu lui-même qui tonne. La science n'est pour eux qu'un moyen secondaire ; ils s'en servent comme d'un marche-pied, d'où ils s'élancent vers la haute région dans laquelle il nous transportent ; et si quelquefois ils manquent aux règles, c'est pour s'élever au-dessus d'elles.

Grâce à la suppression des maîtrises les noms de ces illustres compositeurs sont à peine connus de la plupart des musiciens français. Lalande est la seule gloire que nous puissions opposer à l'Italie. Sans doute il y a bien du charme dans ces mélodies simples, naturelles et pures ; dans ce style toujours correct, dans l'emploi modeste et sage des ressources de la science ; dans ces transitions ménagées d'avance et qui arrivent sans brusquerie et sans surprise ; dans cette mar-

che du discours musical un peu lente, il est vrai,
mais assurée; et surtout dans ces traits de chant,
dans ces formes gothiques, empruntées au chant
grégorien, mais rajeunies par les fleurs du contre-
point. Malgré cela, Lalande n'a pu créer une
école parmi nous. Des causes qui remontent plus
haut qu'on ne pense communément, expliquent
peut-être cette lacune dans les progrès de l'art en
France. Il est tout simple que si l'on a appliqué
à la musique la doctrine *classique* telle qu'elle a été
appliquée à la littérature, et telle que l'ont conçue
de nos jours de graves esprits; cette doctrine, qui
crée, en dehors de la religion, pour les conceptions
de l'homme, une règle et une autorité purement
humaines, a dû s'opposer à tous les développemens
que l'art reçoit des inspirations religieuses. C'est
pour cette raison que l'école de M. Chérubini,
ou, pour mieux dire, l'école française, en réunissant au plus haut degré toutes les richesses de
l'harmonie et les forces de l'instrumentation, a
laissé quelque chose à désirer sous le rapport de
l'expression morale. La musique n'étant plus un
art nouveau pour nous, on ne peut disconvenir
que des modulations simples et naturelles, mais
usées, des chants gracieux, purs, mais ayant
tous le même caractère; qu'un genre de facture
purement scolastique, et qui semblait restreindre

l'imagination dans les bornes d'une routine timide, ne pouvaient guère réveiller nos sensations, déjà familiarisées avec un art trop resserré dans ses formes et peu étendu dans ses moyens. Il fallait donc agrandir la route battue ; mais sortir de l'ornière de la routine pour rentrer dans le cercle de la science et s'y renfermer, c'était n'atteindre le but qu'à demi. Mozart n'avait pu consommer cette grande révolution. Ce qui prouve bien que le génie a rencontré à son insu des obstacles dans des principes dont il ne soupçonnait pas l'application.

On sait que Mme de Staël trouvait Mozart *trop ingénieux* [1]. Personne assurément n'est moins disposé que moi à partager les opinions philosophiques et littéraires de cette femme célèbre. Mais la véritable source où l'ame va puiser les grands sentimens, la sienne, ardente et passionnée, ne l'avait point ignorée. Nul écrivain n'a, mieux qu'elle, su distinguer ce qui, dans les productions de l'esprit, est l'effet d'une inspiration instantanée, de ce qui n'est que le produit, quelquefois brillant, mais toujours calculé, d'un élan factice de l'imagination. « De beaux vers, a-t-elle dit, ne sont pas de la poésie [2]. » Appliquons ce principe

---

[1] *De l'Allemagne.*

[2] *Ibid.* — L'art ne fait que des vers ; le cœur seul est poète.

A. CHENIER.

à la musique, et justifions-le par un exemple pris chez le plus grand compositeur des temps modernes.

Je proteste que personne ne professe une admiration plus sincère que la mienne pour Mozart. C'est le musicien du cœur, le plus vrai, le plus profond, le plus pathétique des compositeurs. C'est de lui qu'on peut dire avec grande raison qu'il a des *larmes dans la voix*. C'est le Racine des musiciens. Mais, comme à Racine, on peut lui reprocher quelque chose de trop ingénieux, de trop recherché. Jamais deux hommes de génie n'offrirent un assemblage plus frappant de qualités semblables. Même sentiment, même sensibilité, même profondeur, même connaissance du cœur humain, même naturel, même esprit, même finesse de tact, même délicatesse de goût dans l'emploi des ornemens. L'un est musicien comme l'autre est poète : leurs accens partent du même endroit et vont frapper au même endroit. Tous les deux ont atteint ce point qu'il n'a presque jamais été donné de dépasser, lorsqu'on y arrive par les routes battues ; tous les deux se sont approchés de cette perfection qui, pour nous, est plutôt l'absence des fautes qu'elle n'est la réunion de toutes les grandes qualités.

Mais laissons le poète, que nous n'avons appelé ici que pour donner une preuve de plus de cette merveilleuse universalité d'application de principes qu'avec un peu d'attention l'on retrouve partout, dans l'ordre physique comme dans l'ordre moral, dont on peut très-bien dire ce que l'on a dit du premier : *Natura est sibi consona* [1]. Prenons le musicien tout seul, et cherchons dans son *Requiem* un exemple qui éclaircisse notre question. Je n'ignore pas que, suivant des découvertes récentes, une partie de cet ouvrage ne doive être attribuée à Susmayër. Mais, sans nous perdre dans une question purement biographique, examinons le *Requiem* tel qu'il est.

Je passe à la prose des morts *Dies iræ*. Il n'y a qu'à admirer aux deux premiers versets ; rien de plus grand, de plus majestueux. Arrivons au troisième et aux suivans :

> Tuba mirum spargens sonum
> Per sepulcra regionum,
> Coget omnes ante thronum.
>
> Mors stupebit ....

Quelle musique une telle poésie va-t-elle inspirer ?

Ici, je l'avoue, je ne puis me défendre d'un

[1] Newton.

sentiment pénible lorsque je vois le grand homme
s'amuser à placer un solo de basse sur ce verset,
puis un solo de ténor et de premier et second-dessus
sur les suivans, pour réunir ensuite ces quatre
voix sur un cinquième verset. Si l'on s'en tient
simplement au mérite musical, je conviens que
c'est ravissant, enchanteur ; toute la délicatesse
de la touche de Mozart s'y trouve. Mais cette
forme symétrique sied-elle à l'action imposante,
au drame lugubre que présente à l'esprit du compositeur l'idée du jugement dernier? C'est métamorphoser la vallée de Josaphat en une salle de
concert. Le *mors stupebit* passe inaperçu : je ne
vois point cette épouvante des morts et de la mort
elle-même. Certes, c'est ici ou jamais qu'*un beau
désordre est un effet de l'art.* M. Chérubini a
bien autrement conçu ce morceau, et c'est avec joie
que je saisis cette occasion de rendre à ce grand
artiste le témoignage de toute mon admiration.
Entendez l'éclat des trompettes qui se mêle aux
déchiremens des violons, aux cris des instrumens
à vent, à la confusion savante qui règne dans
l'orchestre; à ces accens de la terreur, à ces paroles sourdes et entrecoupées, échappées de l'effroi ;
et voyez l'ange terrible chassant de son glaive
la foule tremblante des humains, et les pous-
sant pêle-mêle au pied du tribunal du juge inexorable !

M. Chérubini ne s'est pas dissimulé tout ce qu'avait de redoutable la comparaison de son ouvrage avec celui de Mozart : aussi a-t-il composé le sien sur un plan tout nouveau. Mozart avait adopté la forme d'*oratorio*. Cette méthode est plus conforme anx chants d'église. M. Chérubini a choisi une forme toute dramatique. Il a pris la *Prose* en masse, en bloc, et en a fait un seul chœur, ou plutôt, une action où tout marche et se suit. Il y a peut-être plus de détails, plus de variété, plus de richesses dans celui de Mozart ; mais dans celui de Chérubini il y a plus d'effets et plus d'unité. On n'attend pas sans doute ici une analyse détaillée de ces deux chefs-d'œuvre, analyse qui devrait être aussi volumineuse que leur partition. Les beautés y sont innombrables ; mais elles appartiennent trop exclusivement au musicien. Je voudrais le voir plus souvent poète, et, si j'ose le dire, plus souvent chrétien. Je voudrais moins d'art, avec autant de science et plus d'inspiration.

J'en ai dit assez pour montrer que les modernes ne sont pas à la hauteur d'un art tel que la musique. Ce n'est pas que dans tous les temps il n'y ait des hommes de génie ; la nature se plaît à en former toujours et partout : c'est une plante qui germe sur des rochers. D'où vient pourtant cette immense supériorité des uns et cette impuissance des autres, selon la différence des temps? Déjà nous l'avons indiqué : les vraies inspirations ne sauraient partir que d'un profond sentiment de conviction. En vain s'échauffe-t-on la tête, si le cœur est glacé; en vain l'esprit se ferat-il pour un moment des réalités de ce qui n'était pour lui que de vaines théories : le sublime veut une ame pénétrée; hors de là, la science est stérile, elle est morte.

Plein de ces idées, je vais à l'école de M. Choron, et là j'entends cette ancienne musique religieuse dont on ne parle plus aujourd'hui, exécutée avec un ensemble merveilleux, avec cet art qui n'est autre chose que l'intelligence parfaite de la nature. Cent cinquante élèves, dont une grande partie se compose de jeunes enfans, comme Joas, élevés à l'ombre du sanctuaire, sans communication extérieure, apprennent à *chanter de Dieu les grandeurs infinies*, et font, loin de l'empire de la mode et du changement, en même temps qu'un excellent cours de musique pratique, un cours historique des productions de l'art. Comment exprimer le charme de ces voix virginales chantant ces grandes compositions toutes inspirées par *l'esprit* du christianisme! M. Choron en a supprimé l'orchestre, comme pour rendre leur simplicité plus frappante. Là ces jeunes gens meublent leur mémoire de tout ce qu'il y a de plus beau dans les anciens auteurs , et apprennent à juger, au sortir de cette école, si ce qu'on appelle dans le langage des modernes des inventions, dans la langue universelle de l'art, n'est pas quelquefois un abus. Souvent, dans la même séance, on entend des morceaux pris dans Palestrina, qui vivait en Italie dans le xvie siècle ; dans Hændel, qui vivait en Angleterre au commencement du xviiie ; dans Haydn et Mozart, Allemands, qui sont de l'ère qui nous a précédés. Ainsi on passe en revue trois grands génies, trois grandes nations. Ainsi M. Choron rapproche habilement ces gothiques souvenirs de la littérature musicale, de ce que les bons auteurs modernes présentent de plus frais et de plus gracieux. Ces grands hommes nous apportent tour à tour le tribut de leur génie, chacun avec sa physionomie particulière, sa couleur originale, tous fidèles à la commune tradition. Il faut voir comme les trésors de l'harmonie se mêlent ici aux mélodies les plus larges, les plus pures, les plus suaves ; et comme la science, toujours subordonnée à l'expression, n'y est qu'un moyen secondaire ; pareille à ces masses de rochers que l'architecte fait servir de base à sa pyramide, qui, par la hardiesse de ses formes et l'élan qu'il lui imprime, ne semble plus appartenir à la terre.

Nous voici un peu loin de M. Rossini; cependant je ne crois pas être sorti de mon sujet. Je me suis proposé de faire connaître les suites inévitables d'un système faux dans plusieurs de ses parties, qui entraînerait infailliblement la ruine de l'art; j'ai dû insister sur les seuls moyens de conservation qui lui restent.

En indiquant les rapprochemens que l'on peut faire entre des hommes qui appartiennent à des genres différens, entre deux hommes surtout qui ont opéré, chacun dans son art, une révolution semblable, nous croyons avoir donné une nouvelle preuve de l'existence des rapports qui unissent la société et les arts, et de celles des lois générales qui régissent ceux-ci; mais pour l'artiste philosophe qui veut porter plus haut ses regards, la tâche n'est pas encore remplie.

Peut-être un jour démontrerons-nous, d'après le témoignage de tout ce qu'il y a de plus respectable dans l'antiquité, de tous les grands hommes de tous les siècles, de ce que le moyen âge renferme de plus savant, en un mot, sur la foi du genre humain, que dès les premiers âges du monde, dans la société primitive, la musique, son fidèle satellite, s'est montrée grande, parfaite

comme elle; comme elle aussi, qu'elle s'est long-
temps maintenue dans cet état de perfection;
qu'elle a toujours été étroitement liée à la religion
et aux principes de la civilisation dont elle a suivi
tous les développemens, soit chez les anciens
Égyptiens, soit à la Chine, soit dans l'ancienne
Grèce, etc.; que par conséquent les prodiges
qu'on lui attribue, bien qu'ils aient pu quelquefois
avoir été exagérés ou même supposés, n'ont plus
rien qui nous doive étonner. Nous prouverons
qu'on la voit ensuite s'altérer quand les principes
sociaux s'altèrent, et, à mesure que la société
multiplie ses lois et ses moyens d'existence matérielle, qu'on la voit appeler à son secours les arts
mécaniques, pour gagner en ressources physiques
ce qu'elle perd en expression et en force morale;
qu'ainsi elle a toujours été chez les anciens *l'expression de la société*. Nous ferons concorder ces
témoignages avec les fictions des poètes sur l'âge
d'or, sur les dieux inventeurs de la lyre, Orphée,
Linus, etc., et les merveilles qui leur sont attri-
buées; avec les antiques traditions qui ont donné
lieu à ces fictions; avec l'opinion de plusieurs
graves philosophes sur ces temps primitifs; avec
les résultats des découvertes récentes dans les ori-
gines des anciens peuples. Nous examinerons leurs
secrets rapports avec ce que nous enseignent de

hautes croyances, et, rassemblant ces faits, ces
témoignages, ces traditions, ces croyances, nous
trouverons dans leur accord unanime un foyer de
preuves qui se prêtent, les unes aux autres, leurs
propres clartés.

Passant aux temps modernes, nous montre-
rons que la musique a été long-temps, après un
long sommeil, un des plus beaux ornemens dus
à la civilisation du christianisme; qu'elle a, comme
la sculpture, la peinture, et les autres arts, contribué, par son éclat, à produire le grand jour du
siècle de Léon X; mais qu'ensuite, changeant tout
à coup d'objet et de but, elle a pris un caractère
de frivolité; qu'au lieu de suivre les développemens de la société, elle n'a plus tenu son rang
dans le cortége des arts qui viennent avec la civilisation; qu'en Allemagne, par exemple, où,
suivant madame de Staël, on n'a *sur aucun sujet
des règles assez fixes* [1], et où, malgré le caractère de mobilité que présentent et la religion, et
la littérature, et la société, la musique seule,
chose remarquable! a conservé jusque dans ses
développemens ses formes classiques, et semble
avoir subi, chez les modernes, une double influence. Lorsque nous aurons expliqué ces appa-

---

[1] *De l'Allemagne.*

rentes contradictions, ces rapports et ces differences, et traité ces questions, toutes fécondes en conséquences d'une haute importance, nous aurons peut-être jeté quelque jour sur la nature de cet art, si mystérieux lorsqu'on le considère séparément, et rattaché cet anneau isolé à la grande chaîne de l'ordre moral.

Si nous atteignons ce but, nous croirons avoir rendu service à ceux qui voient dans les beaux-arts autre chose qu'une invention de l'homme, et qui leur demandent plus que des sensations.

POST-SCRIPTUM.

Je croyais n'avoir plus rien à ajouter à cet écrit parce que je croyais que M. Rossini n'avait plus rien à ajouter à sa réputation. Comme tant d'autres, je pensais que cet astre avait jeté ses plus vives clartés et touchait à son déclin. *Guillaume Tell* est venu déconcerter mes prévisions, et m'a prouvé qu'il ne faut jamais se défier du génie. Toutefois je persiste dans mes conclusions quant aux autres opéras de ce musicien; mais celui-ci faisant à lui seul une époque distincte dans la carrière de son auteur et dans la marche de l'art, je dois lui consacrer un examen particulier, sans perdre de vue néanmoins les rapports généraux qui unissent les arts entre eux et établissent leur mutuelle dépendance, et en y portant cet esprit et ce coup d'œil d'ensemble qu'on a pu remarquer dans ce qu'on vient de lire.

En musique, de même qu'en peinture et en poésie, un nouveau genre a prévalu ; et, bien que notre siècle se dise, d'un côté, *positif* dans les arts, il est, il veut être à tout prix *romantique.* Demandez-lui ensuite ce qu'il entend par là, il vous répondra sans hésiter : — *Le vrai, la nature.* Racine, La Fontaine, Mozart, étaient donc faux ? Non, vous dira-t-on, Racine et Mozart étaient vrais dans leur temps ; mais, dans le nôtre, ils ne le sont pas complétement, du moins pour cette grande partie du public chez laquelle le sentiment n'est mis en jeu qu'à la superficie. Cherchons donc la signification de ce mot de romantique. Veut-on dire la suprématie du goût individuel, indépendant des traditions reçues chez tous les peuples ? Je ne saurais admettre une semblable doctrine. Mais veut-on parler d'un nouveau développement des idées, suite nécessaire d'un progrès correspondant dans la civilisation ? il y a peut-être moyen de s'entendre. Alors il est bien clair que, dans ce système, la littérature appelée aujourd'hui *classique* aurait été romantique dans son temps, en ce sens qu'elle a été nécessairement l'expression de la société. Quoi qu'il en soit, nous aurons la vérité telle qu'elle est dans tous les siècles ; *plus* ces formes que le temps apporte et emporte ensuite, et qu'on appelle de *convenance*, ou si l'on veut de *convention*. Un homme bien proportionné, d'une figure noble, ne cesserait pas d'être beau alors même qu'il ne serait pas vêtu à la mode; mais s'il achète ses habits chez Barde ou chez Schwartz; si les doigts parfumés de Michalon viennent régulièrement chaque matin rajeunir sa tête; s'il noue sa cravate *à l'orientale*, il aura plus d'accès *dans le monde*, et sera assuré de tenir un rang distingué parmi nos *fashionables*.

Faisons l'application de ces principes à la musique de *Guillaume Tell*. Il y aurait lieu de s'étonner peut-être de ce que le public ait si bien accueilli l'ouvrage de Rossini dans lequel il a le moins sacrifié à la mode. Mais ce bon public est si flexible, il est si facile de lui faire adopter le bon en tout genre moyennant une légère concession, que s'obstiner à fausser son jugement serait vraiment conscience. Une musique large, des chants purs et simples, un emploi riche, mais toujours sage, des effets d'orchestre, toutes choses auxquelles nous étions peu accoutumés depuis longtemps, voilà cependant ce qui fait courir tout Paris depuis un mois. Et, puisqu'il est de rigueur de dire un mot de la pièce, il ne fallait rien moins que le génie chaleureux de Rossini pour fon-

dre la glace académique du poème de M. de
Jouy.

Déjà plus de vingt analyses de ce nouveau chef-
d'œuvre du plus beau génie de l'Europe méridio-
nale se sont succédées. Non-seulement nos aris-
tarques-musiciens, qui jugent en dernier ressort,
mais encore les littérateurs, et ceux même qui ne
sont ni littérateurs ni musiciens, mais chez lesquels un heureux instinct et le sentiment du beau
suppléent aux connaissances acquises, et font
d'eux comme les artistes de la nature, tous, en
un mot, ont rendu compte et des beautés de cette
musique, et des diverses sensations qu'elle fait
naître. L'admiration s'est épuisée sous toutes les
formes, et tout a été offert, *jusqu'au denier de
la veuve.* Mais le talent paie encore plus largement que l'enthousiasme, et jamais trésors n'ont
été prodigués avec une telle profusion. Une nouvelle analyse entrerait peu dans mon plan, qui
est d'examiner, comme je l'ai déjà dit, les rapports du genre adopté par l'auteur de *Guillaume
Tell*, avec le progrès des idées qui dominent généralement la société actuelle. Car, outre ce qui,
de sa nature, est constamment beau, il y a encore
une sorte de beau d'*à propos*, ce je ne sais quoi
de circonstance, variable et passager, et dont le
besoin ne se fait pas moins impérieusement sentir.

Il existe, pour les diverses époques, certaines idées qui leur sont propres et qui se reflètent à teintes inégales dans tout ce qui appartient à l'ordre intellectuel. Enfin les productions des arts empruntent toujours quelque chose à ces idées en circulation, de même que les objets physiques présentent diverses nuances suivant les divers degrés de la lumière qui les éclaire.

Au moment où, dans la littérature, on voit se multiplier les productions d'un genre outré, et quelques-uns de nos plus beaux talens se précipiter vers cette école nouvelle, les uns par conviction, d'autres par entraînement et tentation, d'autres enfin par je ne sais quelle rancune à la vue d'un abîme qu'ils ne peuvent éviter, tout à coup le grand homme qui, dans son art, avait, plus qu'un autre, offert le spectacle de semblables écarts, s'arrête seul sur cette pente et s'ouvre une route plus naturelle, plus simple, plus large. Grand exemple donné par le génie ! « De cette » soirée, a dit *le Globe*, en rendant compte de la » première représentation de *Guillaume Tell*, date » une ère nouvelle, non-seulement pour la mu- » sique en France, mais encore pour la musi- » que dramatique dans tous les pays [1]. » Selon

---

[1] *Globe* du 5 août 1829.

une autorité plus compétente encore, M. Fétis, *cette production ouvre une carrière nouvelle à Rossini* [1]. Expliquez-vous : est-ce qu'on ne reconnaîtrait plus dans cet ouvrage le génie de Rossini? ne serait-ce plus lui? ou bien seulement est-il entré dans une autre voie? Vous y voilà. C'est toujours Rossini, je me plais à le dire, mais Rossini pur, châtié, correct, grand, vrai, vrai surtout. Le voilà lui-même et débarrassé de ce faux attirail de l'école; le voilà enfin tel que je le voulais [2]. Jamais il n'a offert une réunion plus complète de toutes les qualités : jamais il n'a été aussi constamment neuf, varié, nerveux, pathétique, profond; jamais il n'a fait preuve d'un goût si parfait, de ce goût dont on parle peu aujourd'hui, parce que cette qualité exquise a été émoussée en nous, de même qu'un frottement trop fort émousse un acier subtil. Allez entendre cette musique sublime, et admirez, à côté des masses, des grands effets, de ces larges dimensions tracées par cet esprit vigoureux, le choix merveilleux des ornemens, la clarté qui préside à cette infinité de détails, ce tact de convenances, cette délicatesse d'intentions, cet à-propos de

[1] *Revue musicale* du 7 août.
[2] Voyez p. 44.

nuances. On n'y aperçoit point ou bien peu de traces d'un genre qui ne lui avait fait tant d'admirateurs que parce qu'il lui avait donné de si faciles imitateurs, point de ces phrases toutes faites, de ces modulations triviales, de ce *placage*, en un mot, qui déparait les idées les plus neuves. Ici elles ne restent jamais incomplètes. Le discours musical se développe de lui-même et sans effort, et la plupart des motifs sont admirablement conduits. Il n'est pas jusqu'au *crescendo* qu'il n'ait paru vouloir abandonner; ce dont je suis fâché moi-même, bien que j'aie pu blâmer l'usage trop fréquent qu'il en a fait. Car, après tout, le *crescendo* est une fort bonne chose lorsqu'on n'en abuse pas; et le présenter à demi et d'une manière timide, sans le conduire par gradation à une vive et véhémente explosion, c'est en faire avorter l'effet.

De cette source que l'on avait cru tarie (j'ai moi-même à faire amende honorable sur ce point), se répandent à grands flots les chants les plus pleins, les mélodies les plus limpides. C'est ici le triomphe de Rossini. C'est en quoi nul compositeur ne l'a surpassé, ni peut-être égalé. Qui jamais a mis autant de mélodies en circulation? Il y a des chants admirables de pureté, de grâce, d'expression, dans Mozart, Païsiello, Paër, Cimarosa, Berton, Méhul, Weber, etc., etc; mais je ne crains pas de dire que personne n'en a conçu d'une portée plus grande, que personne n'a su périoder un motif avec cette ampleur, le dessiner avec plus d'élégance, et, dans les morceaux d'ensemble, le faire passer successivement et avec autant d'art, de la basse au ténor, du ténor au soprano ; le reproduire ensuite dans l'orchestre de manière à former les groupes harmoniques les plus délicieux. Il y a ici plus que cette science aride qui s'apprend sur les bancs de l'école : c'est la science du génie, mais celle-ci ne s'apprend pas. Quand on pense que les morceaux qui composent les deux premiers actes, l'ouverture, l'introduction si pleine de fraîcheur et de charme ; la romance, le récitatif, le quatuor, le fameux duo en *mi bémol*, d'une facture si hardie ; la pastorale, le chœur du mariage, le chœur de danse en *la mineur*, le finale, l'air de Mathilde, dans lequel les violons, les altos et les violoncelles se répondent successivement ; le beau duo en *ut* qui suit, et ce trio du serment, dont l'exposition est si grandiose et si franche ; la péroraison si véhémente, le chant si pathétique, et le finale qui termine cette scène admirable ; quand on pense, dis-je, que tout cela est neuf, que rien de ce qu'on entend là n'a été entendu, on se demande, dans le recueillement de l'admiration, ce que c'est que le génie ; s'il fait partie de l'homme ; si ce n'est pas plutôt une chose hors de lui, une sorte de communication de la beauté incréée, une révélation immédiate faite d'en haut à une intelligence privilégiée. [1].

De tous les morceaux qui composent ce chef-d'œuvre, l'ouverture est celui dont on a présenté l'analyse avec le plus de complaisance; et c'est tout simple : dans les ouvrages de ce genre, l'interprétation est absolument laissée au sens individuel. On connaissait déjà des symphonies qui offraient ce mélange de scènes diverses, mais les œuvres de Rossini n'en fournissaient pas d'exemples. Ces accents nazillards des violoncelles, ces silences inattendus, ces roulemens de timbales, entrecoupés; ces mugissemens des violons, les cris déchirés des trombonnes, ces bruits sourds qui préparent l'explosion; et tour à tour les sons champêtres du cor anglais, du hautbois et de la flûte, l'appel des cors, l'éclat des trompettes, et enfin ce rhythme fier et martial que ce colossal orchestre attaque avec tant de verve,

---

[1] « On a remarqué depuis long-temps que les peintres, les » sculpteurs, les poètes et tous les grands artistes, avaient une » propension irrésistible à traiter les sujets graves et religieux ; » c'est que le véritable génie n'est qu'une émotion surnaturelle qui rappelle toujours l'homme à sa céleste origine. » (*Notice nécrologique sur Beethoven*, par Porro. Voyez *Revue musicale*, par M. Fétis, tom. Iᵉʳ, p. 426.) C'est très-bien pour un musicien.

de prestesse, de précision, et qui, au moment où l'on dirait que toutes les sensations sont épuisées, transporte l'auditoire et lui communique la commotion électrique : cette succession d'idées et de situations, tout cela forme un drame merveilleux, où le travail n'est pour rien, où l'invention est tout. Il faut bien se sentir pour tenter des effets de cette nature, dans un genre que tant d'essais malheureux ou inutiles auraient rendu ridicule, s'il n'était justifié par deux ou trois chefs-d'œuvre et deux ou trois grands noms. Il est facile de voir que ce dernier morceau est le fruit spontané de l'inspiration.

Vient ensuite l'*introduction*, modèle de grâce, de suavité, de couleur locale. Je ne veux pas faire de phrases ; mais le sentiment pur de volupté que respire cette musique, joint peut-être à la sensation que procure cette fraîcheur qui se répand du théâtre dans la salle, au moment où le rideau se lève, et laisse à l'air une libre circulation ; ce mélange d'impressions différentes, entre lesquelles pourtant il existe une analogie réelle, tous ces charmes réunis se fondent tellement dans l'ensemble, qu'il y a là un moment rapide d'illusion qui subjugue et auquel on échappe trop tôt.

Je le répète : ce n'est point une nouvelle analyse que je prétends faire ; j'ai déjà éprouvé combien ce genre de travail est insuffisant pour faire connaître un ouvrage quelconque, et notamment quand il s'agit d'une œuvre comme *Guillaume Tell*.

Mais pour rentrer dans mon sujet, il me suffit de faire observer que, dans cette magnifique production, Rossini n'a point été étranger à ces idées primitives de simplicité et d'enthousiasme que des doctrines stériles avaient bannies des esprits, et vers lesquelles le besoin du vrai et un élan généreux semblent les reporter. Il me semble que dans l'opéra de *Guillaume Tell*, la musique s'agrandit dans les mêmes proportions et suivant la même direction que j'ai vu la littérature, la poésie, la peinture se développer et s'étendre entre le mains de Chateaubriand et de la Mennais, sous la plume de Lamartine et de Byron, sous le pinceau d'Horace Vernet et de Delacroix. Ainsi tous les arts et tous les génies se correspondent. Et si l'Allemagne nous montre un Beethoven ou un Weber comme le génie du Nord, dont l'imagination puissante, orgueilleuse, vagabonde, nous promène, ou pour mieux dire, nous précipite des aspérités de la science dans les délicieuses plaines de la mélodie, Rossini est à lui seul le génie de l'Italie ; c'est la beauté de son sol avec ses libres inspirations, la poésie de son climat, l'éclat de son jour.

Grand désappointement pour les imitateurs qui avaient vécu jusqu'ici sur les débauches de cet indépendant génie ! Ils auront beau faire désormais, ils ne pourront monter à ce degré. A la vérité, jusqu'à présent, ils ne l'avaient imité que dans sa *manière*. Mais ici il n'y a plus de *manière* ; c'est du génie : voilà tout. Or cela ne se prend pas. A dater de *Guillaume Tell*, plus de ces mesquines parodies, de ces maigres caricatures, de ce genre faux enfin, qui était bien Rossini, si l'on veut ; mais Rossini rapetissé, Rossini, moins son génie. Le voilà maintenant hors de l'arène ; il est parti après avoir jeté le gant, bien assuré que personne ne se présentera pour le ramasser.

Toutefois, mon admiration pour ce grand artiste ne va pas jusqu'à un culte exclusif et aveugle, et je ne suis pas de ces incorrigibles enthousiastes qui ne savent exalter un homme qu'aux dépens de ceux qui l'ont précédé dans la même carrière. C'est ce qu'a fait pourtant la *Revue de Paris*. Un trop grand intervalle sépare Rossini et Mozart, il y a surtout trop de différence dans leurs génies pour ne pas trouver à louer chez l'un et chez l'autre, et pour qu'il faille absolument ôter à celui-ci ce qu'on accorde à celui-là.

Écoutons ce qu'elle dit de Mozart : « Ce n'est » pas que ce grand compositeur négligeât le des-

» sin mélodique ; mais il l'a bien rarement appro-
» prié à cet instrument de la nature, pour lequel
» un compositeur lyrique doit travailler avant
» tout, à cet organe dont rien n'approche, à la
» voix humaine enfin. Malgré tout le respect,
» toute l'admiration qu'inspire le célèbre compo-
» siteur allemand, on doit reconnaître que, dans
» ses ouvrages, il a bien rarement établi cette dis-
» tinction, si indispensable, entre la mélodie vo-
» cale et la mélodie instrumentale. On trouve dans
» Mozart un grand nombre de morceaux dans les-
» quels, s'abandonnant tout entier à l'instru-
» ment, sans avoir égard aux conditions du chant,
» il s'est mis en contradiction avec les règles,
» et souvent même les possibilités de la vocalisa-
» tion [1]. »

Personne ne conteste sans doute que Rossini
n'ait fait une grande révolution dans le chant, au
grand Opéra, en France, en Europe, si l'on veut.
Mais que fait là Mozart? Et lui-même n'a-t-il pas
fait, de son temps, une révolution semblable?
*Cette distinction si indispensable entre la mélodie
vocale et la mélodie instrumentale*, qui l'a éta-
blie, si ce n'est lui, puisque c'est lui qui a créé
l'accompagnement? Il est vrai que Rossini a per-

---

[1] *Revue de Paris*, tome V[e], 3e liv., p. 185.

fectionné d'une manière étonnante cette partie du chant ; de ce qui n'était qu'un vain ornement ; il a fait un moyen d'expression. Mais, faites-y bien attention, cette expression est bien souvent, chez Rossini, une expression artificielle et factice ; elle n'est là qu'à défaut d'une autre expression plus vraie, plus profonde ; et jamais, quoi qu'on en dise, elle ne remplacera ce sentiment, cette onction, cette rêverie passionnée, dont les mélodies de Mozart sont empreintes, et dont Rossini lui-même a donné quelques exemples. Libre ensuite à M. Imbert de Laphalèque de dire, en parlant toujours de Rossini, et d'un ton tant soit peu doctoral, *qu'un siècle peut-être s'écoulera avant que la distance qu'il a parcourue puisse être généralement appréciée ; que ce n'est qu'à un petit nombre qu'il est donné de voir quel pas de géant il a fait faire à l'art[1].* Cette apparence de profondeur fait toujours bon effet.

- Il n'y a donc pas de comparaison : Mozart a bien fait dans son temps ; Rossini a bien fait dans le sien ; et, au temps de Mozart, Rossini aurait été moins compris que Mozart ne l'est aujourd'hui. Ainsi ne rétrécissons pas le domaine de l'art en ne lui assignant qu'un siècle et qu'un homme :

Ibid.

l'art est invariable dans ses principes comme la
nature dans ses lois; mais, comme elle, il est varié, inépuisable dans ses formes. Chaque époque
a son caractère, chaque homme sa physionomie,
chaque chef-d'œuvre son style. Pour quiconque
se connaît en hommes et en siècles, et qui ose
penser que la marche de l'esprit humain ne date
pas d'hier, il y a encore un bon lot à donner à
Rossini sans faire tort à Mozart [1]. Cela veut
dire qu'il faut être de son temps, sans blâmer
ceux qui ont précédé : il faut du savoir-vivre,
même avec les morts.

J'ai cité M. Imbert de Laphalèque pour lui
répondre; maintenant je vais le citer pour le plaisir de mes lecteurs et pour le mien. C'est toujours
de Rossini qu'il parle : « De son orchestre, *il a*
» *fait un monde où la pluralité se retrouve sous*
» *l'unité, où des existences à part font sail-*
» *lie; et jusque dans ce monde, qui pour tout*
» *autre eût été un chaos, il fait régner la mélo-*
» *die.* »

<hr/>

[1] *Rossini a vaincu Mozart*, a-t-on dit à cette fameuse
soirée du 3 août. *Pas plus*, a-t-on répondu, *que M. de Jouy
n'a vaincu Quinault.* On se rappelle la caricature où sont
représentés ces romantiques forcenés dansant autour du buste
de l'auteur de *Phèdre*, en criant : *Enfoncé Racine !* Ce que
c'est pourtant que l'enthousiasme !

» — Chacun de ces trois finales, (les finales
» des trois premiers actes) est, comme je l'ai dit
» de l'orchestre de Rossini, *un monde tout entier.*
» chacun d'eux est un *cycle magique dans lequel*
» *se récapitule le passé, se meut le présent et se*
» *prophétise l'avenir.*

» — Et si ses chœurs, ses masses, son orches-
» tre, *sont des mondes,* que dire de toute cette
» composition si vaste, si pleine, si animée,
» *n'est-elle pas l'univers? En contemplant cette*
» *voûte, dont même une intelligence exercée ne*
» *saurait mesurer l'étendue,* on se demande où
» *il en a posé la clé; c'est là le secret du grand-*
» *maître, c'est son génie.*

Décidément M. Imbert de Laphalèque aime les
mondes. Il y a plaisir à le regarder voyager ainsi
dans *la pluralité où se trouve l'unité, où des*
existences à part font saillie; à le voir *se mouvant*
dans *un cycle magique,* entre le *passé,* le *présent*
et l'*avenir,* et se jouer au milieu de tout cet *uni-*
vers. Mais tandis qu'il *contemple cette voûte,*
dont son intelligence, quelque *exercée* qu'on la
suppose, *ne saurait* encore *mesurer l'étendue,*
le voilà tout à coup obligé d'interrompre le cours
de ses *contemplations pour se demander où on en*

a posé la clé; c'est un secret qu'il ignore probablement encore, du moins à en juger par l'em-
barras où il est de se *retrouver* et de sortir de ce
chaos.

Septembre 1829.

OPÉRAS.

OPÉRAS FRANÇAIS.

EURIANTE. — 15 avril 1831.

Le jour de la représentation d'*Euriante* n'était pas encore arrivé, et déjà la simple annonce de cet opéra avait mis en émoi tout le monde musical. Le nom du compositeur, et peut-être plus encore le nom du traducteur, entraient pour beaucoup dans la manifestation d'une opposition aussi vive, car il y a bien des gens qui ne pardonnent pas à M. Castil-Blaze les succès qu'il a obtenus dans un genre dont il est le créateur parmi nous, et que seul il a pu soutenir. Il s'en fallait beaucoup cependant que les opposans fussent d'accord entre eux. Un petit nombre d'habiles, grands admirateurs de la partition allemande, s'irritaient qu'un homme osât porter une main sacrilége sur l'œuvre du génie, disloquer son plan, déplacer les situations, sacrifier impitoyablement des scènes tout entières, dénaturer la physionomie de l'ouvrage, en retranchant, ajoutant, raccourcissant, allongeant. D'autres, moins délicats et non moins difficiles, prenaient gaiement leur parti des mutilations qu'on avait fait subir au livret allemand, à condition qu'on leur offrirait un poème attachant, une musique riche d'effets et de mélodie. Les premiers auraient eu raison si M. Castil-Blaze s'était proposé de faire une traduction ; les seconds auraient eu raison aussi si M. Castil-Blaze avait voulu faire un pastiche. Certes, je conçois ces deux opinions, et pour qu'on ne se méprenne pas sur la mienne, je déclare que je ne suis point partisan des pastiches ; et la raison, c'est que je considère un opéra comme un poème, comme un ouvrage formant un tout complet. Bien qu'une semblable production se compose d'un grand nombre de morceaux qui, pris séparément, peuvent être classés dans un genre spécial ; il n'en est pas moins vrai que l'ensemble n'est que le résultat d'une pensée dominante ; que les scènes différentes, les diverses situations, fruits d'une même inspiration, viennent se coordonner dans un même plan ; qu'ainsi, prétendre composer un opéra avec des fragmens pris çà et là, ne me semble pas plus raisonnable que de faire un poème avec des tirades empruntées à Byron, Manzoni, Lamartine et Victor Hugo. La difficulté augmente si l'on examine le caractère particulier de la musique de Weber. Il donne à chaque chose sa couleur propre, il spécialise tout, il *localise* tout, si l'on me permet cette expression. On conçoit alors tout ce que doit perdre une musique lorsqu'on l'isole des circonstances de la scène qui lui donnent du jour et l'interprètent beaucoup mieux que les paroles. Voilà mon avis sur les pastiches en général, auxquels je préférerais, pour mon compte, une traduction si faible qu'elle fût, pourvu qu'elle fût fidèle. Mais ici l'arrangeur a très-bien senti, et je le sens comme lui, qu'une traduction d'*Euriante* ne pouvait avoir de succès auprès d'un public que ses habitudes dramatiques éloignent de celles du drame allemand. D'un autre côté, il s'est tenu également loin des inconvéniens du pastiche, et il s'est placé sur un point intermédiaire.

Enfin le 6 avril, jour de la représentation, est venu. Les critiques arrivent, chacun avec ses préventions : les uns s'obstinant à juger l'ouvrage d'après leurs souvenirs d'outre-Rhin; les autres y cherchant toutes les conditions obligées d'un livret français ; tous, sans tenir aucun compte de la position dans laquelle le traducteur s'était volontairement placé et la seule possible. Malgré cela, l'ouvrage a réussi; et si l'on songe aux obs-

tacles contre lesquels on avait à lutter, le succès a
été grand. A mesure que la préoccupation, d'une
part, de l'autre les préventions viendront à s'éva-
nouir; à mesure que le public entrera dans le sens
du nouveau livret, qu'il pénétrera dans les secrets
d'une musique neuve et hardie, ce succès s'accroîtra. Beethoven, Weber, sont dans leur genre
de véritables *penseurs*, comme les philosophes et
les poètes leurs compatriotes. La légèreté française
se révolte d'abord; insensiblement il y a quelque
chose qui s'infiltre dans les esprits comme les
émanations du génie, et vient le moment où l'on
se surprend à trouver beau ce qu'à une première
impression on regardait comme barbare; ceci
s'applique, du reste, à tous les ordres d'idées. Un
homme de génie pousse en avant, et à leur insu,
ceux-là même que ses idées ont soulevés contre
lui; et parvenu au bout de la carrière, ils sont
tout étonnés de l'avoir suivi, croyant l'avoir
combattu.

Je conviens néanmoins qu'une foule d'intentions du compositeur, de ces traits d'orchestre
qui résument souvent toute une situation, restent sans explication et sans effet; mais au moins
il n'y a pas de contre-sens. Le vague de la musique se prête à ces mutations. Il y a plus même:
plusieurs de ces traits peuvent reprendre une

expression nouvelle et analogue à la scène. C'est aux chanteurs et aux exécutans à la leur donner, en se pénétrant de leur rôle et des moyens qui sont mis à leur disposition. Ne voulant pas, ne pouvant pas faire une traduction, M. Castil - Blaze a fait preuve de goût en employant quatre morceaux d'*Oberon*. On y retrouve un air de famille, la même physionomie ; l'air délicieux du *Crociato* de Meyerbeer, intercalé dans le troi : sième acte, et où l'on remarque deux tenues de violoncelle d'une élégance et d'une expression ravissantes, peut paraître une disparate aux yeux du connaisseur ; mais c'est une concession faite au goût du public, et dont on doit apprécier la galanterie.

L'intrigue a paru obscure ; en effet, elle mérite ce reproche. Mais à qui la faute ? Comptez donc pour quelque chose l'ingratitude et les difficultés que présente un semblable travail. Je le répète, M. Castil-Blaze n'a pas prétendu faire un livret entièrement neuf ; il n'a pas voulu faire un centon qui lui aurait donné la liberté de disposer son sujet de la manière la plus claire, en raison de l'étendue des morceaux de musique différens qu'il aurait choisis et de la place qu'il leur aurait assignée ; ce n'est pas non plus une traduction, et quand il en serait ainsi, l'action n'en serait que plus difficile à saisir ; dans tous les cas, la critique avait beau jeu. Il a seulement voulu disposer le livret allemand de manière à ne pas choquer les convenances françaises ; il a conservé tout ce qui a pu être conservé, et, malgré la gêne qu'il a éprouvée, il est parvenu à composer un livret aussi passable que cent autres de notre répertoire, dont l'amour-propre national n'est pas humilié, et qui se distingue par une déclamation parfaitement cadencée et accentuée pour la musique. Plusieurs critiques ont désespéré de l'*Euriante* française, sous prétexte qu'en Allemagne l'opéra de Weber n'avait pas eu de succès, et, chose singulière, ces mêmes critiques font un crime au traducteur de ses changemens. Avant tout, il faut être d'accord avec soi-même.

Il est fâcheux sans doute que le traducteur ait été forcé d'exposer son sujet dans un morceau d'ensemble ; il n'aurait pas dû sortir du récitatif. Le dialogue est trop coupé pour qu'on puisse en suivre le développement. Toutefois, en prêtant attention au trio entre Lysiart, Adhémar et Louis, à la scène suivante entre Églantine et Euriante, on saisira le fil de l'action ; les acteurs qui remplissent ces divers rôles doivent s'attacher à prononcer aussi nettement que possible les paroles qui doivent guider l'auditeur.

LE PHILTRE.—22 juin 1831.

Hier, un petit opéra, *le Philtre*, a été représenté pour la première fois à l'Académie royale de Musique. Que M. le directeur de l'Opéra sente la nécessité de varier le répertoire de son théâtre, cela se conçoit; qu'il s'efforce de rompre l'uniformité des représentations dramatiques par des sujets familiers, divertissans, nous y applaudirons les premiers; mais, de grâce, qu'on ne vienne pas sacrifier l'art à ce besoin de changement et de distraction qui nous presse. Une misérable école, mesquine, impuissante, s'est greffée sur le grand système introduit par Rossini; cette école est déjà en putréfaction. Et c'est cette fange qu'on est allé remuer, c'est cette écume avec laquelle on prétend badigeonner un opéra pour notre première scène lyrique! Des plagiats honteux, des formules décrépites, de fades imitations des mélodies banales qui circulent depuis dix ans dans les rues; des airs, des phrases qui n'ont pas même le mérite d'être populaires, voilà la musique du *Philtre*, et ce que l'auteur de *la Muette* et de *la Fiancée* a eu l'intrépidité de nous faire entendre! Au reste, pas l'ombre d'une idée, d'une pensée, de quelque chose qui ressemble à une intention. Et c'est

pour une semblable mystification que la salle a été
décorée avec pompe et à grands frais, que des pein-
tures éblouissantes s'y jouent à travers les feux
lancés en tous sens par d'élégantes girandoles! Et
quel moment choisit-on pour nous offrir une pau-
vreté de ce genre? le moment où les concerts du
Conservatoire, les représentations du théâtre allemand, viennent d'élever le public à l'intelligence
de l'art tel que les grands compositeurs de l'Allemagne le conçoivent; le moment où *Don Juan*,
Euriante, *Fidelio*, viennent nous révéler les types
éternels de tous les genres de beauté, de poésie,
d'expression! Au milieu de cette profonde lassitude d'émotions qui se manifeste, de cet épuise-
ment de sensibilité, de cet affaissement de facultés, de cette destruction successive de tout ce que
l'homme a aimé, que l'art au moins soit épargné.
Et toutefois, cette production, toute maigre qu'elle
est, porte encore l'empreinte du talent; l'instrumentation, tout ce qui tient au *faire*, atteste une
main habile, et c'est ce qui fait que le cœur se
navre. Au lieu de suivre le public en esclave, pré-
cédez-le, et ce sera lui qui vous suivra. N'espérez
pas qu'il s'abuse; à l'exception de quelques facé-
ties de Guillaume et de Fontanarose, à quoi a-t-il
applaudi? Ne prenez pas pour des témoignages
d'admiration des marques de bienveillance. Soyez

à l'art avant d'être à personne; soyez libre, soyez vous-même.

MOÏSE. — 25 septembre 1831.

Respect aux chefs-d'œuvre! Mieux vaut un ouvrage médiocre, exécuté dans son intégralité, qu'un chef-d'œuvre tronqué. Encore une fois, de grâce, respect aux chefs-d'œuvre! respect au génie! Ce serait un mauvais service à rendre à un tableau que d'en voiler les parties défectueuses. L'ouvrage manque de plan, d'unité, de perspective. Ce souffle continu qui doit animer toute une pièce disparaît; le génie ne marche plus que par bonds et par saccades : l'attention est brisée.

Mais il faut de la variété, et pour cela l'opéra est obligé de se resserrer, de se réduire aux plus étroites proportions, pour faire place au ballet. J'avoue qu'un directeur doit être parfois embarrassé entre deux sortes d'argumens opposés, que lui présentent à la fois les artistes et le public. Mais comme les artistes sont à l'égard du public comme un est à cent, le choix est bientôt fait : la majorité décide. Si le directeur est artiste, alors son propre poids peut entraîner la balance du côté opposé. Cependant comment braver l'opinion du public? Que fera-t-il donc? Il transigera, il essaiera d'une nouvelle sorte de juste milieu. Cela pourtant sera arrangé de telle manière que, sur dix représentations, il y en aura au moins neuf données au public, et une tout au plus ou la moitié d'une pour l'artiste, et cela par la raison que je disais tout à l'heure, c'est que l'artiste est au public comme un est à cent.

Donc nous aurons de la variété. Après *Guillaume Tell*, grâces aux mutilations qu'on lui a fait subir, nous aurons un ballet, c'est-à-dire qu'après avoir entendu, on regardera; c'est-à-dire encore qu'après avoir causé tout simplement, on causera encore en lorgnant. Or tout cela, c'est de la variété. Gluck, ce père de notre opéra, on nous le restituera tout écourté; ce sera à peine son ombre qu'on nous fera apparaître entre deux changemens à vue, et puis on passera à *l'Orgie*. Qui osera dire que ce n'est pas là de la variété? Cependant, à cette apparition, toute rapide, toute mesquine qu'elle est, on applaudira comme par je ne sais quel souvenir d'artiste et je ne sais quelle pudeur nationale, fort louable, en vérité.

Toutefois, répétons-le, il est des choses de position sur lesquelles l'on doit se montrer indulgent; surtout lorsqu'on voit qu'on cherche à concilier de son mieux les intérêts de l'art avec les goûts du public. Or c'est ce que l'on s'est efforcé de faire hier, en rétablissant le premier acte de *Moïse* tel qu'il a été composé par Rossini pour la scène française. Ce premier acte avait été supprimé aux précédentes représentations. Le public l'a accueilli avec plaisir, et je me plais à en féliciter le public et le directeur. Mais pour ce qui est des opéras de l'ancien répertoire, comme *Armide,* qu'on sache bien que l'effet qu'ils produiront sera d'autant plus assuré qu'on nous les présentera plus complets. Une œuvre d'art dont la couleur locale et la physionomie du temps seront dissimulées à force de coupures, de suppressions, de remaniemens, ne pourra être que d'une exécution pâle : c'est lui ôter précisément ce qui peut seul lui donner du piquant. Faites disparaître d'un édifice antique cette couche grisâtre que le temps a répandu à sa surface : il n'appartiendra plus à l'antiquité par sa couleur; il n'appartiendra pas davantage aux temps modernes par sa forme : il tiendra des deux à la fois, indéterminé, indécis, sans date fixe, d'un aspect incertain. Le conseil que j'ose donner ici, il est d'autant plus à propos de le suivre qu'un des caractères de ce siècle est cette ardeur minutieuse, passionnée, avec laquelle on recherche tout ce qui tient aux anciens monu-

mens de notre littérature et des arts. Un mouvement universel nous entraîne dans cette vaste exploration du passé. Pourquoi ne ferions-nous pas
pour la musique ce que l'on fait avec tant de succès dans les autres branches des connaissances humaines? La musique a aussi ses époques, ses traditions, ses floraisons diverses ; elle a été, comme
les autres arts, un moyen de manifestation de l'esprit humain, à certaines périodes déterminées.
L'indifférence où l'on paraît être encore à ce sujet
prouve ce que je disais dans un précédent article,
que la musique n'avait pas atteint le développement des autres parties de la civilisation. Un semblable retour vers le passé est toujours le signe infaillible d'un progrès de l'art.

Ainsi, que l'on nous donne *Armide, Orphée,*
Alceste, OEdipe, etc., mais qu'on ne les mutile
pas, sous prétexte qu'ils sont trop longs. Faites ce
que vous avez fait hier pour *Moïse,* ce que vous
avez fait d'autres fois pour *Guillaume Tell,* n'en
donnez que trois actes, que deux actes, qu'un seul
si vous voulez, mais dans leur entier, tels qu'ils sont;
qu'on puisse y reconnaître la main de l'homme;
que sa pensée ait le temps de s'y étendre, de pénétrer dans les esprits, et vous verrez s'il n'en sera
pas mieux ainsi, dans l'intérêt même de la variété.

L'opéra de *Moïse* est une grande et magnifique

production. J'ai déjà eu l'occasion de faire remarquer la disparate choquante qui naît de la réunion d'un style simple et grave, qui convient si
fort au sujet, et d'un style quelquefois trop léger
ou trop riche. Peut-être y a-t-il trop de luxe, d'é-
légance, d'ornemens modernes, dans cet orchestre qui accompagne ces chants antiques. Le duo
d'Aménophis et d'Anaï, celui de Pharaon et d'A-
ménophis, l'air de Sinaïde, ne sont pas à l'abri
de ce défaut. Le compositeur a trop souvent oublié
tout ce que le personnage de Moïse exigeait de
sévère et de solennel ; de cette civilisation lointaine où il a été obligé de se transporter, il a fait
de trop fréquentes échappées dans son siècle.

M. Dérivis, qui était chargé du rôle de Moïse,
a une fort belle voix de basse-taille. Dans le premier
acte, son émotion a nui au développement de son
jeu et de sa voix. Son obstination à rester sur le
second plan de la scène lui a porté malheur ; dans
le récitatif, il a devancé les harpes, qui ont laissé
leur période inachevée. Cependant il a dit avec
beaucoup de justesse et d'aplomb la phrase ascendante par demi-tons dans le quatuor sans accompagnement : *Dieu de la paix, dieu de la guerre!*
Dans le second et le troisième acte, ce jeune artiste a réalisé toutes les espérances que l'on avait
conçues de lui ; sa respiration est devenue libre, sa

voix pleine et arrondie, son jeu animé, sa vocalisation nette et dégagée, et de plus, il a fait preuve
d'une méthode parfaite.

LE SIÉGE DE CORINTHE. — OTELLO. — 28 septembre.

Il en est de la carrière d'un homme de génie
comme de la course longue et lointaine d'un voyageur. Il ne marche pas constamment dans un chemin uni, à travers un printemps perpétuel, sur
un gazon toujours vert et toujours parfumé, en
longeant une rive harmonieuse et variée; il ne
gravit pas sans cesse des coteaux où chaque pas
amène un nouvel horizon, chaque horizon un
nouveau tableau, un nouveau ciel; mais ce sont
des terres ingrates, des frimas, des déserts arides
qu'il lui faut souvent traverser; et alors, dans cet
abandon entier de la nature et de ses propres forces, il s'assied, abattu, découragé; et après avoir
jeté un regard triste et prolongé sur ces souvenirs
brillans du passé, il envisage l'avenir, qui lui apparaît comme un infini, comme une éternité,
dont la pensée accable l'imagination, et il se demande s'il valait la peine de vivre quelques instans de la vie féconde, abondante de la nature,

pour être bientôt repoussé, abandonné par elle, et venir mourir là ! Car, artistes, sachez-le bien, quelquefois votre fin est celle du voyageur. Après avoir fait, comme lui, retentir pendant quelque temps le monde du bruit de vos pas, après avoir attaché un souvenir brillant à chaque lieu que vous avez parcouru dans cette région sans bornes de l'art, de la poésie, de l'imagination ; après avoir marché aux rayons éclatans de la gloire, comme à la chaleur d'un astre bienfaisant, peut-être irez-vous, oubliés des hommes, vous briser et périr sur quelque côte ignorée, dans quelque coin du monde, sans air et sans soleil ; et ce n'est que lorsqu'une génération nouvelle viendra interroger la génération passée ; ce n'est que lorsque le reflux de la civilisation mettra à nu les traces de votre passage, que votre nom sera retrouvé au milieu de ces débris d'un siècle, et qu'on songera à le ranger parmi les choses bonnes à conserver.

Quant à Rossini, nous ne savons pas encore ce qu'il en sera de la dernière époque de sa carrière d'artiste. Tout semble nous attester que son génie n'a rien perdu de sa jeunesse et de sa vigueur. Du reste, ce n'est ni l'âge ni les infirmités qui pourraient en affaiblir les facultés, mais bien plutôt une fécondité, une facilité de travail, qui usent et qui épuisent; fécondité qui ne peut se comparer qu'à celle de Voltaire, dans tous les genres de littérature, et à celle de Lopez de Véga, dans le genre dramatique. Gluck fit un chef-d'œuvre à l'âge de soixante-trois ans. Je ne dis pas que le cygne de Pesaro ne fasse aussi entendre un chant sublime : j'observe seulement que Gluck n'avait pas prodigué ses inspirations ni laissé évaporer son génie dans un aussi grand nombre de productions. Quoi qu'il en soit, la carrière musicale de Rossini n'a pas été exempte de ces inégalités dont nous parlions tout à l'heure. Depuis vingt-et-un ans que cet astre brille sur l'horizon, il a eu ses lueurs éblouissantes et aussi ses éclipses, mais jamais il n'a répandu un éclat plus vif et plus pur que dans le *Barbier* et *Guillaume Tell*. Espérons que dans les deux opéras qu'il prépare, dit-on, l'un en deux actes, pour la fin de l'hiver, l'autre en quatre actes, il sera fidèle à la route qu'il s'est lui-même tracée dans ces deux genres, et que ces nouveaux ouvrages nous offriront une preuve de plus du développement progressif et proportionnel de l'art et du génie.

Le Siége de Corinthe appartient à une de ces époques critiques que nous avons remarquées dans la carrière de Rossini. Il avait paru, huit années auparavant, sous le titre de *Maometo II*; plus

tard, l'auteur l'habilla à la française : aussi, dans
certains endroits, on peut s'apercevoir qu'il a
voulu faire une transaction entre son genre habituel et celui qu'il lui convenait d'adopter. L'ouverture, composée pour notre scène, se rapproche
beaucoup plus que les précédentes symphonies de
Rossini de la bonne facture de notre ancienne
école. Après un *andante* dans lequel le compositeur a abandonné les batteries et les traits rapidement perlés ou pointés pour un chant grave et
une harmonie fortement et largement serrée, à la
manière de Haydn, le compositeur passe à l'*allegro*. Le premier trait parcourt, sous des formes
diverses, tout le diapason des violons; il est suivi
d'un *tutti* brillant, après lequel vient la cabalette
obligée, laquelle, à son tour, amène le *crescendo*.
Mais le *crescendo* n'est autre que cette marche
si fière, si originale, et, comme disait un de mes
voisins, cette admirable contredanse, si puissante
de rhythme, d'un caractère si noble, que nous
entendrons dans le finale du second acte, entonnée
par un chœur formidable, au roulement des tam-
bours et au cliquetis des armes. Après le *crescendo*, la méthode jusqu'alors suivie par Rossini est
de revenir brusquement au premier motif sans
développement aucun, sans seconde partie. Or,
ici, il faut lui savoir gré des efforts qu'il a faits

pour sortir de sa routine favorite ; avant le retour de la première phrase de l'*allegro*, il s'empare d'un motif secondaire, et le fait bondir d'un instrument à l'autre avec beaucoup d'adresse et de légèreté. Eh ! mon Dieu ! le génie n'a qu'à vouloir !

Le reste de l'opéra renferme de fort belles choses sans doute, mais ou mêlées à des effets assourdissans ou noyées dans les déclamations éternelles à l'usage de nos musiciens rhéteurs. Ce que j'ai dit du découragement qui s'empare quelquefois d'un artiste lorsqu'il travaille sur un sujet ingrat, ou lorsqu'il se trouve dans une de ces périodes critiques de la vie, ne peut s'appliquer à Rossini. S'il est vrai que le caractère de l'homme se révèle dans les œuvres de l'artiste, Rossini n'est pas de nature à se laisser éprendre d'un beau désespoir quand l'enthousiasme vient à lui manquer. Sa prodigieuse facilité lui sera toujours un dédommagement suffisant. Qu'il crée, qu'il imagine, ou qu'à défaut de trouver et d'inventer, il puise sans façon et au hasard dans le grand arsenal de l'école, dans ses propres ouvrages, dans ces vastes magasins qu'il a ouverts aux pauvres, aux indigens de l'art, rien ne lui est plus indifférent. Comme il ne fait rien avec plaisir, il n'éprouve jamais de ces angoisses de génie qui précèdent souvent des enfantemens sublimes ; il a parfois des accès de paresse, mais des accès de découragement, jamais.

Comme nous l'avions pressenti, le rôle de Mahomet devait offrir à Dérivis une brillante occasion de développer ses beaux moyens. Ce n'est encore que la seconde fois que nous entendons ce jeune élève du Conservatoire sur la scène, et déjà nous pouvons lui prédire une belle carrière à parcourir. Il a obtenu des applaudissemens aussi sincères que mérités. Sa voix est nourrie, bien timbrée. Ses divers registres sont tellement unis, et leurs teintes se fondent tellement les unes dans les autres, que la transition des uns aux autres s'opère sans qu'on s'en aperçoive. Sa méthode est large, sa vocalisation ferme et assurée; mais il faut qu'il travaille, et qu'il ne s'imagine pas, parce qu'il a recueilli des témoignages d'encouragement, avoir excité des marques d'admiration. Certains exemples peuvent montrer à quel degré on s'arrête lorsqu'après quelques premiers succès on se laisse aller à une récitation froide, à des habitudes routinières. C'est parce que Talma, chaque fois qu'il montait sur le théâtre, s'identifiait de nouveau avec son rôle, le *reconcevait*, si je puis ainsi parler, d'une manière plus intime; c'est parce que Rubini, Mme Malibran, s'efforcent tous les jours à faire de nouveaux progrès, et deviennent plus sévères pour eux-mêmes, à mesure que le public se passionne davantage pour leurs talens, que ces grands artistes sont parvenus au point où nous les avons vus. Un avenir peut-être aussi brillant est réservé au jeune débutant de l'Académie royale, s'il a le courage de marcher sur les traces de semblables modèles.

J'ai parlé, en commençant cet article, des saisons diverses de la vie des grands hommes. On dirait, en effet, qu'il est pour les facultés intellectuelles, comme pour les facultés physiques, des âges critiques et des temps de développement. Les années 1816 et 1817 ont été, pour Rossini, des années d'une fécondité remarquable, puisque sept opéras sont le fruit de cette époque. C'est de 1816 que date *Otello*; il avait été précédé de *Torvaldo e Dorliska*, *Il Barbiere* et *la Gazetta*; l'année suivante vit naître *Cenerentola*, *la Gazza* et *Armida*.. Parmi ces sept ouvrages, quatre sont mis au rang des chefs-d'œuvre du compositeur, et deux autres parmi les meilleures compositions du second ordre. Toutefois laissez s'écouler quatorze années; arrivez à *Guillaume Tell*, et voyez quel développement! Car, tout admirateur que je sois d'*Otello*, je suis bien loin de partager l'avis de plusieurs musiciens qui lui assignent la première place parmi les beaux ouvrages de l'auteur. Je crois rendre toute la justice qui est due à cet opéra en reconnaissant que, sous le rapport du style, il est un des plus soignés qui soient sortis de la plume de Rossini. Le finale du premier acte brille autant par la noblesse et l'ampleur des mélodies que par la richesse des accompagnemens; et le cri d'effroi qui le termine, lorsque Desdemona se voit repoussée par son père, et ce murmure de la stupeur, qui se prolonge sur l'enharmonique, sont assurément de sublimes beautés. Cet enharmonique est assez semblable, pour l'effet, à celui que Mozart a placé dans son *Requiem* sur l'*Oro supplex et acclinis*, quoique celui-ci soit plus développé. Ceci soit dit sans faire naître le moindre soupçon de plagiat. Le trio du second acte renferme de fort belles choses sous le rapport musical; l'auteur s'y est élevé aussi à une grande hauteur dramatique. Il est fâcheux que des phrases toutes faites, quelques pièces de placage, soient entremêlées çà et là aux trésors purs du génie. J'en dirai autant de la triviale roulade qui vient après le *se il padre m'abbandona*, et la double réponse du chœur qui le suit, roulade qui me fait l'effet d'un grand éclat de rire qui interromprait brusquement l'accent le plus pathétique. Le troisième acte se distingue par une teinte de rêverie, une couleur mélancolique, un soutenu d'inspiration, et surtout une unité qui lui prêtent le plus grand charme. En effet, la position de Desdemona est toujours la même, depuis le moment où elle entre dans sa chambre, cherchant à s'expliquer les rigueurs de son époux, à se consoler en chantant la chanson que lui a apprise sa nourrice, résignée à la mort, et préférant sa vertu, comme dit le vieux Shakespeare, *à tous les trésors du monde*, jusqu'à ce qu'Otello arrive pour la poignarder. Trois morceaux fameux remplissent ce troisième acte : la chanson du gondolier, si empreinte de couleur locale ; la romance du saule et la prière. Je serais tenté d'en ajouter un quatrième, qui est cette introduction de l'orchestre, d'une harmonie voilée et mystérieuse, et dans laquelle se révèle, comme dans tout le reste, un sentiment de tristesse, profond, intime, mais calme, pur comme l'innocence. Ce dernier acte est non-seulement le plus beau de l'ouvrage, mais encore un des plus parfaits du répertoire rossinien. Malgré cela, je persiste à soutenir que ce n'est pas là le point culminant du génie de l'auteur. *Otello* renferme une foule de choses que Rossini a délayées ailleurs. Il n'est pas exempt non plus de réminiscences ; on y rencontre des motifs empruntés à Mozart et à Cimarosa. Il s'en faut aussi que le génie y ait pris un essor aussi sublime, un élan aussi libre de toute entrave, que dans *Guillaume Tell* et même dans *Moïse*. Le dirai-je? le rôle de l'enseigne Iago, de ce fourbe dont Shakespeare a mis, pour ainsi dire, l'ame infernale à nu sur la scène, ne me paraît pas avoir été bien compris. Qu'on voie le parti que Weber a tiré des personnages de Lysiart et d'Églantine, et que l'on compare. Le prémier tort, il est vrai, est à l'auteur du livret, qui a relégué ce personnage à l'arrière-plan de la scène, et l'a revêtu d'un costume subalterne. Mais c'était au musicien à redresser le poète. *Otello* me présente un chef-d'œuvre d'inspiration et de couleur poétique, mais non une de ces profondes conceptions telles que *Don Juan*, *Fidelio*, *Euriante*, où l'artiste a fait jouer tous les ressorts dramatiques, et où, en faisant usage de toutes les ressources, de tous les moyens d'effets que l'art met à sa disposition, il n'a pas moins puisé dans la connaissance du cœur humain. Cet ouvrage, en un mot, ne me révèle pas un cœur comme celui dont parle notre Lamartine, *un cœur qu'un poids sublime oppresse*,

Un génie inquiet, une active pensée
Par un instinct trop fort dans l'infini lancée.

En voilà assez sur la composition de cet opéra; disons un mot de l'exécution. Le rôle d'*Otello* n'est pas un de ceux dans lesquels Rubini se montre sans rivaux. Rubini ne peut adapter à sa voix ce rôle, écrit pour Garcia, qu'en transposant dans le haut tous les traits notés dans le grave. Il est même des morceaux qu'il a chantés un demi-ton au-dessus du diapason. Cependant il n'a pas été inférieur à lui-même, et il a déployé autant d'entraînement et de verve que de luxe d'ornemens, dans son premier air. Mme Pasta s'est montrée fidèle à ses anciennes traditions, en rétablissant l'air de *la Donna del Lago, Infelice!* à la place où Mme Malibran chante la cavatine de Sigismond. Sa voix s'est affaissée plusieurs fois dans le cours du second acte; mais, dans la dernière scène du troisième acte, elle a été constamment sublime.

LES SYBARITES DE FLORENCE. — 14 novembre 1831.

« *Arrangeurs*, abjurez une sotte manie, ne
» portez plus des mains profanes, je devrais dire
» criminelles, sur les chefs-d'œuvre que l'univers
» contemple avec une respectueuse admiration,
» ou craignons que les gens de goût et les disciples
» de Mozart, en rejetant d'informes pastiches, ne
» vous accusent hautement d'être ses bourreaux,
» lorsque vous pensez élever des trophées à sa

» gloire[1]. » Voilà les paroles que, dans une sainte indignation d'artiste, l'*arrangeur* des *Sybarites* adressait, en 1820, *au bourreau* à qui l'on doit le monstrueux pastiche des *Mystères d'Isis*. Voilà aussi ce que, depuis cette époque, nombre de journalistes ont dit, en d'autres termes, à l'arrangeur intrépide à qui la France est redevable des traductions des *Noces de Figaro*, de *Don Juan*, du *Barbier de Séville*, de *la Pie voleuse*, d'*Otello*, de *l'Italienne à Alger* et de *Freyschutz*. Plus tard, comme on ne put l'accuser d'avoir *mutilé, rapiécé, recousu*[2] la musique de Mozart, de Rossini, de Weber, on attaqua les vers que le traducteur avait substitués aux paroles italiennes et allemandes; et lorsque, après la plus minutieuse exploration de son œuvre, on n'avait recueilli qu'un ou deux pléonasmes, un vers blanc, ou un autre de onze syllabes, on trouva le moyen bien simple de faire passer sur son compte les strophes les plus ridicules: Celle-ci, par exemple, que j'ai retenue je ne sais comment:

> Elle m'offrit une orange,
> Et moi, j'étais tout en feu.
> Elle dit : Mange, mange, mange,
> Et je me recule un peu.

De *l'opéra en France*, par M. Castil-Blaze, t. II, c. 13.
Ibid.

Tant que cette persécution dura, M. Castil-Blaze ne répondit que par son silence et ses succès aux quolibets des petits journaux et des grands qui descendaient aux petitesses des premiers. Ce ne fut qu'en 1826, pendant la vogue de *Robin des Bois*, que, publiant la seconde édition du livre que j'ai cité, M. Castil-Blaze exposa son système dans un dernier chapitre intitulé *Des vers lyriques*, et réfuta ce qu'il y avait de sérieux dans les objections de ses adversaires. A l'aide d'une foule d'exemples empruntés à nos meilleurs poètes, il démontra clairement « que le rhythme musical » est ennemi de la vraie, de la belle poésie; » que Racine n'est harmonieux, *poète-musicien*, comme dit M. de La Harpe, qu'en tant que poète, et qu'on ne songe pas à le mettre en musique; que cette poésie est par elle-même assez riche de nombre, de cadence, de rhythme pour qu'on ne tente pas de l'assujétir à une autre cadence, à un autre rhythme, qui détruisent l'effet des premiers en leur ôtant leur allure franche et libre; que « les bons vers ont leur musique; » que, pour les paroles d'un opéra, il y avait des règles toutes particulières; que ces paroles n'étant que la doublure de la musique, « des jalons placés de distance » en distance pour marquer la route suivie par le » compositeur, en expliquant ce que les images

» de la musique pourraient laisser de trop vague,
» la poésie ne peut s'unir à la musique sans deve-
» nir sa très-humble servante, son esclave com-
» plaisante et soumise, » et qu'enfin toutes les
concessions devaient être de la part de la poésie
pour laisser la musique dominer en souveraine.

Venant ensuite au système suivi dans ses traductions, il expose que son seul but avait été
d'adapter le rhythme et le mètre poétique à la cadence musicale, et, pour ce qui est du mérite in-
trinsèque de ses vers, il les abandonna de la
meilleure grâce du monde à la critique de ses adversaires.

Quand au rhythme proprement dit, aux lois
duquel les hommes et même certains animaux
obéissent instinctivement, M. Castil-Blaze en a
fait la base de son système. Je regrette de ne pouvoir transcrire ici quelques pages charmantes qui
prouvent que l'auteur, loin de s'attacher à des
principes arbitraires et à des règles conventionnelles, a, au contraire, profondément sondé les
lois de la nature et médité sur cette puissance du
rhythme à laquelle les enfans, les vieillards, les
classes d'ouvriers qui travaillent en commun,
subordonnent involontairement leurs mouvemens.

Alors on commença à comprendre toute l'importance de la réforme nouvellement introduite,

et les vaillans des feuilletons renoncèrent à la guerre des hémistiches. On avoua que M. Castil-Blaze avait créé parmi nous le véritable genre de la traduction, et l'on convint que les siennes étaient les seules bonnes. Un genre inférieur, celui du pastiche, nous révéla dans l'arrangeur un autre mérite. Le chœur d'introduction de *la Forêt de Sénart, Au signal soyons prêts*, et un duo du même ouvrage, indiquent ce qu'il aurait pu faire s'il s'était uniquement livré à la composition.

Mais ce qui n'est pas assez remarqué, c'est l'influence que le même auteur a exercée sur les progrès de la musique italienne parmi nous; car, bien que nous nous soyons souvent élevé contre cette école mixte, bâtarde, qui se croit quelque chose parce qu'elle en est réduite à tenir la queue de Rossini, ou à porter sa livrée, nous n'en sommes pas à interdire les échanges, la circulation des diverses productions de l'art, et à bannir des inspirations étrangères. Au contraire, c'est dans un large système, ouvert à tout ce que les autres systèmes renferment d'élémens de vie et de durée, que nous voyons la régénération de notre musique. Si parfois le *plomb vil* se trouve mêlé à l'*or pur*, la séparation se fera d'elle-même. Or on ne peut contester à M. Castil-Blaze le mérite d'avoir naturalisé Rossini en France. Ses nombreuses traductions des opéras du *maestro* alimentent depuis dix ans les théâtres des provinces, et la prospérité de ceux-ci rejaillit même sur les théâtres italiens. Sans doute le génie n'a besoin que de sa propre puissance pour exercer son action sur les esprits ; mais à ce génie, si grand qu'il soit, il faut un interprète qui hâte et favorise cette action.

Ce que M. Castil-Blaze a fait avec les plus heureux résultats pour la musique italienne, il l'a commencé avec beaucoup de succès pour la musique allemande. C'est *Robin des Bois* qui a jeté, peut-être à l'insu de l'habile traducteur, les germes de cette révolution qui s'opère maintenant sous nos yeux, et d'où sortira la restauration de l'art. C'est à la faveur de cette musique, si riche d'images, d'expression, de grandeur, de poésie, tantôt abstraite, tantôt naïve, tantôt mystique, tantôt sauvage, que le goût allemand s'est répandu parmi nous ; et les concerts du Conservatoire qui embellissent nos hivers, et le théâtre de M. Roëckel, que chaque été nous ramène, ne sont que les rejetons de cet arbre exotique planté par M. Castil-Blaze à l'Odéon. Maintenant la sève gagne de proche en proche, le terrain se dispose et se féconde, et bientôt la forêt couvrira tout notre sol.

Depuis cette époque, *Euriante* est le seul essai de ce genre qui soit sorti des mains du traducteur ;

peut-être, pour échapper à l'ingratitude du livret allemand, s'y rapprocha-t-il un peu trop du pastiche. Quoi qu'il en soit, cet ouvrage n'obtint pas le succès que semblaient promettre les premières représentations. Bien que la musique en fût très-dramatique et du style le plus élevé, elle n'offrit pas ce qui rendit si populaire celle de *Robin des Bois*.

Dans *la Marquise de Brinvilliers*, M. Castil-Blaze n'a été qu'auteur de paroles; dans les *Sybarites*, il est redevenu arrangeur, et il a fait preuve de son talent ordinaire. Il a eu peu de choses à faire dans le premier acte, dont MM. Barbereau et Léopold Aimon se sont partagé la musique. Les morceaux écrits par ces deux compositeurs se distinguent par une facture élégante; mais la barcarolle de M. Aimon est sans contredit un ravissant morceau, qui peut sans désavantage être comparé à la barcarolle d'*Oberon*. M. Castil-Blaze en a fait revenir le motif avec beaucoup d'adresse à la fin du deuxième acte, lorsque le chevalier de Loria échappe au fer des conspirateurs en faisant le somnambule. Cet acte est le plus plein, et la musique en est enchaînée avec beaucoup de talent. On est étonné de la manière dont les choristes du théâtre des Nouveautés exécutent une musique aussi difficile, eux qui ne sont accoutumés à chanter que des airs de vaudeville ; tant il est vrai que les bons ouvrages font de bons artistes. Damoreau joue et chante très-convenablement le rôle de Loria ; au troisième acte surtout, il devient presque irréprochable. Mlles Camoin et Pougault sont deux cantatrices qui promettent beaucoup ; la première est toujours fort applaudie, et mérite de l'être ; la seconde profite chaque jour des encouragemens qu'elle reçoit. L'orchestre accompagne avec beaucoup de précision et d'intelligence.

Les Sybarites se recommandent encore par l'éclat et la beauté des décorations et par un drame fort attachant.

ROBERT-LE-DIABLE, opéra en cinq actes, par GIACOMO MEYER-
BEER. — 4 décembre 1831.

Chaque fois qu'à l'horizon de la pensée on voit
apparaître une grande conception, riche de tout
ce qu'une époque a ajouté de développemens au
fonds commun des traditions, et néanmoins portant en elle le germe d'une époque nouvelle, il se
fait une secousse, un ébranlement qui se communique à toute la sphère de l'art. Les esprits qui
vivent dans cette sphère ressentent tous cette impulsion; mais les uns, d'abord en petit nombre,
pressés par un vague instinct de progrès, se prêtent avec enthousiasme à ce mouvement; les autres, et ceux-ci forment la majorité, à qui rien
n'est plus cher que le repos, s'efforcent de paralyser cette impulsion, craignant d'être troublés
dans la jouissance de leur *statu quo*. L'art se partage alors en deux camps, et cette lutte de positif
et de négatif, d'action et de résistance, se prolonge jusqu'à ce que le génie imprime à ces oscil-
lations un mouvement régulier, et attire à lui
tout l'ensemble des intelligences par sa seule force
d'attraction.

Cela a lieu dans les sciences, dans la littérature
et dans les arts.

Le dernier ouvrage de M. Meyerbeer vient d'opérer une crise semblable dans le domaine de la musique. Je ne m'attacherai pas ici à énumérer une à une les beautés de détail qu'il renferme. Je m'occuperai principalement de la question d'art que *Robert-le-Diable* vient de soulever. Mais comme il ne suffit pas d'une seule composition, quelque grande qu'elle soit, pour pouvoir se rendre compte de la portée d'un homme ; comme on ne peut apprécier la part qui lui appartient dans la régénération, si l'on n'étudie sa pensée dans tout le cours de sa vie d'artiste, si l'on n'interroge son talent à chacune de ses périodes, et dans ses transformations diverses, nous jetterons un coup d'œil rapide sur la carrière musicale de M. Meyerbeer.

Giacomo Meyerbeer naquit à Berlin en 1794. Son père, Jacques Beer, rentier fort riche, lui donna de bonne heure une éducation distinguée [1]. Ses heureuses dispositions pour la musique se manifestèrent bientôt, et dès l'âge de sept ans il jouait du piano dans les concerts. Ce ne fut guère que vers l'âge de quinze ans que Meyerbeer commença ses grandes études musicales. L'abbé Vogler, un des plus grands théoriciens, et sans contredit le plus habile organiste de l'Allemagne,

[1] M. Meyerbeer a pour frère M. Michelbeer, poète dramatique très-connu en Allemagne, et auteur d'une tragédie célèbre intitulée *le Paria*.

avait ouvert une école chez lui, dans laquelle il n'admettait que des élèves de choix. De savans critiques, des compositeurs distingués, parmi lesquels il faut compter en première ligne Kneckt, Ritter, Winter, se glorifient de l'avoir eu pour maître. Des hommes non moins célèbres aujourd'hui furent les condisciples de Meyerbeer : c'étaient Gaensbacher, maître de chapelle à Vienne; l'illustre Ch.-Marie de Weber et Godefroi de Weber, alors conseiller de justice à Manheim, mais qui venait de temps en temps prendre part aux exercices des trois autres élèves. Chaque matin, après la messe de l'abbé Vogler, que Weber était obligé de servir presque journellement, parce qu'il était catholique, on se réunissait dans l'appartement du professeur. Celui-ci donnait un thème que chacun devait remplir dans la journée; c'était tantôt un psaume, tantôt une ode, tantôt un *kyrie*; il se mettait, lui cinquième, au travail avec ses élèves, et le soir les cinq compositions étaient exécutées. Ce genre d'exercice joignait à l'avantage d'être fort instructif par lui-même celui de piquer vivement l'émulation. Un opéra entier fut composé de cette manière.

Une amitié très-étroite et toute fraternelle se forma bientôt entre Meyerbeer et Weber. Pendant deux ans ils couchèrent et mangèrent dans la même chambre. Cette amitié n'eut de terme que la mort de Weber, arrivée à Londres en 1826. L'auteur de *Freyschütz* légua à son ami un ouvrage inachevé, *les Trois Pinto*, opéra en trois actes, avec prière de le terminer. Un seul acte a été esquissé de la main de Weber, mais non instrumenté. Il renferme des choses charmantes et surtout fort gaies.

Deux ans après l'entrée de Meyerbeer chez l'abbé Vogler, celui-ci ferma son école, et l'élève et le maître parcoururent ensemble l'Allemagne pendant un an. Ce fut sous de tels auspices que le jeune compositeur, âgé de dix-huit ans, donna à Munich son premier ouvrage, *la Fille de Jephté*, opéra séria en trois actes. Toutes les formes rudes de la scolastique furent religieusement conservées dans cette œuvre, qui obtint un succès d'estime. Après cela, l'abbé Vogler, bon homme s'il en fut jamais, et qui alliait un vif sentiment d'artiste à des habitudes mystiques, délivra au jeune auteur un brevet de *maestro*, auquel, du même trait de plume, il ajouta sa bénédiction. Cela fait, le maître et le disciple se séparèrent.

A Vienne, le succès de Meyerbeer, comme pianiste, fut tel qu'on lui confia la composition d'un opéra pour la cour, intitulé *les Deux Califes*. Il avait alors vingt ans. La musique italienne était à cette époque fort en vogue dans cette capitale. L'ouvrage, écrit dans un système opposé et à peu près dans le même style que *la Fille de Jephté*, échoua complétement. Le célèbre auteur de *Tarare*, Salieri, qui aimait beaucoup Meyerbeer, le consola, et l'assura que malgré l'âpreté des formes, son opéra était loin de manquer d'idées mélodiques; il lui conseilla de partir pour l'Italie, où il aurait bientôt réparé cet échec. Le style italien, qui lui avait tant répugné en Allemagne, devint l'objet de sa prédilection. *Tancredi*, le premier opéra de Rossini qu'il entendit, le transporta. A partir de ce moment, il composa successivement sept ouvrages, qui presque tous eurent le plus grand succès. A Padoue (1818), il donna *Romilda è Costanza*, opéra semi-seria, écrit pour Mme Pisaroni. Les Padouans firent grand accueil à cet ouvrage, parce que l'auteur était élève de l'abbé Vogler, qui à son tour avait eu pour maître, quarante-six ans auparavant (en 1772), le père Valotti, ancien maître de chapelle à Padoue, et dont la mémoire classique est en vénération. C'en était assez pour que Meyerbeer fût considéré comme un rejeton de cette école. En 1819, il fait représenter *Semiramide riconosciuta* de Métastase au théâtre royal de Turin, opéra dont le rôle principal fut écrit pour Mme Carolina Bassi, la cantatrice la plus dramatique que l'Italie ait produite jusqu'à Mme Pasta ; en 1820, à Venise, *Emma di Resburgo*, même sujet qu'*Hélène* de Méhul. Cet opéra parut dans la même saison où Rossini fit jouer *Eduardo è Christina*. Les deux ouvrages obtinrent un succès d'enthousiasme. En 1821, Meyerbeer écrivit *la Porte de Brandebourg*, dans le style italien, pour Berlin, sa patrie. Certaines circonstances s'opposèrent à la représentation de cet ouvrage. Bientôt la réputation de l'auteur d'*Emma* retentit au théâtre de la Scala à Milan, théâtre dont les abords sont, comme on sait, assez difficiles aux musiciens. Il y donna *Marguerita d'Anjou* (1822). Ce fut dans cet opéra que Levasseur débuta sur la scène italienne. Dans le même temps, *Emma* fut traduite et représentée sur tous les théâtres d'Allemagne sans exception. Malgré son grand succès, cet ouvrage souleva la critique des compatriotes et surtout des condisciples de Meyerbeer. Weber, alors maître de chapelle et directeur du théâtre de Dresde, qui partageait leur opinion, crut servir la réputation de son ami en faisant représenter au théâtre allemand *les Deux Califes*, tandis qu'on jouait *Emma* au théâtre italien. Il écrivit lui-même plusieurs articles dans lesquels il signala, en la déplorant, la transfor-

mation que Meyerbeer avait fait subir à son talent. Weber avait espéré réconcilier le public
avec les formes de ce premier ouvrage, et engager
par cela même l'auteur à rentrer dans son premier
système. Le contraire arriva; mais on doit dire, à
la louange de cet homme de génie, que malgré
son opinion bien prononcée sur le genre adopté
par son ami, il porta la loyauté jusqu'à faire représenter tous ses opéras italiens sur le théâtre de
Dresde, et les monta avec tant de soin que jamais
l'exécution n'en a été plus parfaite. L'année suivante (1823), l'*Esule di Granata*, à Milan,
succéda à *Marguerita d'Anjou*. Les principaux
rôles avaient été écrits pour Lablache et Mme Pisaroni; mais la mise en scène se fit avec tant de
lenteur qu'il ne fut joué qu'aux derniers jours du
carnaval. Cette circonstance fit naître une cabale
qui se promit de siffler l'ouvrage. En effet, le
premier acte échoua; le second aurait peut-être
éprouvé le même sort sans un duo dans lequel
Mme Pisaroni et Lablache enlevèrent tout l'auditoire. Aux représentations suivantes, le triomphe
fut complet. Dans la même année, l'opéra d'*Al-
manzor* fut composé pour Rome. Mme Carolina
Bassi, chargée du principal rôle, tomba malade
après la répétition générale; et l'opéra, dont elle
a gardé la partition, n'a jamais été représenté. Ce

fut à la fin de 1825 que Venise vit paraître le *Crociato*. Mme Méric-Lalande y fit son début sous les auspices de Velluti et de Crivelli. Le musicien fut appelé et couronné sur la scène, et bientôt il alla lui-même monter son ouvrage sur tous les théâtres d'Italie. En 1826, sur l'invitation de M. de Larochefoucauld, il partit pour Paris, où le *Crociato* fut accueilli avec transport. Là se borne la seconde période de la carrière lyrique de M. Meyerbeer. Son mariage, qui eut lieu en 1827, et bientôt la perte douloureuse de deux enfans, suspendirent ses travaux pendant près de deux ans. Il les a repris en 1828, pour écrire *Robert-le-Diable*, dont la partition était depuis dix-huit mois déposée à l'Académie royale de Musique.

Comme on le voit, il est peu de carrières musicales aussi remarquables que celle de M. Meyerbeer. Du style purement scolastique de ses premiers ouvrages, il passe aux formes mélodiques italiennes pour réunir enfin dans *Robert-le-Diable* le génie des deux nations. Il fond ensemble ces deux genres, ces couleurs différentes, et marie avec un rare bonheur Weber et Rossini, l'Italie et l'Allemagne. Sans avoir l'expression forte et concentrée de l'auteur de *Freyschütz*, l'éclat et la verve du chantre de Pezarro, il est le point intermédiaire dans lequel s'opère la fusion de ces nuances diverses. Deux systèmes que l'on avait pu croire ennemis, et qui avaient paru se repousser l'un l'autre, viennent s'embrasser et s'identifier en lui. Dans ce genre, qu'on ne peut pas appeler *mixte*, parce qu'il ne se compose pas de lambeaux dérobés tantôt à l'un, tantôt à l'autre, mais qui les reproduit, les reflète tous deux, se dessine par cela même une individualité parfaitement caractérisée. Rossini est brillant; comme Weber, Meyerbeer est coloré et pittoresque. Weber est d'une profondeur qui va jusqu'à l'abstraction; comme Rossini, Meyerbeer est lucide. Je le dis donc, c'est une chose remarquable que le développement graduel de cet esprit, confondant d'abord la science avec le génie, prenant l'école au sérieux comme l'élève sa rhétorique, et recherchant surtout la sévérité et l'exactitude des formes; puis, subissant l'influence d'un autre génie, d'un autre climat, d'une autre inspiration, il se débarrasse de ce ton pédantesque; sa muse efface les rides de son jeune visage et trouve des mélodies et des chants qu'elle assujétit à des formules moins arides, plus coulantes et plus faciles, quoique non moins conventionnelles; enfin, pressé de rentrer dans son *moi* et d'y prendre une forme arrêtée, sentant bien, du reste, que ces deux écoles, auxquelles il s'était tour à tour sacrifié, céderaient tôt ou tard au mouvement irrésistible qui se manifestait en dehors d'elles, il emporte avec lui tout ce qui doit survivre à cette double dissolution, il entre hardiment dans la voie de développement qui lui est ouverte, et vient se placer du premier pas au point d'intersection où le chant italien et l'instrumentation allemande doivent se rencontrer. Ainsi se réalise l'alliance que l'auteur de cet article ose maintenant se flatter d'avoir annoncée, celle du genre vocal créé par Rossini et du genre instrumental développé par Beethoven et appliqué par Weber à la musique dramatique [1].

Or il importe de distinguer et d'analyser nettement les divers élémens qui entrent dans le nouveau système auquel appartient *Robert-le-Diable;* pour cela, tâchons de fixer le caractère propre au génie de chaque nation.

Si nous nous arrêtons d'abord aux deux écoles italienne et française, nous verrons que l'une est éminemment douée du génie d'invention, l'autre du génie de combinaison. L'un et l'autre système a eu son temps et ses défenseurs. Il y a quelques années, le génie de combinaison triomphait; aujourd'hui que nous avons subi le joug de la mélo-

---

[1] Voir plus loin le morceau intitulé : *Du Mouvement et de la Résistance en musique.*

die rossinienne, le génie d'invention règne. Il ne faut mépriser ni l'un ni l'autre.

J'entends par génie d'invention la faculté de produire des mélodies, des chants d'une vérité d'accent et d'expression telle qu'on leur donne communément le nom d'*idées*. Cette faculté est propre surtout à l'Italie, et Rossini en est le plus bel exemple.

J'entends par génie de combinaison la faculté de combiner, soit les voix entre elles, soit les instrumens entre eux, soit les voix et quelques instrumens tout ensemble, de manière que l'on parvienne à produire certains effets inconnus, qui tiennent lieu en quelque sorte de mélodies, et auxquels encore, à cause de leur nouveauté, on puisse donner le nom d'*idées*. Cette faculté est plus spécialement propre à la France : Chérubini, Méhul, en offrent surtout la preuve.

Quant à l'Allemagne, elle réunit au génie d'invention et au génie de combinaison un autre génie que j'appellerai de conception, et je n'entends pas seulement ici la faculté de produire de beaux chants, de belles idées mélodiques, mais encore de coordonner l'ensemble d'une composition sur une vaste échelle, sur des proportions parfaitement harmoniques entre elles; un plan qui, à la fois par sa profondeur et sa simplicité, atteste que le compositeur est descendu dans son cœur et dans le sanctuaire de la nature. Un plan conçu sous ce point de vue mérite à lui seul le nom de création. Tels sont ceux des ouvertures de Weber, des quatuors, quintettes et symphonies de Beethoven.

Il est à observer que dans la musique italienne, qui est tout-à-fait dépourvue du génie de combinaison, les formes de l'accompagnement sont rigoureusement asservies aux formes mélodiques, tandis qu'en Allemagne, la phrase de chant est modelée sur l'instrumentation ; elle en adopte les tours parfois bizarres et irréguliers, elle en reproduit les sauts et les saccades.

Que si l'on dit que le génie de combinaison est inférieur au génie d'invention, je ne le nierai pas. Je fais observer seulement que l'on ne peut rien en inférer contre les Allemands, puisque, ainsi que l'on vient de voir, à l'esprit de combinaison qui domine chez eux, se joint, à un haut degré, l'esprit d'invention.

Composés tour à tour sous diverses inspirations, sous diverses influences, les ouvrages de M. Meyerbeer doivent offrir successivement ces trois caractères ; et l'on doit signaler ici un exemple peutêtre unique de la facilité avec laquelle un homme quitte tout d'un coup sa physionomie native, adopte d'autres formes, un autre style, et se faconne à des habitudes d'une autre nation. Ainsi l'esprit de combinaison et l'esprit d'invention se montrent alternativement, sinon d'une manière exclusive, du moins dominans, l'un dans ses compositions allemandes, l'autre dans ses œuvres italiennes, jusqu'à ce que, dans *Robert-le-Diable*, sa muse, redevenant allemande par l'instrumentation, sans cesser d'être italienne par le chant, se prêtant aussi d'elle-même aux convenances de la scène française, parle un triple idiome, riche à la fois des élémens de trois langues différentes, idiome en quelque sorte universel, puisqu'il est intelligible pour tous.

M. Meyerbeer me paraît donc avoir réuni à un égal degré l'esprit d'invention, celui de combinaison et enfin le génie de conception; et tandis que sa partition se distingue par des associations nouvelles d'instrumens, la singularité des effets, des jeux d'orchestre merveilleux et, une variété infinie d'accens, on y trouve pourtant des mélodies qui égalent par leur expression délirante et passionnée les chants les plus dramatiques de l'école italienne. Tels sont le duo d'Isabelle et de Robert, les paroles : *Grâce pour toi-même et grâce pour moi!* de la cavatine d'Isabelle, au quatrième acte, dont le retour sur de nouveaux développemens de l'accompagnement produit une plénitude d'expression que rien me paraît égaler. Je citerai encore le morceau d'Alice : *Dieu puissant!* et celui où Robert lit l'écrit qu'Alice lui remet de la part de sa mère. Les accens étouffés de la trompette et des cors qui accompagnent cette mélodie douloureuse et navrante font éprouver je ne sais quelle palpitation délicieuse.

Bien que tout l'ouvrage ait été conçu sous une seule inspiration, le compositeur s'est pourtant attaché à donner à chacun de ses actes une couleur particulière. Si nous considérons la musique de *Robert-le-Diable* comme un poème, un drame musical; si, l'isolant de l'œuvre littéraire auquel elle est liée, nous l'examinons dans l'ensemble de son expression dramatique, le premier acte nous apparaîtra comme une exposition fortement et vigoureusement serrée, riche de contrastes, d'oppositions, de styles, de couleurs, et présentant, dans un admirable enchaînement de scènes, une infinité de caractères propres aux personnages qui vont remplir l'action, joints à je ne sais quels souvenirs d'airs populaires, à des tours naïfs et chevaleresques. Je voudrais cependant voir disparaître de cet acte et du suivant quelques réminiscences qui les déparent.

C'est dans le deuxième que M. Meyerbeer a pris définitivement congé des formes italiennes;

mais ses derniers adieux ont été un embrassement. Néanmoins il a su relever l'emploi de ces formes par un style grandiose et des effets pittoresques. Un mouvement de marche, un rhythme rauque et fier est frappé par la timballe, et annonce le tournoi. Un chœur de chevaliers du plus beau caractère, exécuté sans accompagnement, sous le portique du palais, donne à l'action un air de magnificence et de pompe d'ancienne cour. Dans son ensemble pourtant, cet acte est une concession ; il a été en quelque sorte imposé au musicien, qui a cru devoir céder à certaines exigences : aussi qui pourrait le lui reprocher? C'est bien assez pour lui d'avoir été obligé de renoncer à un finale sur lequel il fondait sa plus grande espérance de succès. Tracé sur des dimensions semblables à celles du finale colossal de *Fidelio*, ce morceau nous aurait montré jusqu'à quel point le compositeur sait porter l'art des développemens, si la mise en scène n'avait offert trop de difficultés.

C'est probablement pour cette raison que le compositeur s'est dispensé d'écrire une ouverture. On conçoit que la suppression du finale du second acte a dû détruire en partie le plan de sa symphonie. C'est un double regret que je me fais un devoir d'exprimer. Quel riche tableau M. Meyerbeer aurait pu nous dérouler si, comme je le pense, il avait fait de son ouverture un drame poétique instrumenté, qui précède le drame chanté et accompagné! Passons au troisième acte.

C'est surtout ici que le poète déploie toute la fécondité de sa riche imagination, jointe à l'expression la plus forte et la plus dramatique. Depuis le comique jusqu'à la terreur, depuis le rire diabolique jusqu'au sentiment le plus idéal de la béatitude céleste, le compositeur met tout en œuvre. Comme le Dante, comme Milton, il va chercher ses inspirations dans un ordre surnaturel, après avoir épuisé toutes celles que peut offrir le monde positif. Cet acte est à lui seul une sublime composition, soit qu'on le considère dans sa partie bouffe, lorsque Bertram jette de l'or à Raimbault, et l'engage à renoncer à sa fiancée; soit dans sa partie dramatique, lorsque ce personnage satanique s'assure du silence de cette naïve Alice, et que celle-ci, embrassant fièrement la croix de bois, lui répond avec un accent ferme : « Le ciel est avec moi; je brave ta colère; » soit dans sa partie poétique, lorsque, après les cris de joie des démons, et les accens de la trompette guerrière succédant aux sons de la trompette infernale, Bertram et Robert passent tour à tour dans les sombres galeries du cloître, sous ces portiques éclairés par le jour glacé de la lune et parmi les tombeaux des nonnes sacriléges. Comme la musique ajoute au drame, lorsqu'après l'évocation ces filles damnées apparaissent lentement en procession, glissant à la file, vêtues de longs voiles blancs, et quittent ces habits de mort pour se livrer à une bacchanale horrible! au milieu de cette fête diabolique, le glas du tam-tam, semblable à la voix lamentable de l'enfer, qui, dans cette courte trève avec l'éternité, croit voir échapper sa proie, se mêle aux cloches souterraines qui murmurent dans la basse région de cet orchestre fantastique, au carillon des démons et aux plaintes de ces deux bassons qui, comme de légers fantômes, rôdent au crépuscule de l'harmonie.

Dans le quatrième acte, le compositeur a su réunir la plus grande puissance dramatique aux effets d'orchestre les plus neufs et les plus inattendus. Entendez d'abord ce rhythme martial des timbales, qui reparaît toutes les fois qu'il s'agit de rappeler l'idée du prince de Grenade; voyez ensuite comme l'instrumentation s'enrichit et se transforme à la reprise du même motif. Arrivez au duo de Robert et d'Isabelle, et comprenez tout ce qu'il y a de force d'expression dans ce trait d'accompagnement, dans cette autre ritournelle attaquée par les violons, renvoyée à l'instant aux altos, qui la lancent à leur tour au-dessus de la masse d'harmonie ; concevez tout ce qu'il y a de mélancolique dans ces harpes plaintives qui signalent la cavatine d'Isabelle, de pénétrant dans les accens du cor anglais ; et puis, lorsque trois coups de tamtam ont annoncé le finale, résistez, si vous le pouvez, à l'entraînement de ce chœur, à cette explosion terrible d'imprécations, à ces grandes masses de voix qu'on dirait animées du génie de Gluck, à cette gradation de l'harmonie qui se développe proportionnellement à la fureur croissante des chevaliers et du peuple.

Jusqu'ici nous n'avons remarqué dans la musique de M. Meyerbeer, si l'on excepte un court passage du troisième acte, que deux sortes d'inspirations : l'inspiration dramatique et l'inspiration poétique, idéale ou pittoresque. Si nous remontons dans l'histoire de la musique, nous trouvons qu'elle a obéi successivement à trois inspirations déterminées par les diverses influences sociales qui ont agi sur elle. Ainsi, dans la première période, le dogme catholique domine dans la société ; l'inspiration religieuse règne dans la musique. Dans la seconde, la réforme ébranle ce dogme, brise l'unité ; les divers intérêts sociaux occupent plus de place dans la vie et se meuvent plus librement : alors l'inspiration chrétienne disparaît et fait place à l'inspiration dramatique, laquelle envahit tout, même la musique du temple. Enfin, dans la troisième, nulle croyance commune ne vivant dans la société, nul lien ne réunissant les esprits, toutes les forces sociales se concentrent dans l'individu; c'est l'inspiration isolée qui domine; mais au gré du poète, suivant ses croyances ou ses caprices, cette inspiration peut être ou religieuse ou dramatique; il les invoque toutes deux ensemble ou séparément : c'est ce que Beethoven a fait dans la musique instrumentale. Or je ne sache pas que les trois inspirations dont je viens de parler aient été opposées, dans aucun ouvrage lyrique, de manière à produire des contrastes aussi heureux que dans *Robert-le-Diable*. M. Hérold a laissé percer un rayon de cette inspiration chrétienne dans *Zampa,* ouvrage remarquable de l'époque, et c'est beaucoup que d'avoir osé de semblables développemens sur la scène rétrécie de l'Opéra-Comique.

C'est un chœur de moines exécuté par des basses-tailles à l'unisson, et d'un effet presque antique, qui ouvre le cinquième acte. On dirait ce chœur de Hændel ou de Sébastien Bach; tant il a de grandeur, de majesté, de mâle simplicité! Il est suivi d'une situation terrible, pour l'intelligence de laquelle je ne puis me dispenser de rappeler la position des principaux personnages. Robert s'est réfugié sous le vestibule de la cathédrale de Palerme ; il y est suivi par Bertram. La princesse Isabelle, que Robert aime, est au pouvoir de son rival ; mais Bertram peut encore lui rendre sa bien-aimée, si Robert consent à engager son ame à Bertram pour l'éternité ; tout à coup l'orgue se fait entendre dans l'intérieur de la cathédrale ; Robert ému balance. Ces sons religieux lui rappellent la prière que sa mère adressait pour lui au ciel.

Bertram devient plus pressant, et lui révèle l'horrible secret de sa naissance. Robert veut alors partager son sort, quand Alice vient s'interposer entre eux, et remet à Robert un écrit de sa mère dans lequel elle l'exhorte à fuir les conseils du séducteur qui l'a perdue. Ce Bertram, d'un côté, à la fois démon et père, maudissant le ciel et adorant son fils ; de l'autre, Alice, cet Ariel chrétien, venant combattre sous les traits d'une faible fille le diable en personne, puissant en sortiléges et en prodiges ; Robert flottant entre sa mère et son père, l'espérance et le désespoir, le ciel et l'enfer, tout cela forme une situation dans laquelle le génie de M. Meyerbeer s'est élevé à la plus grande hauteur dramatique.

Tandis que M. Meyerbeer fait une révolution

dans notre musique lyrique, M. Véron en fait
une semblable dans les décors et la mise en scène.
C'est au pinceau de Cicéri que l'art de la perspective, des effets de lumière, de la peinture mécanique, doit ces merveilles qui surpassent toutes
les merveilles qu'on nous avait présentées jusqu'à
ce jour. Le machiniste n'a qu'à tirer un rideau,
et le théâtre fait partie de la riche et vaste cathédrale de Palerme. Dans cette cathédrale,
M. Meyerbeer jette hardiment un orgue. L'orgue,
cet orchestre de la musique chrétienne, un dans
son ensemble comme le dogme; cette grande invention anonyme comme l'architecture gothique,
de laquelle il participe en quelque sorte par ses dimensions gigantesques; l'orgue, ce pivot de la
musique moderne, cet instrument aux mille voix
dont l'harmonie fière, immense, mais égale, soutenue, tranquille, annonce assez par son caractère qu'elle est destinée à exprimer d'autres pensées que des pensées terrestres, l'orgue vient
mêler ses imposans accords, ses accens calmes, au
luxe de l'instrumentation, aux effets d'un orchestre impétueux. Oui, il y a de la grandeur, de
l'indépendance, de l'élan dans la tête de cet artiste qui, du milieu d'un siècle froid, blasé,
vieilli, s'élance dans les traditions du passé, et ne
craint pas d'opposer aux petites combinaisons d'un

art mesquin et fardé ces hautes inspirations dont tant de monumens attestent la puissance. C'est sur cette donnée que tout le cinquième acte est tracé, et le fameux trio qui le termine n'en est que le développement. Comme conception, ce trio peut être comparé à ce que *Freyschütz*, *Eurianthe*, *Fidelio*, renferment de plus extraordinaire. Un motif de violoncelle et de clarinette-chalumeau, tout empreint de couleur mystérieuse et d'une expression mystique, ouvre ce morceau. Cette triple angoisse, ce combat du ciel et de l'enfer sur la terre, ces anxiétés, ces craintes, ce désespoir, ce triomphe, tout cela vit, tout cela parle. Écoutez les sourdes tenues des cors, les sons caverneux de la trompette à clef qui accompagnent les accens entrecoupés que la lecture du testament de sa mère arrache à Robert; remarquez cette gradation d'expression harmonique à mesure que les sollicitations d'Alice et de Bertram deviennent plus pressantes, l'irrésolution de Robert plus grande, et vous oublierez alors que vous êtes dans une salle de spectacle, que vous entendez de la musique, qu'il y a un homme de génie nommé Meyerbeer; vous vous croirez transporté sur la limite de cette vie et de l'éternité, ayant devant vous le ciel et l'enfer, et votre cœur, luttant entre la terreur et l'espérance, s'endormira dans ce rêve poétique jusqu'à ce que des battemens de mains, la clameur de toute la salle et un rideau qui s'abaisse, fassent tomber tout à coup votre illusion.

Il y a donc développement dans le dernier ouvrage de M. Meyerbeer, parce que, je le répète, il y a réuni les trois caractères particuliers aux trois grandes nations musicales de l'Europe, l'esprit d'invention des Italiens, l'esprit de combinaison des Français, et l'esprit de conception des Allemands. Il y a développement, parce qu'outre l'inspiration dramatique dont il a donné de si belles preuves, il a compris tout ce qu'il y avait de fécondité dans l'inspiration religieuse, et de poésie dans le grand ressort du christianisme. Il a su réunir à nos modernes découvertes les traditions de deux époques écoulées, tentative qui n'avait point encore été faite dans la musique lyrique ; et la révolution de *Robert-le-Diable* n'est qu'une conséquence de celle de *Guillaume Tell*. Je me plais à rapprocher ces deux chefs-d'œuvre, à nommer ensemble Rossini et Meyerbeer. L'un et l'autre ont brisé des fers qu'ils avaient rendus resplendissans au frottement de leur génie. Maintenant le divorce est prononcé. Sans leur appui, l'école se traîne débile et se meurt. Que la foule des indigens de l'art vienne glaner dans ses dépouilles, et prolonger une existence éphémère parmi des débris, à la queue d'une époque, eux ne s'en inquiètent plus. Qu'une génération immobile résiste par sa force d'inertie à l'impulsion généreuse qu'ils lui communiquent, ils s'en affligent et ne se découragent pas, parce qu'ils savent que la foule et le génie ne sont pas au même niveau, et ils attendent tout du flux du temps et du tranquille développement de la civilisation. Mais s'il est des artistes qui, après s'être enrichis des superfluités du génie, n'ont pas le courage de le suivre dans la voie de régénération, s'ils s'arrêtent le long du chemin pour dépenser l'aumône qu'ils ont reçue en passant, qu'ils le sachent bien, l'école et leur gloire n'auront qu'un même tombeau. Il est déjà creusé.

OUVERTURE DE L'OPÉRA-COMIQUE. — OUVERTURE DES CONCERTS DU CONSERVATOIRE. — 16 janvier 1832.

L'ouverture de l'Opéra-Comique vient d'avoir lieu, et celle des concerts du Conservatoire est fixée au 29 de ce mois. Les concerts du Conservatoire et l'Opéra-Comique correspondent tous les deux à deux besoins bien distincts. D'une part, cette partie du public qui voit dans l'Opéra-Comique ce qu'elle appelle, avec un sérieux si plaisant notre *musique nationale*, et à laquelle il faut un délassement honnête de tous les soirs, attendait avec impatience que M. Laurent lui ouvrît les portes de la salle Ventadour, faisant des vœux pour que notre scène conservât sa nationalité et sa gaieté si éminemment française. D'un autre côté, les véritables amis de l'art, pour lesquels la musique n'est pas plus que tout autre chose stationnaire, et qui, au lieu d'aller se perdre dans des distinctions subtiles d'art indigène et d'art étranger, n'admettent qu'un art grand, sérieux, universel, et par conséquent cosmopolite, palpitent d'avance à l'idée de ces matinées du Conservatoire où de jeunes artistes, qui composent le premier orchestre du monde, nous initient aux sources poétiques que notre école, froidement raisonneuse, avait taries parmi nous.

Quant à ceux qui soupiraient si ardemment après l'ouverture de l'Opéra-Comique, ce sont gens d'une si bonne composition et si accommodans, que le jour où une affiche pompeuse leur a annoncé qu'ils pouvaient reprendre leurs douces et paisibles habitudes musicales, ils se sont écriés avec leur sang-froid toujours imperturbable : *Nous voilà sauvés, c'est pour tout de bon !* sans songer que leur théâtre de prédilection était sauvé pour la dixième fois depuis dix ans, et qu'à chaque résurrection ils l'ont cru revenu à la vie une bonne fois pour toutes.

Cependant l'expérience leur a dit : Ne vous hâtez pas de triompher ! Prenez garde qu'il n'en soit de votre théâtre comme de ces animaux morts, auxquels on fait faire certains mouvemens au moyen du galvanisme. On dit au nouveau directeur : « Vous avez fait preuve d'habileté au théâtre Italien ; eh bien ! continuez à vous montrer habile au théâtre Ventadour. Mais connaissez bien d'avanec les besoins de votre nouvelle entreprise. Commencez d'abord par supprimer votre titre d'*Opéra-Comique*, qui, entre nous, est absurde. Une pièce lyrique entrecoupée par un dialogue parlé n'est pas pour cela *comique*; et s'il y a quelque chose de comique ici, c'est de prétendre faire passer plus long-temps un semblable non-sens chez une nation spirituelle et civilisée. La *Marquise de Brinvilliers*, *Zampa*, ne sont point des opéras comiques, ce sont des drames lyriques, tels qu'il nous convient d'en avoir désormais. » On a dit encore : « Ce qui vous a tué, c'est que, dans les fréquens changemens que vous avez faits, vous n'avez pas changé la chose importante, nécessaire, indispensable : les chanteurs. Prenez de nouveaux chanteurs, prenez-en cinq ou six bons, montez cinq ou six bonnes pièces, et votre succès est assuré. Renoncez surtout à ces quelques acteurs, qu'il est inutile de vous nommer, et qui portent malheur à un théâtre; et maintenant, avec votre excellent et jeune orchestre, avec vos chœurs entièrement renouvelés, vos chanteurs entièrement renouvelés, votre répertoire presque entièrement renouvelé, et votre titre changé, marchez, élancez-vous vers une ère nouvelle. » Voilà ce qui a été dit, et bien dit; faites-le et ce sera bien fait.

Mais il est un autre obstacle dont il n'a pas, que je sache, été parlé, et que je signalerai. Malheureusement ce mal-ci est sans remède. Cet obstacle, c'est la nouvelle salle. Elle est fort belle, fort grande, fort riche, tout ce qu'on voudra : elle est mal située. Elle n'a pas d'air, rien ne circule autour d'elle. On comptait sur le passage Choiseul; précisément c'est ce qui vous nuit. Le passage Choiseul est l'artère qui absorbe toute la circulation du quartier. L'ancien théâtre Feydeau, tout étouffé, tout enterré qu'il était sous des maisons, était placé bien plus avantageusement. D'abord un passage y conduisait du débouché de la rue Vivienne. On arrivait là du Palais-Royal; c'était une habitude prise. Mettez dix théâtres autour du Palais-Royal, et même dans son enceinte ; tous prospéreront, parce que là tout est vie ; le pavé est sans cesse battu, chauffé, usé. C'est une grande illusion de vouloir changer le lit que se creuse la civilisation. Il faut se mettre à son courant ou en être rejeté : il n'y a pas de milieu.

Voyez plutôt : on a voulu, il y a peu de temps, construire un théâtre à la Porte-Saint-Antoine. On se fondait sur ce raisonnement : Une foule de théâtres pullulent et prospèrent sur les boulevards et dans les environs de la Bourse ; un théâtre situé près de la Bastille devra attirer toute la population du quartier Saint-Antoine, qui a faim de spectacles. L'entreprise n'a pu réussir.

L'exemple de l'Odéon devrait être instructif. Ce théâtre compte près de quarante ans d'existence, et à peine huit ou dix mois de vogue. Et cependant, comédie, tragédie, drame, opéra, il a essayé de tout. *Robin des Bois* seul, en 1826, a pu engager le bourgeois de la rue Saint-Honoré ou du quartier Saint-Denis à passer les ponts à sept heures du soir. Il y a trois mois, *Marion de Lorme* attirait la foule à la Porte-Saint-Martin. Maintenant la litière du cardinal Richelieu se promène dans un désert. Ce n'est pas votre faute, à vous, M. Hugo. Mais telle est la nature du sol du noble faubourg : les théâtres n'y poussent pas.

J'avais entendu dire à quelques-uns de mes collègues qui rédigent la politique, que le comte de Maistre était prophète, et franchement je n'en ai plus douté lorsqu'ils m'ont montré dans son *Principe générateur des constitutions humaines* les lignes suivantes :

« Si l'on élève un temple à la musique sous le » nom sonore et antique d'*Odéon*, c'est une » preuve infaillible que l'art est en décadence, et » personne ne doit être surpris d'entendre dans ce » pays un critique célèbre avouer, bientôt après, » en style assez vigoureux, que rien n'empêche » d'écrire dans le fronton du temple : *Chambre à* » *louer !* »

Et notez bien, messieurs, qu'à l'époque où le comte de Maistre (que vous ne vous attendiez pas sans doute à voir citer dans un feuilleton) écrivait ces lignes, il n'avait pas encore mis les pieds en France ; il n'est venu à Paris qu'en 1819.

Pour en revenir à l'Opéra-Comique, je crains bien qu'il en soit de ce théâtre comme de l'Odéon. C'est que l'homme y a mis la main malgré la civilisation ; c'est qu'il n'est pas né du jet de celle-ci comme l'île, comme l'alluvion qui se forme au milieu d'un fleuve. Vous arrivez un peu tard, me dira-t-on, pour nous apprendre cela : et quand je l'eusse écrit il y a quatre ans, m'aurait-on écouté? Ne pouvant porter remède au mal, on connaîtra du moins de quelle nature il est. Si l'O-péra-Comique doit mourir encore une fois, nous saurons pourquoi : c'est toujours une consolation.

Fixons maintenant nos regards sur l'établissement de la rue Bergère, sur cet asile où se forment les artistes, les virtuoses qui font honneur à la France, et où nous sommes appelés de temps en temps, soit pour applaudir à leurs progrès, soit pour partager l'enthousiasme et le sentiment d'admiration avec lesquels ils exécutent les grandes compositions allemandes. Qui a développé parmi nous le goût de la musique instrumentale? Qui a fait que le jeune artiste ne regarde plus comme une condition de son succès l'imitation de tel et tel auteur que la mode ou l'école divinise? Qui nous a fait regarder la musique non comme un art de pur agrément, de loisir, mais comme l'expression du cœur, comme la peinture de l'ame, comme un écho de l'homme intérieur? Qui nous a révélé dans cet art, le plus léger, le plus frivole de tous en apparence, plus que des sons, plus que des bruits flatteurs pour l'oreille, plus qu'une vibration de l'air qui communique à l'ame un doux tressaillement, mais toute une littérature, toute une philosophie, toute une poésie, toute une théorie du romantique, suivant l'expression d'Hoffmann, toute une source de mélancolie, de contemplation, d'effets dramatiques, tout un règne pittoresque? N'est-ce pas le génie de l'Allemagne, le nord tout entier personnifié dans Weber et Beethoven? Ne retrouvons-nous pas dans leurs œuvres sublimes et l'inspiration des bardes du moyen âge, et la poésie des Nibelungen, comme nous y voyons palpiter cette grande nature que Goëthe, Byron, Chateaubriand, Hugo, Lamartine, ont déroulée à notre imagination. Tous ces génies sont autant de constellations du génie d'une civilisation future qui commence à jeter ses premiers rayons. Voyez! ils viennent tous briller dans la même sphère!

Faisons donc connaître et apprécier ces hommes, ces musiciens qui, à leur tour, nous font apprécier et connaître nos hommes et nos poètes : ils se révèlent mutuellement les uns par les autres, ils rayonnent et se réfléchissent les uns dans les autres comme des astres amis qui confondent leurs mouvemens dans le même ordre et dans une harmonie universelle. Et tandis que nous essaierons de porter le flambeau de l'analyse dans leurs conceptions les plus profondes, nous descendrons aussi dans les simples détails de leur vie, dans leurs habitudes familières, dans leurs propres foyers, pour dérober, s'il se peut, à l'homme la haute pensée de l'artiste.

Ainsi, dans une prochaine série d'articles, Beethoven, Weber, et même Haydn, le père de la musique instrumentale, et ce Mozart qui, de la même main, fit un chef-d'œuvre et creusa son tombeau, parleront, agiront à nos yeux, et nous montreront de quelle manière et à quel prix l'artiste est prédestiné, en attendant que les concerts spirituels de M. Choron nous fournissent l'occasion d'examiner les chefs-d'œuvre dûs à d'autres génies, à d'autres influences, à d'autres inspirations.

OPÉRAS ITALIENS.

DU THÉATRE-ITALIEN. — 19 décembre 1831.

Un opéra peut être considéré sous un triple point de vue : 1° sous le rapport de la composition musicale ; 2° sous celui de l'exécution ; 3° sous celui de la mise en scène. Ces choses sont toutes nécessaires au succès d'un ouvrage lyrique ; mais tout le monde ne leur attache pas une égale importance. Ainsi, pour le petit nombre de connaisseurs instruits et éclairés, ces trois conditions doivent être observées dans l'ordre où je les présente ici ; c'est-à-dire, qu'en premier lieu ils exigent que la musique soit bien composée ; en second lieu, qu'elle soit bien exécutée, se montrant, au reste, moins difficiles ou plus indulgens pour tout ce qui regarde la mise

en scène. Mais l'expérience atteste que ces trois
choses sont appréciées par la masse du public
tout justement dans un sens inverse. De ce con-
flit naissent ces divergences funestes qui trop souvent n'ont d'autre résultat que de diviser, d'une
part, le public et les artistes, si ces derniers ne
consentent pas à faire l'abandon de leurs propres
opinions, ou bien, d'une autre part, si les artistes
cèdent au goût dominant, de les mettre dans une
dépendance étroite, absolue du public. Tandis
que l'homme qui envisage l'art d'un point de vue
élevé, subordonne dans la musique, comme dans
tout le reste, la partie matérielle à la partie intellectuelle, le corps à l'ame, le public moins avancé
dira : J'ai des sens à contenter ! Et les costumes,
les décors, ce luxe mécanique, cortége nécessaire de toute poésie, de toute musique dramatique, et qui constituent la mise en scène, de-
viendront pour lui la chose principale. L'exécution
ne sera l'objet que d'une attention secondaire.
Pour ce qui est de la composition musicale, on
n'en parlera même pas. Peu importe qu'elle soit
pure et originale, ou qu'elle n'offre qu'un amal-
game de toutes les banalités que l'école a mises
en circulation.

Mais, entre ces deux partis extrêmes, se dessine une classe qui forme proprement les habiles

du public, le peuple *dilettante*, le peuple mus-
qué, parfumé et de bon ton, qui est à peu près
à la musique ce que les doctrinaires sont à la politique, et qui tient le *juste-milieu* entre les artistes
et amateurs distingués qui poussent l'art au mouvement, et la foule des arriérés qui composent la
résistance. Cette troisième classe qui compte pour
rien la mise en scène, un peu moins indifférente
à la musique en elle-même, montre une délicatesse
excessive pour tout ce qui tient à l'exécution et
surtout à l'exécution vocale. Cette fraction s'est
donné rendez-vous au Théâtre-Italien.

Il n'en est pas de ce théâtre comme des autres
théâtres de la capitale. Tandis que la nouveauté
d'une pièce peut seule attirer la foule à ceux-ci,
l'exécution seule maintiendra pendant dix ou
vingt ans un opéra au théâtre Favart. Le luxe des
toilettes et l'élégance du public suffiront au plaisir des yeux et tiendront lieu en quelque sorte de
mise en scène, sur laquelle, comme on sait, on
se montre assez facile; mais on sera sévère sur la
musique, non pas tant, je le répète, comme composition que comme exécution. On voudra que la
musique de Rossini et même celle de Cimarosa et
de Mozart se montrent, non dans leur simplicité
native, mais dans tous leurs atours, brillantes
de parure, d'accessoires, de fioritures et de tous

les colifichets d'une exécution fashionable. Ainsi *Don Giovanni*, *il Matrimonio segreto* excit ront des transports d'enthousiasme si les premiers rôles sont confiés à des acteurs tels que Mmes Sontag et Malibran, Lablache et Rubini. Au contraire, la salle restera à peu près vide si de la composition de la troupe ne peut sortir une heureuse combinaison. Au Théâtre-Italien, les souvenirs sont puissans, et les comparaisons dangereuses. Il faut surpasser, ou du moins égaler ses devanciers; rester en dessous d'eux est toujours un échec. Tout le monde sait cette musique par cœur : ce n'est pas elle qu'on va entendre, mais le chanteur. Malheur à lui s'il ne justifie pas l'opinion que des amis mal avisés lui ont faite.

Ce que je viens de dire sur les diverses classes dont se compose le public parisien, sur celui du Théâtre-Italien en particulier, ne doit choquer personne. Je ne suis pas sorti et n'ai pas dû sortir des faits généraux. Du reste, les progrès d'un art dépendent de l'esprit d'une nation, qu'il faut étudier dans tous les rangs de la hiérarchie sociale. Par cela même que le public du Théâtre-Italien est le public du beau monde, du bon ton, il est peu artiste. C'est un public intelligent, délicat, spirituel ; mais l'art, cette grande image de la nature et de l'humanité, n'habite pas cette atmosphère artificielle d'étiquette et de formes conventionnelles. Rossini, sublime artiste parfois, n'en est pas moins le plus souvent l'homme des salons. Il est charmant, dit-on, et ce mot, qu'on y fasse attention, est encore une critique. Son expression tout en dehors, par cela seul est peu profonde, son style est bien plus animé que varié, bien plus brillant que coloré. Il frappe, il amuse, il plaît, il divertit, mais il n'ébranle pas, il ne fait pas mal. Il a un luxe, un mouvement qui ramène l'esprit pour ainsi dire à la surface de la vie ; rarement il nous découvre les mystères secrets de l'ame. Cependant si Rossini n'avait écrit qu'*Otello*, et même le troisième acte seul de cet opéra, je ne ferais pas cette remarque. Il est impossible de joindre une expression plus profonde à tant de charme et de rêverie mélancolique. Je crois ainsi donner aux partisans de ce grand musicien une preuve de mon impartialité.

ANNA BOLENA. — 3 septembre 1831.

Jamais le Théâtre-Italien n'avait ouvert sous de plus brillans auspices que cette année. Certes, sous le seul rapport de l'exécution, un opéra dont les principaux rôles sont remplis par des acteurs

et des chanteurs tels que Lablache , Rubini ,
Mme Pasta, doit être une belle chose à entendre.
Le premier, plein de mordant, de rondeur, de
naturel, de vérité; roi, tyran, bouffon par excellence, et pourtant toujours noble dans ses fa-
céties, toujours digne, toujours de bon goût; il
fait rire sans exposer les rieurs à rougir d'eux-mêmes. Le second, doué d'une des plus magnifiques
voix de ténor que l'on ait jamais entendues, d'un
timbre riche d'éclat et de pureté et de cet accent
pénétrant qui fait que l'on éprouve un mélange
de plaisir et de sensation douloureuse, comme une
de ces larmes amères qui pourtant laissent après elles
un souvenir plein de charme; chanteur puissant;
en qui l'on doit reconnaître en quelque sorte une
double voix, et qui peut dialoguer avec lui-même
et offrir des contrastes merveilleux en passant,
comme il fait souvent, du médium à l'aigu. Quant
à Mme Pasta, il suffit de la nommer pour la louer.
Malgré l'état visible de fatigue et de souffrance
où elle était hier, elle a su retrouver, surtout dans
le second acte, des inspirations sublimes. L'expression dramatique de son jeu ressortait encore davantage par sa voix mâle, pathétique, et ce je ne sais
quoi de tombé qu'elle a dans le grave. Je le répète,
c'est un beau début pour un théâtre qu'un opéra
représenté par de pareils artistes, sans compter

les emplois secondaires confiés à des cantatrices telles que Mmes Tadolini et Michel ; sans compter les chœurs, entièrement renouvelés, dont la direction vient d'être confiée à M. Hérold, et enfin un orchestre agile, plein de jeunesse et de vigueur, si digne d'accompagner une semblable troupe. Je ne parle pas de cette jeune et brillante cantatrice qui doit succéder à Mme Pasta, et qui, sans la faire oublier, la remplacera ; de cette Mme Malibran, qui nous apportera une voix plus fraîche, plus pure que l'air qu'elle a été respirer ; de Mme Schrœder-Devrient, qui nous restituera cette Anna de Mozart, que nous avions pu croire disparue avec le théâtre allemand, en attendant qu'au printemps prochain elle nous rende l'Éléonore de Beethoven et l'Euriante de Weber. Outre ces engagemens, il est question d'autres renforts que M. Robert s'est ménagés pour l'arrière-saison, et dont rien ne nous presse de parler.

L'opéra représenté hier ne nous était connu que par les succès qu'il avait déjà obtenus sur plusieurs théâtres d'Italie et d'Angleterre. Pour celle-ci, c'était un sujet national. L'esprit de cosmopolitisme a fait de tels progrès parmi nous que nous applaudissons indifféremment un sujet tiré de notre histoire ou de l'histoire d'un peuple voisin. C'est une œuvre d'art, cela suffit. Mais ici, il faut le dire, la musique a été peu de chose dans ce que nous avons admiré hier au soir. L'ouverture est jetée dans ce moule économique, inventé ou du moins perfectionné par Rossini, à l'usage de cette foule de compositeurs qui s'accrochent aux pas d'un grand homme, et croient fermement lui dérober quelques-uns de ses lauriers en le singeant. A part quelques phrases de l'introduction, une partie de l'air : *Vi tu, te ne scongiuro*, chanté par Rubini, et l'ensemble du trio du second acte, tout le reste n'est qu'une imitation froide, décousue, du style rossinien; c'est un placage continuel, des effets usés, des plagiats quele compositeur n'a pas pris même la peine de déguiser sous des formes nouvelles. Et cependant les situations dramatiques abondent dans le livret; il était facile d'en tirer des effets puissans, en évitant de se traîner dans une route tellement battue qu'il ne reste plus que de la poussière à recueillir. Je ne puis expliquer cette persistance, cette obstination de la part d'un homme de talent, à copier ainsi un homme de génie, parce que celui-ci a fait une grande révolution dans le chant, que par l'opinion où l'on semble être maintenant que le chant peut en quelque sorte suppléer la musique, c'est-à-dire que l'art du compositeur s'efface, aux yeux du public, devant l'art du chanteur. Ainsi, lors-

qu'un musicien cherche à faire un opéra , l'œuvre
musicale est la chose à laquelle il songe le moins.
Il pense avant tout aux acteurs qui seront chargés
de tels et tels rôles, et c'est sur leur habileté et
non pas sur le mérite de son ouvrage qu'il fonde ses
chances de succès. De cette sorte , on se ménage
d'avance un succès tout artificiel. Il est trop pénible,
en effet, de composer une œuvre de conscience,
de conviction, de travail : on aura fait un chef-
d'œuvre ; mais il ne sera pas du goût du public : on
se sera satisfait soi-même ; mais cela ne suffit pas.
Au lieu de vouloir fonder sa réputation, son nom,
sa gloire, sur des monumens impérissables comme
l'art, mais qui pourraient blesser les opinions,
les préjugés des contemporains, on calculera d'a-
bord son succès sur des données matérielles ; avant
même que l'ouvrage soit conçu, le plan arrêté,
on saura qu'on a tel rôle à écrire pour Lablache,
tel air pour Rubini, telle scène pour Mme Pasta.
Après cela, je vous le demande, à quoi bon de
s'inquiéter? En Italie, une cavatine décide du sort
d'une pièce ; en France, on veut de la *musique
légère,* comme on dit ; on veut de l'art tout juste
ce qu'il en faut pour distraire ; non pour distraire
brusquement, violemment, prenons garde ! mais
un petit art, bien petit, bien mignon, bien ano-
din, bien bête ; eh ! qu'importe ! pourvu qu'il soit

amusant. Mais pour l'art grave, sérieux, large, mais pour l'enthousiasme, Dieu! ne nous en parlez pas : c'est assommant!

Grâce à cette méthode, nous avons un art mille fois plus pauvre qu'à l'époque où Gluck vint tirer notre théâtre lyrique de la barbarie; car alors il y avait de l'enthousiasme. Nous rions de pitié, aujourd'hui, à l'idée seule des fredons qui faisaient pâmer nos grands-pères; et cependant il y avait là ce sentiment qui donne la vie à un art, qui enfante tout une époque; et l'ère brillante de notre théâtre lyrique national a sans doute été le fruit de ce premier enivrement qu'inspiraient alors moins des beautés en elles-mêmes que le pressentiment de celles dont ces essais renfermaient le germe.

Maintenant la contagion s'est répandue au loin; l'école rossinienne a tout envahi. Parmi les compositeurs italiens, un seul, dit-on, Bellini, a osé laisser percer son individualité sous les formes arrêtées par le maître. Caraffa, Vaccaï, Morlacchi, Guglielmi, Donizetti, etc., ne diffèrent entre eux que par le plus ou moins de facilité d'imitation. Il existe, en France, des compositeurs d'un talent bien remarquable sans doute; c'est tout au plus si l'œil exercé du connaisseur peut démêler les traits distinctifs de la physionomie de chacun d'eux, à travers ces formules exigées, sous le despotisme desquelles s'est ployé leur génie. On peut dire, en général, que Rossini a produit tous les ouvrages lyriques que la France a vus éclore depuis dix ans; mais combien, dans le nombre, sont dignes de figurer à côté des siens, de ses véritables enfans légitimes, tels que *le Barbier, la Gazza, la Cenerentola*, etc.? A l'exception de *la Muette de Portici*, de *Zampa* et de quelques autres productions, à peine trouve-t-on quelques traits particuliers, quelques types originaux, dans cette famille dégénérée et bâtarde. Bien aveugles sont ceux qui ne voient pas qu'en copiant un homme, quel qu'il soit, on ne fait jamais que reproduire ses ridicules, et que quelque chose d'étroit, de mesquin, d'impuissant, est inévitablement attaché à tout ce qui est servile!

J'ai eu bien souvent l'occasion, et surtout dans une discussion récente [1], de parler de ce système d'enseignement qui étouffe et abrutit le génie des élèves sous une multitude de formules arbitraires, et ne produit que d'habiles routiniers au lieu d'artistes inspirés. J'ai désigné ce système sous une dénomination générique, l'école; mais je ne sais si cette école, si ce système,

---

[1] Voyez plus loin les articles de polémique.

purement théorique, n'est pas mille fois moins
pernicieux à l'art que ce système pratique qui dévore l'art dans ses fruits, comme le premier l'é-
touffe dans son germe, et qui, après avoir pris
naissance en Italie, s'est disséminé comme une épi-
démie mortelle, en Espagne, en France, en Allemagne, en Angleterre. Je ne sais si, à tout
prendre et à choisir entre deux maux le moindre,
il ne faudrait pas mieux opter pour le premier
système. Dans celui-ci, l'élève, une fois hors de
l'école, sait très-bien, pour peu qu'il ait conservé
d'enthousiasme, s'affranchir d'une routine timide,
et prendre son essor vers des formes plus larges et
plus libres ; mais dans le second, qui circonvient
l'artiste de toutes parts, qui lui interdit toute hardiesse, comme crime de lèse-majesté du parterre,
il n'y a pas d'autre parti à prendre que la courageuse résolution de mourir à son siècle, de s'enfermer dans son cabinet, de se prendre soi-même
pour juge, et là, de vouer à l'art un culte religieux et solitaire, ou bien de se mêler à la foule,
d'y oublier le nom d'art, et d'y mourir aussi, mais
honteusement, par le suicide perpétuel de son
propre génie.

Non, encore une fois non, ce n'est pas ainsi
que se font les grands génies, les grands ouvrages,
es grandes gloires. Ce n'est pas du sein des jouis-

sances terrestres, du milieu des combinaisons in-
génieuses de l'art de la vie, que surgissent ces productions imposantes du poids desquelles quelquefois tout un siècle n'a pas trop. Il faut souffrir, il
faut être malheureux, être consumé de ce que l'on
fait', et dans cet enivrement, ce tressaillement,
cette absorption totale du génie en travail, ces
joies secrètes de l'enfantement ; dans cette contemplation intérieure de cette sorte de fœtus poétique,
il faut le voir avec amour, avec admiration, avec
passion, croître et se former ; il faut que cette idée
poursuive la nuit, comme un cauchemar, qu'elle
nous obsède, nous harcèle le jour, qu'elle chasse
impitoyablement toute autre idée de notre esprit.
Et puis, quand l'œuvre en est sortie toute complète, toute parée ; quand on s'épuise vainement
à la perfectionner de nouveau, il faut la repousser
dédaigneusement, la prendre en profond mépris,
ou bien l'oublier, la perdre dans un de ces recoins
obscurs de la mémoire, et recueillir pour autre
chose et ses forces, et son génie, et son enthousiasme, et son amour. A défaut de cela, artistes,
sachez-le bien, vos œuvres n'auront nulle dignité,
nulle grandeur.

Je reviens à *Anna Bolena.* Je disais que ce que
l'on a le moins applaudi hier, c'est la musique ;
mais tout a été dit avec tant d'ensemble, Rubini

et Lablache ont été si parfaits, Mme Pasta a tellement fait oublier par des élans admirables quelques
rares passages où sa voix altérée succombait sous
le poids de son rôle, l'orchestre et les chœurs se
sont si bien conduits, les applaudissemens ont été
si unanimes, que tout a concouru à faire de cette
soirée une des plus brillantes du Théâtre-Italien.

TANCREDI. — 47 septembre 1831.

Un opéra dont les rôles principaux sont remplis
par deux artistes qui se disputent, ou, pour mieux
dire, qui se partagent la palme du chant dans le
monde musical, et par une jeune cantatrice aux
progrès de laquelle le public se plaît à applaudir,
et dont il aime à encourager le talent ; un de ces
opéras d'ailleurs favoris des dilettanti, qui fait
en quelque sorte partie de nos habitudes musicales, dont le nom même se confond avec la plupart des grands noms de la scène lyrique, un tel
opéra devait être une bonne et belle fortune pour
le Théâtre-Italien. Non-seulement jamais l'exécution de *Tancredi* n'avait été aussi parfaite,
mais on peut dire encore que jamais Rubini, et
surtout Mme Pasta, ne s'étaient élevés à un si
haut degré de puissance dramatique : on eût dit

qu'ils s'étaient portés un défi à eux-mêmes. O vous tous qui aviez osé penser que le héros de Syracuse ne nous retiendrait plus dans ce premier éclat de vigueur et de jeunesse, que les fatigues, les voyages et l'âge aussi avaient altéré de nobles facultés, venez et jugez si vous avez entendu des accens plus mélancoliques et plus purs, si vous avez rêvé rien de plus inspiré que le *Tancrédi* d'hier soir; si vous avez jamais respiré un air plus éthéré que cette atmosphère vivifiante que l'héroïne du chant, tour à tour lyrique, passionnée, pathétique, chevaleresque, répand autour d'elle; que ce parfum enivrant d'harmonie et de poésie qui s'exhale de tout son être !

Dans les premières phrases du récitatif *ó Patria!* la voix de Mme Pasta n'avait pas encore pris tout son essor. Mais peu à peu le feu de l'inspiration est venu animer cet organe enchanteur ; son génie s'est trouvé à l'aise, et l'art et la nature ont marché d'accord ensemble, se soutenant et se fortifiant l'un l'autre. Des périodes largement arrondies venaient entrecouper les mouvemens brusques, les accens mâles de la colère; des sons flûtés, d'une douceur inexprimable, ont accompagné la cavatine *Di tanti palpiti*, que l'actrice a terminée par un trille soutenu avec une plénitude de gosier et une légèreté d'exécution qui ont excité dans l'auditoire des transports d'un enthousiasme frénétique.

L'ensemble du finale du premier acte et le quatuor sans accompagnement ont été supérieurement dits. Les belles tenues graves de Tancredi faisaient ressortir admirablement les contours de cette harmonie tranquille et majestueuse. A mon avis, le commencement de ce finale est ce qu'il y a de plus beau, de plus large dans l'opéra. Les batteries que frappent alternativement la basse et le ténor, et la marche ascendante qui les suit, dont l'harmonie se déroule en une longue période pleine d'éclat et de noblesse, tout cela porte le cachet du génie. Mais la strette de la fin est indigne de ce qui précède. C'est une bruyante amplification où tous les lieux communs de l'école sont rassemblés, et qui n'aurait jamais dû terminer ce premier acte, dans lequel brillent de sublimes beautés. En général Rossini n'a guère pu prendre sur lui de suivre librement l'impulsion de son génie et de se contenter pleinement lui-même; il est rare que sa veine ne soit pas interrompue par la nécessité qu'il s'impose de faire une concession au public. Chose étonnante ! voilà pourtant ce qu'il en est de l'esprit le plus indépendant, le plus sceptique, le plus contempteur des traditions reçues. Ses momens sublimes, ses élans de génie sont autant de crimes dont il lui faut demander grâce, et tout brûlant encore du feu sacré, ses lèvres n'ayant pas encore prononcé à moitié les paroles mystérieuses, le voilà qui s'élance tout évaporé du sanctuaire dans le parterre, pour le supplier en grâce de ne pas prendre au sérieux ses profondes et poétiques inspirations, et, presque confus de lui-même, cherchant à s'étourdir au vol rapide de la cabalette ou au bruit assourdissant du crescendo.

Ce que je dis ici s'applique bien plus particulièrement au public italien qu'au public français. Je ne veux d'autre preuve de notre supériorité que le développement incontestable qu'on peut remarquer dans les opéras que Rossini a composés pour nous et parmi nous. Le trio du *Comte Ory* seul serait la preuve de ce que j'avance, quand il n'y aurait pas là ce chef-d'œuvre colossal, ce *Guillaume Tell*, une des productions les plus étonnantes qui soient sorties d'un cerveau d'artiste. Assurément personne ne soutiendra que les exigences, les goûts du public n'influent en rien sur des ouvrages qui attestent une si singulière transformation du talent. Cependant notre public musical a encore des progrès à faire, et, sous plus d'un rapport, on peut dire que le public des grands théâtres dramatiques est proportionnellement plus avancé. Celui-ci a commencé à se faire aux grands et larges développemens ; ses goûts et ses habitudes nouvelles, en se dilatant en quelque sorte, témoignent d'une entente plus vive, plus profonde de la nature et de l'art. Et il doit en être ainsi, s'il est vrai que, d'après une loi de transmission successive de principes, une révolution doit se consommer dans la littérature avant de s'achever dans les arts. Le moment approche pourtant où les arts marcheront du même pas, et présenteront, dans leur développemens progressifs, un ensemble harmonique et parfait. Il est un niveau pour toutes les parties de la civilisation auquel elles tendent toutes individuellement. Mais, avant que cette révolution se soit opérée, nous avons besoin de nous éprendre d'un amour plus vrai, plus épuré, de l'art et de la nature. On nous a fait une nature de convention, un art-mannequin qui ne se meut que d'après certains procédés d'un mécanisme étroit et fixé ; il faut attendre que cette lutte entre la nature vraie, éternelle, et la nature fausse, arbitraire, soit terminée ; il faut attendre que l'arbre, enfant d'un sol fécond, ait étouffé sous ses rameaux la plante exotique, pour que nous puissions en savourer les fruits. Alors nous n'aurons pas un art de mode, de caprice, de fantaisie ; nous aurons un art éternel comme la nature, immuable comme l'homme dont il est l'expression ; mais aussi, comme l'homme, susceptible d'un développement constant et successif ; une même essence se reproduisant sous mille formes diverses, en un mot, un art toujours un et toujours varié. Or, voici quel sera l'effet de ce changement : tout ce qui sera retranché aux modes, aux frivolités, aux colifichets d'un jour, sera acquis à l'art. Et pour nous renfermer dans le public du Théâtre-Italien dont je parlais tout à l'heure, on peut prédire dès aujourd'hui que ce théâtre cessera alors d'être un rendez-vous, *de bon goût et de bon ton* ; je m'explique : que l'étiquette seule ne sera plus un motif suffisant pour y venir promener son ennui ou son ignorance en toilette ; que l'amour du beau y remplacera l'amour du luxe, et qu'enfin à un art de tous les temps et de tous les lieux, à un art universel, populaire, il faudra un public simple, grave, sérieux et libre de toute préoccupation vaine et futile.

Je me souviens qu'un professeur spirituel, dans une leçon très-remarquable sur le génie le plus brillant du dix-huitième siècle, recherchant les causes de la superficialité de Voltaire, et voulant s'expliquer pourquoi il avait si peu profondément creusé dans la nature humaine, observait que l'auteur de *la Henriade* s'était trop fait esclave des exigences d'une société façonnée aux lois de l'étiquette, les plus inflexibles de toutes les lois, parce qu'elles sont de toutes les plus arbitraires ; qu'il ne s'était pas assez isolé des habitudes contemporaines, en un mot, qu'il avait trop vécu à la lueur des lustres. L'orateur voulait qu'après une fréquentation suffisante des hommes, l'artiste, à l'exemple de Byron et de Chateaubriand, allât, loin des souvenirs de la famille et de la patrie, s'inspirer aux grandes scènes de la nature, recueillir de profondes émotions aux tombeaux des vieilles civilisations, respirer l'air des montagnes, *sub dio !* dormir au bruit de la tempête, écouter la voix de la nature dans les forêts de l'Amérique ; tout ce qu'alors on avait amassé en dépôt du frottement du monde, comme un germe isolé, fermentait au foyer du génie solitaire, et bientôt se développait au grand air de la liberté. Quel est l'artiste, nommez-le-moi, qui n'ait pas ressenti l'influence de la nature, à qui le bruit de la cascade, les plaintes du fleuve, le silence des ruines n'ait rien dit ? Peut-être serait-il permis à celui qui a établi un parallèle entre Voltaire et Rossini, d'appliquer au dernier les paroles de M. Villemain ; mais cela nous mènerait trop loin. Je reviens à *Tancredi*.

Nous avons été privés du duo du premier acte entre Tancredi et Aménaïde. Mais que nous avons été amplement dédommagés ! Un air que David chantait dans *Otello* a été dit par Rubini avec une perfection incomparable, tandis que la clarinette de l'orchestre se montrait digne de dialoguer avec le chanteur. Au second acte, Mme Pasta nous a fait entendre un air de Nicolini auquel sa puissante et dramatique exécution a donné le plus grand prix. Il est vrai de dire que cet air renferme de jolies phrases, et qu'il est parfaitement dans la voix de la cantatrice. Mais ce qui a transporté, électrisé l'auditoire, a été le duo du deuxième acte entre Argirio et Tancredi. Un tonnerre d'applaudissemens a éclaté sur la phrase finale ; les deux virtuoses ont disparu aux cris mille fois répétés des bravos et des *bis*, et les cris et les trépignemens se sont prolongés long-temps après qu'ils avaient reparu pour recommencer le duo. Ici je renonce à peindre ; la première exécution ne pouvait donner une idée des merveilles de la seconde. Qu'on juge de l'explosion qui s'en est suivie !

Quant à Mlle Tadolini, elle mérite les plus grands éloges. Elle s'est montrée dignement à côté de ces deux redoutables rivaux. Sans doute quelques-unes de ses roulades dans la cavatine du deuxième acte ont manqué de netteté ; mais il faut aussi tenir compte des difficultés d'un rôle qu'on aborde pour la première fois.

On doit applaudir à la manière dont se comportent les chœurs et à la part active que chacun des choristes prend à l'action. Le dernier chœur du deuxième acte ne se chante plus comme autrefois sur une sorte de pont suspendu au fond du théâtre ; les acteurs se placent sur le devant de la scène, et nous avons gagné à ce changement beaucoup plus d'ordre et d'accord entre les exécutans et l'orchestre. Néanmoins la perfection de l'exécution en général nous donne le droit d'être sévère envers celui-ci. Plusieurs fois il a manqué de sûreté et d'unité dans l'attaque, et les instrumens à vent n'ont pas été toujours irréprochables, comme on a pu le remarquer dans la marche. On raconte qu'à la répétition d'un opéra d'un musicien célèbre, l'orchestre se trouva tellement émerveillé qu'il s'arrêta tout court. Le compositeur furieux vint sur le bord de la scène, demandant au chef d'orchestre la cause de cette interruption soudaine : *Nous pleurons*, répondit celui-ci. — Il ne paraît pas que les artistes qui marchent sous les ordres de M. Vidal aient été émus à ce point ; mais, à coup sûr, ce qui se passait sur la scène était bien fait pour leur donner de fréquentes distractions. En effet, il est impossible de réaliser un personnage avec autant de vérité historique et en même temps de couleur poétique que ne le fait Mme Pasta.

LA SONNAMBULA. — 27 octobre 1831.

Jusqu'à ce que les compositeurs de musique dramatique se fassent une large doctrine conforme aux besoins actuels de l'art et au mouvement qui s'est opéré dans les esprits, une doctrine qui embrasse par cela même les développemens qui ont eu lieu, presqu'en même temps, dans le genre instrumental et dans le genre vocal, en Allemagne et en Italie, ainsi que les procédés partiels introduits par quelques auteurs ; une doctrine, en un mot, assise sur les traditions universelles, laquelle favorise en même temps tous les progrès nouveaux, s'ouvre à toutes les conceptions basées sur cet ordre de foi, et se prête incessamment à l'action en quelque sorte dilatante de la pensée humaine ; jusqu'à ce moment, disons-nous, l'art sera frappé d'impuissance et de stérilité. Lorsque nous avons voulu remonter aux causes qui s'opposent à cette régénération tant désirée, nous en avons signalé de principales et de secondaires ; les unes, comme le ver solitaire, dévorent l'art aux sources mêmes de la vie ; les autres, pour ainsi dire répandues à la surface de l'art et dans l'air qu'il respire, l'arrêtent dans son développement extérieur. Les premières, au sein même de l'école, pèsent sur les artistes qui se forment ; les secondes, dans des préjugés de nation et des habitudes de climat, s'appesantissent à la fois sur le public et sur les artistes, et étouffent ainsi jusqu'au dernier souffle qui aurait pu s'échapper de l'école.

Ces causes principales, nous les avons vues dans l'existence de deux systèmes également faux, également funestes que nous ne cesserons de combattre partout où nous croirons en découvrir la trace. L'un, qui a long-temps prédominé en France, courbe l'esprit des élèves sous le joug de mille règles arbitraires, de mille formules conventionnelles, et ne peut avoir que l'un des deux résultats suivans, ou d'amortir dans le jeune artiste tout enthousiasme et toute inspiration, de lui apprendre à n'envisager l'art que dans sa partie rationnelle et technique, et le génie que dans une sorte de mécanisme intellectuel et l'habileté à surmonter des difficultés scolastiques, ou de le livrer à toute la fougue d'un génie que rien ne guide et ne retient, parce qu'il aura secoué à la fois ce lourd fardeau de science, ce qu'il renferme de doctrine pure et vraie, comme ce qu'il contient de faux et de pédantesque; car ce que, dans ses traditions, l'art offre de plus favorable au développement des idées et à l'élan de l'imagination, se convertit en chaînes sous le despotisme de l'école. Le second système, qui a pris naissance en Italie, a passé en France, où il étouffe le premier. Mais, tandis que celui-ci s'attaque à l'élève, celui-là s'attaque à l'artiste. Le premier était sorti du Conservatoire tout armé de son bagage et de son attirail scolastique, et fit irruption sur nos théâtres; le second, en Italie, des théâtres s'est répandu dans le monde musical, et a formé ainsi une vaste école qui a enveloppé toute la nation dans son immense réseau. Ainsi l'un s'est emparé de la théorie et de l'enseignement, l'autre de la pratique et des publications de l'artiste; de telle sorte néanmoins que ce dernier système n'est autre chose que le premier qui se transforme et se reproduit hors de l'école par une autre imitation, un autre servilisme. Ils ne peuvent avoir donc, tous les deux, pour commun résultat, qu'un art compacte, uniforme, matériel, inerte, qui reste comme ces digues auprès desquelles s'amassent des eaux bourbeuses et croupissantes, et qui obstruent le cours d'un torrent sans servir elles-mêmes de passage.

D'après l'idée que nous avons plusieurs fois

exprimée, que toute révolution consommée dans la littérature (laquelle à son tour l'a reçue de plus haut) vient se continuer et s'achever dans les arts, on ne sera pas étonné de voir que ce que nous signalons ici avait été remarqué dans la poésie. Il est facile de faire l'application des paroles suivantes à l'état actuel de la musique.

« Il s'est formé dans les derniers temps, comme
» une pénultième ramification du vieux tronc
» classique, ou mieux comme une de ces excrois-
» sances, un de ces polypes que développe la
» décrépitude, et qui sont bien plus un signe de
» décomposition qu'un signe de vie... En somme,
» rien n'est si *commun* que cette élégance et cette
» noblesse de convention. Rien de trouvé, rien
» d'imaginé, rien d'inventé dans ce style. Ce
» qu'on a vu partout : rhétorique, ampoule,
» lieux communs, fleurs de collége, des idées
» d'emprunt vêtues de formes de pacotille... On
» comprend que, dans tout cela, la nature et la
» vérité deviennent ce qu'elles peuvent. Ce serait
» grand hasard qu'il en surnageât quelque débris
» dans ce cataclisme de faux style, de faux art,
» de fausse poésie. Voilà ce qui a causé l'erreur
» de plusieurs de nos réformateurs les plus dis-
» tingués [1]. »

---

[1] *Préface de Cromwell.*

Venons maintenant aux causes secondaires, celles qui n'agissent pas directement sur l'art, mais par des moyens éloignés, et indiquons-les sommairement. Ces causes, avons-nous dit, sont les habitudes de climat, les préjugés de nation, les préférences du public.

On ne peut disconvenir qu'on n'entende l'art en Italie d'une manière toute différente qu'en Allemagne, et qu'en Allemagne on ne le conçoive tout autrement qu'en France. C'est en partie à l'esprit d'isolement qu'il faut attribuer l'existence précaire que l'art traîne parmi nous. Rossini est venu ; il nous a tous fascinés. Du même souffle il a éteint l'école française et animé son art. Il s'est identifié avec nous, ou plutôt il nous a identifiés en lui ; puis il s'est endormi au son de ses accens séducteurs et du concert de louanges qui retentissait autour de lui ; le public s'est bercé avec lui dans une molle paresse ; d'autres ont voulu toucher à cet art qu'il nous avait apporté ; tout à coup il s'est refroidi et pétrifié dans leurs mains. Ils ont repoussé les inspirations qui leur venaient du Nord ; ils ont fait fi de ces accens plus mélancoliques, plus poétiques et plus sauvages parfois, qui auraient pu troubler leur sommeil glacé. L'Allemagne seule, au milieu de ce travail de régénération qui la presse, a su appeler à

elle les productions italiennes et les nôtres , tout
exotiques qu'elles sont. C'est que l'art est cosmopolite , parce qu'il est universel ; non qu'il doive
perdre ses nuances de civilisation , ses physionomies locales , de mœurs , de peuple ; mais il se
trouve partout où se trouvent la nature et l'humanité. Déjà nous avons parlé d'une grande révolution faite en Allemagne dans le genre instrumental ; d'une révolution semblable opérée en Italie
dans le genre vocal : il faut que l'Italie subisse la
révolution allemande , comme l'Allemagne doit
subir la révolution italienne , et que la France
subisse l'une et l'autre. Or, cette grande restauration de l'art à laquelle nous aspirons, ne saurait être éloignée , et même, on peut dire qu'elle
est déjà faite, car elle est faite dans les esprits.
Ce qui prouve que sa manifestation ne peut
tarder d'arriver , c'est le développement qu'a
reçu de nos jours la musique instrumentale. Jamais un progrès dans ce genre n'a été fait, qu'il
n'ait été suivi d'un progrès semblable dans la musique dramatique. *Don Juan* renferme à lui seul
tout l'art de la symphonie créé par Haydn et
agrandi par l'auteur même de *Don Juan.* Weber,
en quelque sorte, pourrait être considéré comme
le Beethoven du théâtre, si l'auteur de *Fidelio*
avait besoin d'un autre interprète que lui-même.

Il nous faut aujourd'hui un compositeur qui soit à la fois le Beethoven de la symphonie et le Rossini du chant.

Nous avons parlé tout à l'heure de l'école d'imitation ; ce n'est pas tout-à-fait sous ce point de vue que nous devons juger l'opéra de Bellini. Cet auteur, assure-t-on, est le seul qui ait osé sortir de la route si servilement suivie par ses contemporains, et il est vrai de dire que beaucoup de choses de *la Sonnambula* attestent une indépendance d'idée bien rare chez les compositeurs ultramontains. Nous ne nous hâterons pas du reste de prononcer sur le mérite de M. Bellini ; nous attendons *le Pirate*, dans lequel, ainsi que dans *l'Étrangère*, il paraît avoir rompu plus ouvertement encore avec les formes rossiniennes. Quoi qu'il en soit, *la Sonnambula* est un ouvrage qui renferme des parties très - remarquables. Quelques morceaux, et surtout un chœur du premier acte, n'appartiennent point à ce qu'on appelle le style italien ; c'est un genre de beauté large, grave, grandiose, qui annonce que ce maître ne s'est pas borné au cercle d'inspirations tracé par une école. L'introduction du premier acte est fort gracieuse et d'une mélodie simple, naïve et tout empreinte de couleur locale ; vient ensuite une espèce de romance charmante, chantée par Mme Pasta, et

continuée par Rubini sur un autre mouvement.
La cavatine de Mᵐᵉ Pasta est fort agréable, et le
trille qu'elle a placé à la fin sur le *mi* bémol, et
qu'elle couronne par un trait exécuté avec un éclat
et une légèreté incroyables, a enlevé tout l'auditoire. Une phrase, ravissante de grâce et de mélancolie, rendue par Rubini avec l'accent le plus
pénétrant, termine le premier acte. Le second se
distingue par le chœur d'introduction et par un
air délicieux que Rubini chante délicieusement.

Celui de Mᵐᵉ Pasta, bien que fort applaudi,
ne m'a paru avoir d'autre mérite que celui d'une
admirable exécution. Je le répète, rien ne nous
presse de juger définitivement un semblable ouvrage; il n'a pas été d'ailleurs assez bien rendu
dans toutes ses parties pour qu'on puisse s'en
former une opinion arrêtée. Les mélodies m'ont
paru quelquefois un peu trop sautillantes; les
contrastes des voix et des effets d'accompagnement un peu trop fréquens, et c'est ce qui a oc-
casioné peut-être l'étrange discordance qui s'est
fait entendre pendant un moment. Santini a fait
sa rentrée dans cet opéra. J'ignore encore s'il a
gagné sous le rapport du chant; mais, à coup
sûr, il n'a fait aucun progrès pour la tenue et le
jeu. Mˡˡᵉ Amigo chante faux avec une assurance
désespérante. Malgré ces défauts d'exécution et

l'intérêt peu dramatique du livret, *la Sonnambula* a fait grand plaisir, et le succès de cet opéra s'accroîtra aux représentations suivantes.

Le spectacle s'est terminé par *la Prova d'un opera seria*, dans lequel Mme Pasta, Rubini, Graziani, et surtout Lablache, ont rivalisé de gaieté et de talent. Il est impossible de rendre avec plus de vérité et de bonhomie que ce dernier la satisfaction comique et la vanité naïve d'un compositeur qui s'émerveille de lui-même à l'exécution de son propre ouvrage, et cette vivacité d'enthousiasme avec laquelle il en fait sentir les beautés et les intentions.

LA GAZZA LADRA. — 10 novembre 1831.

Il est des acteurs dont le nom s'identifie tellement avec certains opéras, ou plutôt des opéras qui s'identifient tellement dans l'esprit du public avec certains acteurs ou chanteurs, qu'ils participent les uns et les autres aux mêmes honneurs. On peut même avancer qu'il est des œuvres qui sont conçues deux fois, et par le compositeur et par l'acteur. Souvent un auteur n'a dû sa réputation qu'au hasard des circonstances qui lui ont procuré un acteur capable de donner de la vie à son ouvrage ; comme aussi certaines compositions sont tombées dans l'oubli, parce qu'elles n'ont pas trouvé d'interprète qui en révélât la profondeur. Mais lorsqu'il se fait une telle association du génie qui invente et du génie qui devine, l'exécution devient une double création, double, parce qu'elle offre dans sa manifestation la réunion de deux inspirations, et pourtant une, parce que ces deux inspirations ont leur source et leur type communs dans la nature. Ainsi, pour les artistes, le nom de Lekain se confond avec celui de Mahomet, Talma avec Néron ou Manlius, Mlle Mars avec Célimène, Mme Pasta avec Desdémona, Mme Malibran avec Ninetta.

Mais les meilleures choses ont leurs inconvéniens. Sans doute il est bien que des poètes, des compositeurs trouvent de tels interprètes. Mais, pour les compositeurs, les avantages ne sont pas les mêmes que pour les poètes, leurs confrères. Corneille, Molière, Racine, Voltaire, ces hommes trop géans pour pouvoir descendre aux proportions des acteurs pygmées de notre scène française, ne sont, comme on l'a très bien dit, négligés qu'au théâtre; dans les bibliothèques, ils sont en honneur. Il n'en est pas malheureusement de même pour les compositeurs; leurs ouvrages ne vivent que par les chanteurs. Les œuvres dramatiques de Mozart, de Sacchini, de Gluck, de Spontini, de Méhul, sont en grande partie mortes pour nous. Elles demeurent dans les bibliothèques, il est vrai ; mais, à part quelques hommes de patience et d'érudition, tels que MM. Perne, Choron, Fétis, qui va souffler sur la poussière qui les dévore ? Bientôt les noms de ces compositeurs, qui ont fait les délices et l'admiration des générations qui s'écoulent, ne rendront plus que je ne sais quel retentissement vague, et resteront comme les noms de ces cités détruites dont on ne retrouve pas même les ruines, et qui ont survécu à leur destruction. Rossini vit aujourd'hui dans Rubini, Lablache, David, Mmes Pasta, Fodor, Pisaroni, Malibran. Cette génération d'artistes passée, son nom ne sera plus qu'une inscription sans monument.

On a si long-temps et si souvent répété que la musique est un art sujet à la mode, qu'il serait inutile et presque téméraire, à l'heure qu'il est, de tenter de déraciner ce préjugé, tant il est invétéré dans les esprits. Cependant il serait facile de démontrer que cette erreur n'a pas d'autre cause que celle indiquée ici. La musique, je ne cesserai de le dire, est un art comme tous les autres, dont les principes sont immuables et constans, et tout progrès que le développement de chaque époque amène, a sa base et sa règle dans ces mêmes principes. Ceux-ci reçoivent du mouvement extérieur des idées une nouvelle application, une transformation nouvelle. Ainsi l'art s'enrichit et avance à mesure que l'esprit humain marche et s'agrandit. Mais, à raison même de ce développement graduel, une époque fournit très-peu d'hommes capables de s'identifier avec les productions de l'époque antérieure. De là vient que ces ouvrages tombent dans l'oubli; et, comme d'un autre côté la musique demande une étude particulière, comme on ne lit pas une partition comme on lit un poème, ou comme l'on considère un tableau, on s'en va répétant de tous côtés que la poésie et la peinture sont des arts *vrais*, parce qu'il en reste quelque chose, et que la musique est un art *faux*, parce qu'il n'en reste rien.

Cependant il est certain que si l'on ne pouvait juger de la peinture que comme l'on juge de la musique; si l'on avait besoin pour celle-là d'une *exécution pour la faire voir*, comme, pour celle-ci, d'une *exécution pour la faire entendre*; s'il était aussi difficile de contempler les œuvres de Raphaël que d'entendre la musique de Palestrina, on ne manquerait pas de dire aussi que la peinture est un art de caprice et de fantaisie. Remarquons bien qu'on ne peut pas *entendre* de la musique comme on peut *voir* un tableau, et que ces deux arts sont bien loin de parler de la même manière au public ; l'un s'adresse à nous directement, sans intermédiaire, sans interprète ; il faut à l'autre un milieu, et ce milieu c'est l'exécution. La musique des anciens compositeurs est perdue pour nous de la même manière que Racine et Bossuet seraient perdus pour un aveugle qui n'entendrait lire que les productions de notre époque. Mais s'il arrivait que des exécutans se pénétrassent profondément de l'esprit de ces œuvres d'un autre âge, nous serions tout surpris de nous trouver à les admirer. En veut-on une preuve concluante? L'école de M. Choron, où, malgré une exécution incomplète, les madrigaux de Palestrina, les oratorios de Hæn-del, la résurrection de certaines compositions de Clément Jannequin, et autres œuvres non moins gothiques, ont produit un effet prodigieux. Vous parlez de peinture ; je vous ferai seulement une question : sur dix individus, pris hors de la classe des artistes, bien entendu, qui se promènent dans la galerie du Musée du Louvre, combien en trouvez-vous qui s'arrêtent sur un tableau de Raphaël ou de Rembrandt, non par un sentiment de vaine curiosité, mais par un profond sentiment d'artiste, et l'amour du vrai et du beau? dites, combien?

Il suit de tout ce qui précède que la musique n'est, pas plus que la peinture, pas plus que les

autres arts , un art de mode, mais que la seule
différence qui la sépare de ceux-ci est que ces derniers s'adressent directement à l'homme, tandis
que la musique a besoin d'une interprétation. Or,
les productions d'une époque absorbant en quelque
sorte, pour elles seules, tous les moyens d'exécution, les compositions des époques antérieures
tombent dans l'oubli. A ce mal il n'y a qu'un remède, qui est de répandre tellement l'instruction
musicale qu'il ne soit pas nécessaire d'une exécution pour goûter ces mêmes œuvres, et qu'il suffise de les lire, comme on lit Montaigne ou Pascal,
ou comme l'on étudie Michel-Ange et Rubens.
Mais il ne paraît pas que nous soyons à la veille
d'un semblable progrès.

Ces réflexions m'ont conduit un peu loin de *la
Gazza* et de Mme Malibran. Je franchis d'un seul
bon tout l'espace que j'ai parcouru, et je reviens
à la représentation d'hier. Il n'y a que Mme Malibran qui puisse prêter ce sublime de pathétique à une pauvre petite servante comme Ni-
nette, sans forcer cette nature simple et naïve.
A son entrée sur la scène, la cantatrice a été
accueillie avec des transports d'enthousiasme.
Les deux premiers mots de la cavatine ont hésité sur ses lèvres tremblantes. Cette marque d'é-
motion a été vivement sentie et a produit sur le

public l'effet d'une inspiration. Elle a repris son *Di piacer* avec son accent mâle et soutenu, et tout dès-lors a concouru à son triomphe. Le duo du second acte a été dit avec un élan de verve, une expansion de sentimens qui n'avaient jamais été égalés, même lorsque David remplissait le rôle maintenant confié à Rubini. David, malgré son organe cassé, retrouvait dans ce rôle de belles inspirations, de sublimes jets d'artiste. Mais Rubini prodigue incessamment les trésors de son chant pénétrant et profondément accentué. Le second acte a été pour les chanteurs une heure de triomphe ; pour l'auditoire, une heure d'un plaisir délirant. Lablache est toujours Lablache, excellent chanteur, comédien unique. La salle était comble, l'exécution a été parfaite. Vive M. Robert !

IL MATRIMONIO SEGRETO. — 13 septembre 1831.

Si l'on retranchait successivement du public habituel du Théâtre-Italien ceux qui y vont pour Mme Pasta seulement, puis ceux qui y vont pour Lablache, puis ceux qui y vont pour l'ensemble, ou, comme ils disent, pour le chant, puis ceux qui y vont pour la musique et le compositeur, puis ceux qui n'y vont pour rien du tout, c'est-à-dire pour dépenser leur argent, se montrer et voir; eh bien! ceux qui y vont pour la musique, expliquons-nous, pour entendre un bel ouvrage, admirer une partition sublime, seraient les moins nombreux. Le chant dévore la musique. Le compositeur peut se dispenser de faire une œuvre musicale; il n'a qu'à disposer un thème propre à faire briller le chanteur; il peut se passer de génie, si le chanteur en a. Le musicien et la musique ne sont rien : l'exécution et les exécutans sont tout. On ne va plus entendre Mozart, Cimarosa, Rossini; on va entendre Mlle Sontag, Rubini, Mmes Pasta, Malibran. Et pourtant qu'est l'inspiration du chanteur lorsqu'elle n'est pas soutenue par celle du compositeur? Je sais bien qu'il est des acteurs qui créent leur rôle, qui font de telle sorte que l'auteur se trouve avoir plus d'esprit qu'il n'en a, plus de connaissance du cœur humain qu'il n'en a; qui regardent l'œuvre du poète ou du musicien à peu près comme un canevas sur lequel ils composent une autre œuvre plus complète, plus profonde. Ainsi Lekain, dans *Mahomet*, étonnait Voltaire lui-même. Mais je sais aussi que, lorsque l'art du chanteur ne se borne qu'à un pur mécanisme de la voix, ce mécanisme, tout digne qu'il est de notre admiration, ne suffit pas pour remplacer la musique. Le point essentiel aujourd'hui est une exécution parfaite ; pour le reste, on ne s'en occupe pas. Le moment viendra peut-être où l'on sera plus indulgent pour l'exécution, plus sévère pour la composition. Je ne dis pas que cela sera bien ainsi, je dis seulement que cela sera mieux.

Certes, je suis loin d'appliquer les observations que je viens de faire à des acteurs tels que Rubini, Mme Pasta et leurs rivaux dans le chant. Je parle seulement des dispositions du public. J'ai déjà exprimé mon opinion sur Rubini, sur sa méthode si parfaite, son gosier si suave, son talent prodigieux de nuances, ses sons si pénétrans, si vibrans, qu'ils font éprouver comme un frémissement intérieur les contrastes si habilement ménagés des divers registres de sa voix, sa respiration si libre, si soutenue et si puissante, en un mot, sur toutes les qualités qu'il nous a fait admirer hier soir. Lablache a été ce qu'il est toujours, excellent, plein de verve et d'entraînement. Il est juste de dire que le reste de la troupe a très-bien secondé ces deux chefs de file.

Une musique qui semble gagner en fraîcheur, en suavité, en élégance à mesure qu'elle vieillit ; une musique dont rien ne ternit l'éclat, que rien n'use, ni l'habitude de l'entendre, ni les amplifications des uns, ni les plagiats des autres, telle est la musique du chef-d'œuvre de Cimarosa. Tant il est vrai que la jeunesse de la nature est éternelle ! que rien ne peut souiller le génie quand il a fait vœu de virginité ! Cimarosa ! talent pur et modeste ! esprit original ! Et l'originalité, qu'est-ce que c'est ? Je ne me lasserai jamais de le dire : c'est le plus haut degré du naturel. C'est parce qu'ils sont originaux, c'est-à-dire éminemment naturels, que Molière et La Fontaine sont *inimitables*. Or, la nature, où la trouve-t-on ? Dans son propre cœur, lorsqu'on n'a pas brisé ces rapports, ces harmonies qui existent entre l'ame de l'homme et tous les êtres créés qui ont une ame aussi, et la grande ame de la nature, et l'infini, et Dieu ; dans son propre cœur, lorsqu'on y descend pour y interroger en silence cet écho multiple de toutes les vibrations de l'humanité. C'est lorsqu'on se renferme dans ce sanctuaire, dans ce secret foyer de toute inspiration qu'on en voit jaillir de ces flammes pures, limpides, vives, sublimes, comme ont fait Cimarosa et le divin Mozart, cet ange raphaélique, et Gluck, le Corneille de la tragédie lyrique, et ce Weber, passionné, mystique, abstrait, sauvage parfois ; et ce génie du Nord, ce barde du moyen âge, cette grande figure qui semble errer triste, fantasque, sur les ruines du monde primitif, Beethoven ; et notre Rossini enfin, qui n'est grand, qui n'est géant qu'à cette condition. Et c'est là, après tout, ce qu'ont fait les Werner, les Byron, les Goëthe, les Chateaubriand, et ce Novalis que nous ne connaissions pas, il y a quelques jours, et que maintenant nous connaissons si bien ! C'est de là, de ce laboratoire intime que sont sortis le *Moïse* d'Alfred de Vigny, le *Bonaparte* de Lamartine, et le *Didier* de Victor Hugo. Et moi je dis que lorsque on se retire là, dans son ame, pour y couver amoureusement son génie, pour le réchauffer incessamment, le préserver du contact d'un art factice et fardé, alors il s'en échappe, sous des formes rayonnantes, des pensées sublimes, d'immortelles créations qui s'élèvent d'autant plus haut que leur source est plus profonde. Une fois que vous êtes ainsi descendu là, dans votre cœur, vienne la foule des imitateurs, des *enlumineurs*, des *broyeurs*, ne craignez rien : ils ne vous supplanteront pas, ils n'usurperont pas votre rang, car enfin vous êtes là, chez vous, dans un asile impénétrable, et votre génie n'est pas dépossédé pour les avoir protégés quelques instans contre leur propre faiblesse, pour leur avoir laissé prendre quelque peu d'hospitalité. — Que si vous sortez de cette retraite intime, que ce ne soit pas pour disperser le trésor que vous recélez au dedans, que ce soit pour l'augmenter, pour revenir plus riche; ne laissez pas éteindre ce foyer, et, avant de le quitter, n'oubliez pas de couvrir la braise sous les cendres. Si, au contraire, vous laissez évaporer vos inspirations au grand air, au souffle de la mode; si c'est dans un boudoir parfumé, aux roulades capricieuses d'une *prima donna*, aux fantaisies d'un pianiste *dandy*, que vous allez saisir au vol les traits principaux de votre œuvre, oh! alors ne dites pas que vous aimez l'art, ne prenez pas le nom d'artiste, parce que l'art n'a pas de plus mortels ennemis que vous : ce serait une perfidie!

Les œuvres de Cimarosa, de Paisiello, de Paër, forment l'ancienne école brillante de l'opéra italien. Rossini fondit tous ces élémens dans un nouveau système plus vivant, mais aussi plus matériel. Une école dégénérée a prétendu se greffer sur ce système, et déjà elle semble un de ces rameaux morts sur un tronc plein de vigueur. Viendra un coup de vent qui l'abattra, et l'arbre restera beau. *Il Matrimonio* présente tous ces élémens dans leur germe, dans leur pureté primitive. L'ouverture, pleine d'idées charmantes et de mélodies fraîches et originales, n'est pas un chef-d'œuvre de musique instrumentale. Et l'art, même aujourd'hui, sorti plus brillant des mains de Rossini, n'est pas plus avancé sous ce rapport. Mais que d'invention dans la musique du drame ! que d'esprit, de grâce ! comme tout cela est créé ! Quel talent il a fallu pour soutenir l'intérêt musical, sans le secours des chœurs et des grands appareils de la scène qui jouent maintenant un si grand rôle dans notre système moderne !

IL PIRATA. — 14 février 1832.

Désormais on ne m'y prendra plus. Lorsque l'administration du Théâtre-Italien nous donna *la Sonnambula* de Bellini, jeune compositeur fort en vogue en Italie, cette musique fut trouvée si pâle, si usée, si vieille même, que, malgré le talent de Mme Pasta et de Rubini, la pièce fut accueillie froidement, et que, Mme Pasta une fois éloignée, on n'y songea plus. Les partisans de cette grande cantatrice, au nombre desquels je me suis rangé depuis long-temps, regrettèrent de recevoir ses adieux dans un opéra d'une semblable faiblesse. La dernière représentation d'un virtuose est presque toujours pour lui un triomphe dont il rejaillit quelque chose sur l'ouvrage. L'ouvrage ne gagna rien au triomphe de la virtuose. C'est de la musique de magasin, de pacotille, dit la critique éclairée. Vous souvient-il de la réponse que faisaient les admirateurs de Bellini? Attendez, disaient-ils, ne vous pressez pas de juger. Laissez venir le *Pirate*, composition éminemment originale, dans laquelle le musicien a abandonné les traditions rossiniennes pour s'ouvrir une carrière à lui. Attendons, disions-nous donc alors, nous tous qui consignons journellement dans un feuilleton les progrès de l'art et la décadence de l'art, laissons venir *le Pirate* qui, assure-t-on, doit nous montrer le talent de Bellini se traçant une ligne indépendante.

Eh bien! c'est dans cette préoccupation d'esprit que je me suis rendu au Théâtre-Italien pour entendre ce fameux *Pirate*. J'ai vu d'abord quelque chose qui ressemblait à une grande tempête, un grand navire dans le lointain battu par les flots, sur le rivage un peuple nombreux élevant de grands cris au ciel; une grande pluie de petites lames de fer-blanc qui a commencé en bas, et qui a fini en haut; de grands éclairs qui laissaient voir une grande tache de jaune sale au fond du théâtre; puis, de tout cela, il ne m'est resté qu'une idée, ou plutôt qu'un souvenir, celui de la fable des *bâtons flottans!*

De loin c'est quelque chose, et de près ce n'est rien.

C'est bon! messieurs; vous ne nous y prendrez plus. Maintenant, à quoi vous sert de nous avoir mis l'eau à la bouche, si vous avez été pris les premiers au piége que vous nous aviez tendu? Soyez à l'avenir plus avisés, parce que nous serons nous-mêmes moins confians. Dans votre propre intérêt, renoncez à ce système d'annonces pompeuses, de réputations anticipées, qui ne fait plus de dupes. Que nous importe qu'un certain Nicolini, qu'une certaine Mme Mélas aient obtenu des triomphes sur quelques théâtres d'Italie, s'ils sont hués à Paris? Le beau service que vous rendez à ces acteurs!

Je ne prétends pas condamner absolument tout ce qui se trouve dans la musique du *Pirate*. Le finale du premier acte, le chœur des femmes et un duo du second, sont assurément des morceaux fort remarquables; il y a dans le cours de l'ouvrage des intentions qui annoncent une velléité de progrès, une tendance à un développement, comme cela se trouvera toujours dans l'œuvre d'un homme de talent. Mais les éloges magnifiques prodigués d'avance à un ouvrage autorisent la critique à être plus sévère. Comment ne pas blâmer cette obstination à reproduire éternellement les formes du maître depuis l'ouverture jusqu'au finale? Si jamais on venait à se dégoûter de Rossini, il devrait en accuser ses imitateurs. Les plus grandes injures que le génie reçoit ne sont pas celles qui viennent de ses ennemis, mais bien de ceux qui se jettent à corps perdu dans son système.

On nous avait annoncé Rubini comme un chanteur incomparable dans le rôle du *Pirate*, et en cela seulement on ne nous a pas trompés. Les qualités que nous avions déjà admirées en lui acquièrent une puissance, une énergie, dont il n'avait pas donné encore l'exemple dans ses rôles précédens. Toutefois, j'ai dû attendre la pièce dans laquelle son talent atteint toute sa hauteur pour me prononcer sur ce chanteur du premier ordre.

Il y a des chanteurs chez lesquels le génie supplée aux moyens physiques qui leur manquent. David et Mme Devrient en sont la preuve.

Il en est d'autres qui suppléent au génie dont ils sont privés par un organe puissant ou enchanteur, par une méthode facile, légère et brillante. Mlle Sontag, Mme Damoreau peuvent être rangées dans cette catégorie.

Enfin, il en est d'autres qui au génie qui crée,

qui s'identifie avec un rôle, qui remue, qui improvise, qui révèle même des beautés inconnues, joignent une voix éclatante, étendue ou mordante, une méthode parfaite; tels sont Mme Malibran et Lablache.

Il y a une très-grande différence entre le chanteur de génie et le chanteur sans génie, la même qui existe entre l'ame et la matière. L'un a une *voix*, l'autre n'a qu'un *organe*. *La voix*, dit un écrivain de l'Orient, *est la lumière de l'ame. Ce que l'ame sent*, ajoute-t-il, *la voix le met en lumière*. L'organe n'est que cette faculté matérielle qui flatte l'oreille sans pénétrer jusqu'au cœur.

Pour dire ma pensée tout entière sur Rubini, c'est un chanteur d'une habileté prodigieuse, mais il n'est pas autre chose qu'un grand mécanicien; sa voix (son organe) a quelquefois des accens qui navrent, je ne sais quoi de pénétrant qui arracherait presque des larmes si l'on ne sentait que cela est moins l'effet de l'inspiration que celui du talent et de cette merveilleuse flexibilité de gosier qui lui permet de passer comme par enchantement de la voix de poitrine à la voix de tête. Voilà mon opinion toute franche et toute nette sur Rubini; beaucoup de personnes la partagent, et je ne vois pas pourquoi l'on ne la dirait pas tout haut.

Pour ce qui est de Mme Devrient, je le dis sans détour, en l'introduisant sur la scène italienne, on l'a cruellement sacrifiée. Quelques encouragemens ont accueilli ses débuts dans les rôles de *Dona Anna* et de *Desdemona*. Les encouragemens ne lui ont pas manqué au commencement de sa nouvelle carrière. Mais aujourd'hui il est évident que cette cantatrice n'est point faite pour le répertoire italien; il est évident que la prononciation d'une langue étrangère nuit non-seulement au développement de sa voix, mais encore à celui de son jeu. Quand on voit à quel degré de nullité cette femme est descendue, combien sa vocalisation est gênée et pénible, sa voix empâtée, il y a de quoi souffrir. Il est vrai que par momens, et surtout dans le finale du premier acte du *Pirate*, elle retrouve quelques-unes des inspirations sublimes de *Fidelio*, d'*Eurianthe*, de *Dona Anna*, du *don Juan* allemand; mais c'est précisément à cause de cela que je dis et que je répète qu'on l'a sacrifiée.

IL BARBIERE DI SIVIGLIA. — 12 janvier 1832.

Il y a quelque chose de grand et qui n'a pas été assez remarqué dans la destinée de ce Beaumarchais qui, en ouvrant à l'art dramatique une nouvelle carrière, attèle à son char trois beaux génies du monde musical. Il poursuit sa course au milieu de ces trois constellations. Beaumarchais, en traçant deux ou trois caractères, types qui se retrouvent à chaque pas dans notre société moderne, correspond donc à un sentiment universel ; il est donc dans le vrai. Veut-on un autre exemple de cette prodigieuse puissance du génie qui commande au génie même ? Voyez le *Don Juan* espagnol qui fait naître en France le *Festin de Pierre* de Molière, dont Th. Corneille s'empare ensuite, et qui, un siècle plus tard, fait éclore le chef-d'œuvre de Mozart, et enfin le *Don Juan* de lord Byron.

Ainsi du *Barbier de Séville* ; Rossini a succédé à Paisiello, comme un autre compositeur succèdera dans cent ans peut-être à Rossini, comme un autre peintre à Beaumarchais, comme un autre Figaro à Figaro.

Lorsqu'un caractère voyage ainsi de siècle en

siècle, d'âge en âge, passe d'une nation à une autre, il change de costume, de forme, de langage; le type reste toujours le même. C'est pour cela que Rossini a remplacé Paisiello sans le détrôner. Pour les *dilettanti* du vingtième siècle, Paisiello et Rossini seront à deux de jeu. C'est parce que le Figaro, la Rosine, le Basile de Paisiello, sont du dix-huitième siècle, que nous leur préférons le Basile, la Rosine, le Figaro que Rossini, notre contemporain, a habillés à la mode du dix-neuvième. Laissez faire le temps! Qu'est-ce qu'un siècle dans la vie du genre humain et de l'art? Bagatelle! Molière et Mozart sont au même niveau.

Arrivons au feuilleton.

Il Barbiere di Siviglia est à juste titre regardé comme le chef-d'œuvre de Rossini dans le genre comique. Il est presque superflu de revenir sur cet ouvrage déjà analysé cent et cent fois, et que tout le monde sait par cœur. L'ouverture appartenait à un des premiers opéras de l'auteur; elle est aujourd'hui inséparable de celui dont nous parlons, et il faut convenir qu'elle en est digne. C'est pour cette raison qu'on ne remarque pas dans cette symphonie des motifs de l'opéra, comme on retrouve dans la *Gazza ladra*, dans *Semiramide*, dans *Cenerentola*, les *tutti* ou l'introduction des ouvertures que le compositeur a faites tout exprès pour ces œuvres. La phrase de chant du basson et de la clarinette a été souvent employée par le compositeur, et notamment dans le duo entre Pippo et Ninetta de *la Gazza*. Quoi qu'il en soit, cette ouverture doit rester comme le modèle du genre de Rossini et des compositeurs de son école. L'*andante* est remarquable par son originalité, son chant élégant et gracieux, et par la manière dont le motif est conduit. Tout l'*allegro* étincelle de verve, d'esprit, de coquetterie. Les divers motifs en sont liés avec beaucoup d'art, bien qu'on cherche vainement dans cette symphonie, comme dans toutes celles de Rossini, une seconde partie. Je n'en connais qu'une seule dans laquelle il a tenté un développement, c'est celle qu'il a écrite pour le *Siége de Corinthe*. Pour ce qui est de celle de *Guillaume Tell*, quoiqu'elle soit admirable d'un bout à l'autre, le plan n'exigeait pas un développement du même genre; et le morceau de l'orage y est plutôt un tableau, un épisode parfaitement détaché du reste, dans lequel sont réunis les effets les plus pittoresques et les couleurs les plus fortes, qu'un sujet dont le compositeur doit tirer parti à l'aide du contrepoint et des subtilités de l'harmonie. Je dois même ajouter que, dans l'ouverture du *Bar-*

bier, l'orchestre est bien plus nourri et bien plus vigoureux que dans la plupart des autres, et surtout que dans celles de *Tancredi* et de *l'Italiana,* dans lesquelles l'instrumentation est négligée, maigre et faible, malgré la grâce des mélodies.

Rien de plus suave, de plus entraînant, de plus frais que toute la scène de la sérénade. La *canzonetta* que Rubini nous a rendue est un morceau plein de goût. Mais la ritournelle de Figaro s'est fait entendre derrière la coulisse; l'orchestre la répète, et le malin barbier commence et achève son air au milieu d'un délire universel. Cet air n'est pas le produit du travail, c'est le jet du génie; il est écrit de verve; et Rossini, en traçant si bien le caractère de l'adroit et entreprenant *fattotum,* s'est peint lui-même, c'est-à-dire la vivacité prodigieuse de son esprit. Même verve, même saillie brillent dans le duo du comte et de Figaro : *All' idea di quel metallo.* Jusqu'ici, pétillant, plein de mordant et de rondeur, le compositeur se montre sublime dans l'air de la *Calunnia.* Ce trait en tierces des violons, qui se poursuit sous la mélodie lourde et martelée du chanteur et le *gruppetto* des altos, ce *crescendo,* cette explosion de toutes les forces de l'orchestre, ce silence d'abattement et cette harmonie en sens inverse des violons et des basses, qui procède par demi-tons et se traîne sous les tenues des instrumens à vent pour opérer sa résolution sur la cadence, tout cela porte l'empreinte de l'inspiration la plus puissante, et contraste merveilleusement avec la mélodie élégante et si remplie de finesse et de malice de la cavatine de Rossini.

Rien de mieux approprié au personnage que les couplets de Marceline. Le finale offre la réunion de toutes les beautés que nous avons déjà remarquées; c'est une scène à la fois de commérage, de stupeur, de comique, d'ironie. Comme ce trait de Figaro : *guarda don Bartolo*, repose sur cette harmonie lente et sévère! Le premier acte est une merveille. Le second n'est pas moins admirable par toutes les choses créées qu'il renferme; mais, vers la fin, la veine du compositeur s'épuise. Cependant rien n'est plus heureux que le motif du duo de Bartholo et du comte déguisé en maître de musique, que ce trait de violon pendant que le docteur livre son menton au rasoir de Figaro, et le trio de la fin est un morceau charmant. Malgré cela, quelques parties de ce second acte m'ont toujours paru se ressentir un peu de la précipitation du travail. Ce fut en l'année 1816, à Rome, que le *Barbier* fut composé. Comme Beethoven et la plupart des grands compositeurs, Rossini conçoit son œuvre et ne prend la plume que lorsqu'il est achevé. Ainsi le *Barbier* fut composé en huit jours. Le public était tellement préoccupé de l'idée que cet opéra ne pouvait être qu'inférieur à celui de Paisiello, que son succès fut d'abord fort douteux. Peu à peu cependant les préventions se dissipèrent et les représentations suivantes obtinrent le plus grand succès. Depuis lors ce succès a été toujours croissant; aujourd'hui il est universel.

OPÉRAS ALLEMANDS.

DU THÉÂTRE-ALLEMAND. — FREYCHÜTZ. — FIDELIO.

Un théâtre allemand à Paris n'est pas un de ces événemens indifférens, un de ces accidens sans conséquence, qui excitent dans le moment un simple intérêt de curiosité, pour ne se rattacher à rien dans l'ensemble de cette grande révolution intellectuelle qui s'opère parmi nous. Si l'on y réfléchit sérieusement, on verra qu'il n'est que la suite d'un mouvement général, et que le développement de la civilisation devait amener tôt ou tard. La langue allemande avait long-temps été pour les Français un pur objet d'érudition, seulement cultivée par quelques savans isolés, avant qu'elle fît partie de l'éducation fashionable des gens du monde. La révolution française,

dont les germes s'étendirent au loin en Europe,
et qui touchait par ses racines au principe même
de la réforme, fit jaillir une foule d'idées qui se
développèrent comme les rameaux d'une tige
commune, et il s'est établi entre les deux nations
un échange, une fusion de pensées qui toutes venaient, par des issues différentes, aboutir et se
féconder à une source unique. Ce que d'autres
avaient fait auparavant dans l'ordre purement
scientifique, Mme de Staël le fit dans l'ordre phi-
losophique et littéraire. Ce fut elle qui la première
creusa ce canal de cosmopolitisme, au moyen duquel les deux peuples exportèrent l'un dans l'autre
les divers trésors de leur industrie intellectuelle;
ce fut elle qui fit briller à nos yeux, à travers les
ombres épaisses qui nous dérobaient les trésors du
moyen âge, quelques reflets de cette vive lumière,
dont de laborieuses recherches et un enthousiasme
constant entretiennent le foyer en Allemagne.

Les communications intellectuelles qui exis-
tèrent entre la France et l'Italie étaient, avant
cette époque, en raison inverse de l'éloignement
de ces deux nations. Celles-ci étaient moralement
bien plus rapprochées l'une de l'autre que la
France et l'Allemagne. Le grand éclat du seizième
siècle rejaillit long-temps en France; la littérature
italienne devint familière à tous ceux qui se pi-

quaient de quelque culture. D'abord notre langage se hérissa de pointes et de *concetti* ; puis cette sorte d'invasion de la civilisation italienne se termina plus tard par l'introduction du théâtre italien. Du système musical italien, et de celui qu'avaient suivi Lulli et Rameau, se forma dans la suite un genre mixte dont les principes furent réduits en formules et en règles. L'école française s'éleva sur ces bases ; elle eut un moment de splendeur, et lutta avec avantage contre le genre italien qui brillait à côté d'elle. Mais une nouvelle révolution s'opère dans l'art en Italie, et se propage en France, je veux parler du système de Rossini ; nul doute que cette révolution se fût faite moins rapidement sans les traductions qui naturalisèrent les nouvelles productions parmi nous, et qui les répandirent sur tout le royaume. Par la même raison, l'invasion de la civilisation allemande dans la civilisation française devait avoir pour résultat l'introduction d'un théâtre allemand à Paris. De même que les traductions du *Barbier*, d'*Otello*, de la *Pie*, de l'*Italienne*, etc., ont déterminé et hâté en France la révolution faite par Rossini, de même, suivant toutes les probabilités, sans *Robin des Bois* d'une part, et les concerts du Conservatoire de l'autre, qui nous ont initiés au génie de Beethoven et de Weber, nous n'aurions pas encore le théâtre al-

lemand. Et comme deux révolutions d'un ordre
différent ne sauraient s'opérer en même temps
dans les esprits, le succès de la musique allemande atteste assez que la révolution de Rossini
est achevée, et que le tour de ses rivaux d'outre-
Rhin est venu. Aussi peut-on assurer hardiment
que le moment n'est pas loin où la France verra se
former une école entée sur le système instrumental
allemand d'un côté, et sur le système vocal italien de l'autre, comme elle a vu s'élever naguère
une école mixte formée du système français et du
système rossinien. L'auteur de *Zampa* vient de
sonner à l'Opéra-Comique l'agonie de cette dernière, bien qu'il ait cru lui devoir un suprême
hommage, honneurs jetés sur un cadavre, et qui
l'accompagnent jusqu'au tombeau. Voilà un progrès qui, je crois, n'avait pas été remarqué encore.

Nous voici à la quatrième année du théâtre allemand. Ce théâtre, qui ne s'ouvre qu'après la
clôture des Italiens, après les concerts du Conservatoire et toutes les séances de l'hiver, forme pour
ainsi dire l'automne de la saison musicale. Malgré
la lassitude qui succède à de telles jouissances, on
peut se convaincre encore de l'intérêt qu'inspirent
ces représentations. Si l'on ajoute à ces chances
de non-succès l'ignorance dans laquelle se trouve

le public de la langue allemande, la difficulté de monter convenablement un tel opéra en France, la nouveauté d'une musique et d'une exécution auxquels nos orchestres sont peu habitués, une méthode de chanter que nos *dilettanti* jugent sévèrement, l'on se persuadera facilement que nos oreilles ne sont pas aussi exclusives qu'on voudrait le faire croire. *Freyschütz* est devenu populaire en France, ce qui prouve que le beau est universel. Deux mois de représentations allemandes avancent plus l'éducation musicale du public qu'une année de représentations de Rossini ou de celles de l'école formée sur son système. Les premières le dédommagent des jouissances qu'il trouve dans les secondes sous le rapport du chant, par la beauté des chœurs, l'originalité des inspirations, une instrumentation riche et pittoresque. Mais Rossini et ses sectateurs (qu'on me passe l'expression, elle est juste) auront toujours le tort, à mes yeux, d'user les sensations, d'irriter les organes et de les rendre peu propres à ressentir les impressions naturelles, de même que l'usage des boissons fortes et artificielles dégoûte des liqueurs simples et saines. Aussi voudrais-je qu'on traitât le public comme on traite un malade, qu'on le mît à un régime plus doux, et qu'on ne lui offrît ces alimens excessifs que lorsqu'il s'est développé de manière à les pouvoir supporter. Or, ce n'est pas en enivrant un homme qu'on peut augmenter ses forces et aider son accroissement.

Voyez *Freyschütz*, voyez *Fidelio*. Trouvez-vous ce charlatanisme d'inspirations, ces effets outrés, ces secousses obligées, ce retour continuel de moyens usés, cortége sans lequel notre petite école ne saurait marcher ? Mais, dites-vous, c'est précisément parce que je conçois tout cela, que cela me plaît, que cela va tout seul. J'ai pris ce pli, je m'y prête de moi-même, et je ne fais aucun cas des séductions que j'achète par l'étude. Dans le fait, il n'y a rien à répondre à cela, tant il est constant que le vrai devient une étude, lorsqu'on a été nourri du faux, de même que, pour suivre la comparaison que je faisais tout à l'heure, quand on est habitué à des liqueurs factices, on ne peut apprécier le goût des autres qu'après les avoir analysées pendant long-temps. Heureusement ce mal n'est pas général. Il ne faut pas désespérer de la guérison de tous les individus; il y a dans l'homme une tendance naturelle au développement, et de plus, à côté de ce public que je viens de dépeindre, il en est un autre qui s'élève, jeune, vivace, qui voit l'art dans la nature et non dans un homme, et qui admire ou plaint le génie, selon qu'il marche libre vers son but, ou qu'il s'enchaîne volontairement aux caprices qu'on lui impose.

Après ces considérations, que j'ai portées trop loin peut-être, il me reste peu de place pour parler de *Freyschütz* et de *Fidelio*. Je suis obligé de laisser au lecteur le soin de faire l'application à ces deux chefs-d'œuvre des principes que je viens d'exposer. Toutefois ces ouvrages ne présentent pas les mêmes caractères. Le naïf, le sublime, le fantastique, le terrible, le gracieux, l'ironique, tout cela est réuni dans l'opéra de Weber. Celui de Beethoven, sans avoir cette diversité de couleurs, n'en est pas moins une des conceptions les plus grandes et les plus profondes de l'esprit humain. Les qualités qui leur sont communes sont la vérité, la franchise, le naturel, la conscience des inspirations. Un morceau finit comme il commence, tout simplement. C'est de l'art, mais non pas l'art de l'art, c'est l'art de la nature, si facile, si coulant qu'on dirait que l'artiste tire sans effort d'une carrière de marbre une statue toute façonnée, toute belle. Cela va droit à l'ame, sans tirailler les nerfs, sans agacer les sens; on est saisi, suffoqué, ravi, parce que c'est le cœur seul qui souffre, qui palpite, qui renaît. Avec de tels compositeurs, on fait des chanteurs tels que Haitzinger et Mme Schroeder-Devrient, des chanteurs

qui sentent, qui parlent, qui expriment, au lieu
de ces charlatans harmonieux qui n'oublient jamais qu'ils ont les pieds sur un théâtre.

FREYCHUTZ.—13 mai 1831.

Pourquoi, aux représentations des opéras de
Rossini, le public se montre-t-il si habile à saisir
les intentions du compositeur, les finesses de
l'accompagnement, les nuances du chant et de
l'orchestre, tandis qu'aux représentations allemandes, il ne paraît touché que de la singularité
des situations, du bizarre appareil d'une scène
fantastique, de la voix de certains chanteurs, et
de quelques effets musicaux qui appartiennent
particulièrement à l'harmonie descriptive et pittoresque? Pourquoi ne pénètre-t-il pas au-delà de
tout cet accessoire, et pourquoi le *fond* lui
échappe-t-il? N'est-ce pas le même art? Sans
doute, c'est le même art, mais ce n'est plus la
même inspiration; ce n'est plus le même artiste,
c'est Weber au lieu de Rossini, et le public
français n'est pas le public allemand. Il y a donc
ici deux choses à distinguer: d'abord le génie des
deux compositeurs; en second lieu, le génie des
deux nations.

« En Allemagne, dit Mme de Staël, chaque
» auteur est libre de se créer une sphère nouvelle.
» En France, la plupart des lecteurs ne veulent
» jamais être émus, ni même s'amuser aux dépens
» de leur conscience littéraire : le scrupule s'est
» réfugié là. Un auteur allemand forme son
» public ; en France, le public commande aux
» auteurs. Comme on trouve en France un beau-
» coup plus grand nombre de gens d'esprit qu'en
» Allemagne, le public y est beaucoup plus
» imposant, tandis que les écrivains allemands,
» éminemment élevés au-dessus de leurs juges,
» les gouvernent au lieu d'en recevoir la loi.
» De là vient que ces écrivains ne se perfectionnent
» guère par la critique : l'impatience des lecteurs
» ou celle des spectateurs ne les oblige point à
» retrancher les longueurs de leurs ouvrages, et
» rarement ils s'arrêtent à temps, parce qu'un
» auteur, ne se lassant presque jamais de ses
» propres conceptions, ne peut être averti que
» par les autres du moment où elles cessent
» d'intéresser. Les Français pensent et vivent
» dans les autres, au moins sous le rapport de
» l'amour-propre ; et l'on sent, dans la plupart
» de leurs ouvrages, que leur principal but n'est
» pas l'objet qu'ils traitent, mais l'effet qu'ils
» produisent. Les écrivains français sont toujours

» en société, alors même qu'ils composent; car ils
» ne perdent pas de vue les jugemens, les mo-
» queries et le goût à la mode, c'est-à-dire
» l'autorité littéraire sous laquelle on vit à telle ou
» telle époque[1]. »

La même observation s'applique aux compositeurs de musique des deux nations.

De son côté, c'est surtout de la part de ses
compatriotes que Rossini a eu à souffrir. Rien
de plus préjudiciable à un auteur que d'être
obligé de se plier aux exigences et à tous les
caprices du public. Celui-ci, toujours plus
ignorant que l'auteur, l'abaisse et le fait descendre
à son niveau. Combien de fois Rossini n'a-t-il
pas été cruellement désappointé de voir le public
italien accueillir avec une indifférence presque
stupide les parties de ses ouvrages qu'il avait
travaillées avec le plus de soin, tandis que, d'une
autre part, il le voyait s'éprendre d'un enthousiasme frénétique pour de vagues déclamations
dramatiques, pour ces tirades sonores qu'il cou-
sait négligemment à des *tutti* brillans, et dont,
à raison de cela même, on aurait tort de le blâmer
trop sévèrement.

Ainsi, on doit tenir compte des préjugés parti-

De l'Allemagne, par Mme de Staël.

culiers de chaque nation. En Allemagne, comme nous l'avons vu, c'est l'auteur qui élève le public jusqu'à lui, et l'on conçoit combien cette position est avantageuse à la fois et pour le public, et pour l'auteur, et pour l'art. Il n'en est pas de même parmi nous. Or, voilà pourquoi les compositions allemandes sont appréciées si tard en France; voilà pourquoi aussi il est important que nos auteurs abandonnent une bonne fois ce funeste système de concessions; qu'ils se livrent hardiment à leur génie et travaillent pour eux-mêmes, comme les compositeurs d'outre-Rhin. A la longue, le public viendra à eux par la seule force d'une attraction toute morale. Venons à *Freychutz*.

Je ne m'arrêterai sur l'ouverture que pour faire remarquer l'habileté avec laquelle le compositeur a rapporté plusieurs motifs pris dans son opéra, en a fondu les diverses couleurs les unes dans les autres, au point d'en faire un chef-d'œuvre d'unité. Rien de plus terrible que les tenues au grave des clarinettes pendant que le pizzicato des basses sonne par trois fois le glas funèbre sur le temps levé de la mesure, tandis que les violons font entendre un sourd tremolo. Cet effet, qui succède à la mélodie pleine et limpide des cors, forme un contraste merveilleux. Les premières mesures

de l'*allegro* se traînent en lugubres ondulations
dans les régions souterraines de l'harmonie.
L'explosion éclate; un trait vigoureux est attaqué
en sens divers par les violons et les basses; les
sons plaintifs de la clarinette et du hautbois pla-
nent sur ces sauvages accords. Un chant suave se
dessine en contours gracieux ; après une strette de
la dernière vigueur, il est repris par les instrumens à vent, mais le trombone répète en mineur
la dernière mesure, comme un écho ironique qui
retentit dans le fond de l'abîme. Les premiers
motifs reviennent. La puissance infernale ex-
pire sur un point d'orgue à la dominante. Un
majeur solennel se découpe en deux périodes
éclatantes, et la même mélodie, naguère triste et
mélancolique, reparaît resplendissante dans la
brillante péroraison qui termine le drame. Cette
ouverture renferme toute la pièce, et les motifs
principaux, placés dans le cours de l'opéra,
jettent une vive lumière sur ce premier aperçu
des scènes qui doivent passer sous les yeux du
spectateur.

Qutre la beauté de la musique, *Freyschutz*
doit en grande partie la vogue dont il jouit en
Allemagne aux traditions populaires que l'auteur
s'est plu à rappeler. C'est un monument national.
Aucun opéra ne présente au même degré la

réunion de tous les styles ; c'est un mélange merveilleux de tout ce que la musique a de plus sombre, de plus sévère, et de plus naïf. Après nous avoir montré la joie orgueilleuse et franche des chasseurs, les craintes et les espérances timides d'une jeune fiancée, la trahison froide et calculée du complice de l'esprit malin ; après avoir peint ces divers caractères sous leurs couleurs les plus tranchées, le poète, dans la scène de la fonte des balles, nous fait assister à une scène de sorcellerie diabolique. La douzième heure vient de sonner : Gaspard se trouve seul dans le carrefour obscur de la forêt ; il évoque Samiel. L'harmonie de l'orchestre tourne autour de l'unisson du chœur invisible des démons qui retentit comme une profonde clameur. Les sifflemens aigus de l'oiseau des ténèbres mêlent un rire sardonique à ces accens caverneux qui semblent sortir du gouffre en flots bouillonnans. A l'appel des cors discordans et de la fanfare infernale, des divinités fantastiques apparaissent entourées de bleuâtres et livides lueurs. Oui, ce sont bien là les couleurs que l'auteur des *Orientales* a broyées dans sa *Ronde du sabbat*, et que Louis Boulanger, inspiré par un double génie (car l'amitié aussi a le sien), a reproduites dans les esquisses hardies de ce poétique tableau.

Cette scène est précédée de la prière et de la cavatine d'Agathe. Si l'on peut dire que les diverses nuances de la musique, depuis l'extrême pianissimo jusqu'à l'extrême fortissimo, imitent les divers degrés de la lumière, les sourdines placées dans l'accompagnement de cette prière représentent le demi-jour pâle et mélancolique de la lune et des étoiles, à la lueur desquelles la fiancée adresse ses vœux au ciel. En effet, l'harmonie voilée des sourdines est à l'harmonie pleine et éclatante de l'orchestre ce que la molle et flottante clarté de la lune est à la lumière du soleil.

FIDELIO. — 21 mai 1831.

Sait-on ce que c'est qu'un grand artiste, un homme de génie? C'est un homme qui se trouve lancé dans le monde parmi les autres hommes, mais qui n'a de commun avec eux que de vivre et de mourir; car il pense, il sent, il exprime tout autrement qu'eux. Tandis que chacun poursuit autour de lui une chimère qu'on appelle le bonheur, il se consume à chercher le beau, et ce n'est souvent qu'aux dépens du bonheur qu'il le trouve. Il obtient peu d'applaudissemens pendant sa vie, et il ne les cherche guère, parce qu'il ne travaille pas pour le présent; mais il recueille en revanche force injures, force jalousies, force mépris, force haines. Aussi tient-il peu à la vie : elle est courte et dure pour lui. Il n'entrevoit la gloire que du milieu des larmes. Il ne redoute pas la mort, il l'attend même avec espérance. La mort de l'artiste, c'est le jour de son triomphe; c'est le premier jour de sa vie, de la vie telle qu'il se l'est faite. Voilà l'artiste, voilà Beethoven !

Un seul opéra est sorti de la plume féconde de Beethoven, et cet ouvrage suffit pour le placer à côté de l'auteur de *Don Juan*. Point d'essais, point de tâtonnemens dans la carrière de ce grand compositeur. Son génie a enfanté, il n'a jamais avorté. C'est que Beethoven n'a jamais pactisé avec le public. Car il est des grands hommes qui ont eu de semblables faiblesses. Ils ont dit au public : Tu as tes préjugés, tes goûts frivoles, ta mode; je pourrais certainement n'en tenir aucun compte, et la postérité me vengerait de tes dédains. Mais je préfère jouir, moi vivant, de toute ma gloire : ainsi je vais me soumettre à tes exigences, à tes caprices, à condition que je serai ton idole. — Je le dis sans détour : tel est le langage que Rossini a tenu à ses contemporains. Lorsque Rossini compose, il a sans cesse le public devant ses yeux. Beethoven, au contraire, s'en inquiétait peu, parce qu'il savait que les auteurs qui vivent le plus dans la postérité sont ceux qui ont eu le moins d'indulgence pour le public, qui ne s'attache guère qu'aux formes extérieures de l'art. Soutenu par son seul génie, il travailla pour lui-même; il confia ses ouvrages à son siècle comme un dépôt, et ne voulut pas s'exposer, pour prix d'une complaisance fatale, à déshériter sa mémoire.

La raison de la froideur avec laquelle on accueille trop souvent en France les compositions allemandes, est l'absence totale de cette inspiration factice, de ces formes artificielles, de cet accompagnement chargé dont Rossini a fait tant d'abus. Une jeune personne, belle de sa beauté naturelle, semblera pâle dans un cercle où les autres femmes auront employé le fard pour colorer leur visage. Il en est de même de la musique de Weber, de Beethoven et de Mozart, comparativement à celle du maître italien. Aussi ne saurait-on trop recommander à nos compositeurs, dans leur propre intérêt, d'abandonner, comme je le disais dans un précédent article, ce funeste système de concessions qui gâte le goût du public sans le rendre moins exigeant, et porte en même temps préjudice à la réputation de l'auteur. Ceux qui ne sont pas fascinés part l'art magique de Rossini ne peuvent s'empêcher de plaindre cet auditoire nombreux, incapable d'apprécier tout ce que la musique de Beethoven renferme de profondeur, de vérité, de force interne, et de cette sincérité d'inspiration qui décèle tout *l'amour*, toute la passion dont, au dire d'Hoffmann, ce grand homme était pénétré pour son art.

Je me suis souvent demandé si Rossini aime véritablement la musique, s'il l'aime pour elle-même, s'il la respecte comme un don de la Divinité fait à l'homme pour exprimer l'homme. Et franchement, quand je vois le faux, j'ai presque dit le criminel usage qu'il en fait, s'en servant tour à tour comme d'un instrument sublime, d'un jouet de délassement, d'un langage à épigrammes, je suis tenté de croire qu'il ne l'aime pas, et que s'il daigne descendre jusqu'à elle dans un moment d'ennui, il la troque sans remords contre toute autre distraction. Il commande à son gré l'enthousiasme, pour l'éteindre tout à coup et devenir froidement persifleur; génie plus brillant qu'inspiré, plus facile que fécond, il s'est moqué à la fois et du public qu'il caresse, et des compositeurs qu'il envie, et de l'art qu'il outrage.

Je reviens à *Fidelio.* Pizarro est gouverneur d'une prison d'État. Pour satisfaire la haine personnelle qu'il nourrit contre Florestan, il a fait emprisonner arbitrairement son ennemi. Léonore, épouse de Florestan, veut à tout prix sauver son mari ou partager son sort. Sous le costume d'un homme et le nom de Fidelio, elle s'est présentée au geôlier de la prison et s'est engagée à son service. Marceline, fille de ce dernier, est devenue éprise de Fidelio. Léonore s'en aperçoit, mais ne dit mot, parce qu'elle suppose que cet amour ne pourra que favoriser ses projets. Le gouverneur Pizarro reçoit une lettre dans laquelle on lui apprend que le ministre, informé que sa prison renferme des individus détenus arbitrairement, va partir pour le surprendre. Pizarro, plutôt que de sauver Florestan, prend la résolution de le faire périr. Il s'adresse au geôlier Rokko, qui repousse sa proposition avec horreur. Il se charge alors lui-même de commettre le crime, et ordonne à Rokko d'aller creuser la fosse.

Au second acte, Florestan paraît dans la prison, épuisé de fatigue, de douleurs, se mourant de faim : Rokko et Fidelio entrent avec les instrumens du fossoyeur. Léonore aperçoit le prisonnier; un pressentiment secret l'avertit que c'est son époux. Quel qu'il soit, elle jure de le délivrer. Florestan se réveille de son assoupissement; Léonore le reconnaît et tombe évanouie dans la fosse. Elle revient bientôt à elle-même et lui offre un peu de vin et un morceau de pain. Les préparatifs sont achevés. La fosse attend la victime; Rokko va donner le signal au gouverneur. Florestan prononce en soupirant le nom de Léonore qu'il ne doit plus revoir. Celle-ci, hors d'elle-même, fait tous ses efforts pour se contenir. Le barbare gouverneur entre armé d'un poignard. Avant de frapper, il veut que Florestan connaisse la main qui lui doit porter le coup. Il jette son manteau; son bras est levé. Tout à coup Léonore se précipite entre son époux et le meurtrier. Pizarro, ardent de fureur, va commettre un double crime; mais le pistolet que Léonore sort de son sein est déjà dirigé sur lui. Il demeure immobile; la trompette de la tour se fait entendre; le ministre arrive et délivre Florestan.

J'ai parlé de *Don Juan*. Sans doute il fallait tout le génie de Mozart pour triompher de tant de situations diverses, pour tracer à la fois tant de caractères et des scènes pleines de merveilleux. Comme on le voit, le drame de *Fidelio* n'a rien d'aussi compliqué; mais il ne faut pas moins de génie pour faire ressortir tant de contrastes d'une action toute simple. Mais Marceline aime Fidelio; le dépit de Jaquino, qui à son tour aime Marceline, jette de la gaieté dans le premier acte. Dans le

second, le compositeur s'élève à tout le pathétique
de la situation. Ce mélange de terreur et d'espérance, cet appareil d'un affreux supplice et ces pressentimens de salut produisent des effets merveilleux. Les plaintes des cors, les périodes traînantes
des bassons, les déchiremens des violons, ne sont
pas ici un bruit assourdissant, et comme un luxe,
un spectacle pour l'oreille. C'est une langue vraie
que le cœur humain seul peut parler et traduire.
Et cette héroïne, qui s'interpose entre la victime
et l'assassin, le poursuit, et le laissant collé contre le mur de la prison, pour ainsi dire fasciné par
son regard terrible et pénétrant, tend toujours
sur lui l'arme dont elle est prête à lâcher la
détente au moindre mouvement, puis recule
peu à peu, tandis qu'elle cherche avec son autre
main tremblante et incertaine à saisir son époux!
Il faut le dire, et je le dis parce que c'est vrai,
jamais les opéras de Rossini ne m'ont fait
éprouver ces secousses intérieures, ces palpita-
tions ravissantes, parce que Rossini n'a pas
foi en son art, et qu'il se plaît à désenchanter
mon illusion. Haitzinger et Mme Schrœder-Devrient se sont élevés jusqu'au dernier période du
pathétique pendant cette scène. Ce n'était pas
des bravos qui retentissaient dans l'auditoire,
c'était plutôt un frisson électrique qui se commu-

niquait à toute l'assemblée consternée et muette. Seulement il s'échappait par intervalles un murmure sourd, étouffé, qui entrecoupait ce silence sublime.

J'ai déjà eu l'occasion de parler du finale qui suit ce quatuor; mais il est impossible d'apprécier cette grande conception lorsqu'on l'isole de sa véritable situation. Après ces accens déchirans et cette harmonie souterraine qui semble se prolonger dans les voûtes d'un cachot, rien de plus magnifique et de plus splendide que le chœur d'actions de grâces qui signale la délivrance des prisonniers et la joie de Florestan rendu à la vie et à l'amour de Léonore. Ce morceau, dit avec un entraînement et un enthousiasme qui ont été partagés par l'auditoire, a été redemandé avec acclamation.

On connaît mon opinion sur la sublime ouverture de *Fidelio.* L'harmonie mystérieuse des tierces et des quintes, interrompue par un trait vif attaqué par l'orchestre, la mélodie des cors, qui s'élève et coule limpide sous le murmure des violons, ces *gruppetti* qui voltigent sur le rinforzando des bassons, les ondulations des arpéges qui s'opèrent sur les tenues prolongées de l'accord parfait, et imitent les fluctuations d'une ame placée entre la vie et la mort, tous ces effets résument d'avance la pièce entière.

On a reproché à Rossini ses nombreuses réminiscences. Le premier duo entre Marceline et Jaquino offre un trait d'accompagnement qui se trouve dans un *trio* en *mi bémol* de Beethoven pour piano, violon et basse; trio dont on a fait ensuite un septuor. Mais voyez le parti que le compositeur a tiré ici de cette phrase! C'est lorsqu'on fait un aussi riche usage de ses propres idées qu'il est permis de se répéter.

EURYANTHE. — 22 juin 1831.

Voici encore un de ces œuvres imposans destinés à n'être compris et appréciés qu'à un quart de siècle de leur date; une de ces productions tellement en avant de leur époque, que les contemporains les contemplent stupidement, sans penser qu'elles portent en elles le germe d'une époque qui n'existe pas encore. Triste et pourtant sublime condition du génie! Tandis que la foule s'achemine d'un pas graduel et lent vers une région inconnue, l'homme de génie sort des rangs, il avance à grands pas; la foule a beau lui crier qu'il se précipite; il va toujours; bientôt elle le perd de vue. Et ce n'est qu'après de longues années qu'elle parvient sur ses traces à une limite. Mais l'homme a disparu; *son pied s'est arrêté là.* Il ne reste plus qu'un chef-d'œuvre et une tombe. Et ceci, nous l'avons dit un jour de Mozart et de Beethoven. L'existence de l'homme de génie est cachée comme celle d'un solitaire. Il couve sa gloire pendant sa vie. *Crescit in occulto.* La mort seule la fait éclore. La mort d'un homme de génie, c'est l'enfantement d'un siècle. Comme *Don Juan,* comme *Fidelio, Euryanthe* est un de ces jalons humain, placés le long de la route que parcourt l'esprit et que la postérité trouve d'avance tout dressés sur son passage.

Lorsque j'ai entendu pour la première fois *Euryanthe,* au théâtre allemand, j'ai senti que jusqu'alors le génie de Weber ne s'était révélé à moi qn'imparfaitement. *Freyschutz* et *Oberon* ne m'avaient montré que deux côtés du colosse, *Euryanthe* m'en faisait faire le tour. Cependant toutes les parties de ce chef-d'œuvre ne s'étaient pas dessinées distinctes à mes yeux. Aussi je me bornai à constater un nouveau succès, en renvoyant mon article à un autre jour, car plus les compositeurs donnent l'exemple de la conscience dans leur travail, plus on doit en apporter dans l'examen de leurs ouvrages. Ajoutez à cela qu'en passant brusquement de l'*Euryanthe* de l'Académie royale à l'*Euryanthe* du théâtre Favart, on devait éprouver de la peine à s'orienter.

C'est une singulière destinée que celle de cette *Euryanthe*, repoussée long-temps en Allemagne, sous le nom d'*Ennuyante*, et accueillie en France avec des transports d'enthousiasme. Ceci a d'autant plus lieu d'étonner, lorsqu'on pense aux dispositions diverses du public des deux nations. Sans doute il faut attribuer un pareil succès parmi nous à un progrès réel. Toutefois on ne doit pas perdre de vue qu'en France les acteurs font les pièces, de même que les beaux ouvrages font les acteurs. Les uns se révèlent réciproquement par les autres. Du reste, cette épithète d'*ennuyante* est loin d'attester que l'on jugeât cet ouvrage sans mérite. Il y aurait une théorie à faire sur le beau *ennuyeux*. Pour notre civilisation avancée, plusieurs œuvres classiques peuvent être rangées sous cette dénomination. Le classique n'étant pour nous que la manifestation des idées d'une autre époque, qui ne sont plus en harmonie avec nos idées actuelles, l'ordre de sensations qu'il avait mises en jeu étant désormais épuisé, les ouvrages dépourvus aujourd'hui de ce qui en faisait précisément le charme ne sauraient intéresser autrement que par le talent qu'ils supposent, et n'excitent plus qu'une admiration froide. La même observation peut se faire en sens inverse pour les productions des hommes qui ont devancé leur siècle. Un semblable tour de force suppose nécessairement une grande puissance de génie ; mais ordre d'idées dans lequel ces hommes se renferment n'étant pas encore suffisamment développé au sein de la société, il en résulte que, jusqu'à ce que les intelligences se soient élevées jusqu'à eux, leurs œuvres ne sont pas comprises et ne produisent que de l'*ennui*. Mme de Staël, Goëthe, Châteaubriand, de Maistre, La Mennais, Byron, Lamartine, Victor Hugo, etc., n'étaient d'abord que des points lumineux isolés dans l'espace ; puis ils nous ont apparu successivement comme des sphères resplendissantes, à mesure que la terre s'est inclinée vers leur orbite.

Weber a adopté la méthode de faire de ses ouvertures des programmes de la pièce. Cette manière est assurément fort bonne lorsqu'on fait à la fois un programme exact et une belle symphonie. On sait à quel haut degré ses deux qualités se réunissent dans celle de *Freyschütz*. J'avoue néanmoins que, pour l'auditeur qui ne connaît pas l'intrigue d'*Euryanthe*, le plan de l'ouverture peut paraître diffus. Ce plan est loin pourtant d'être vicieux. Toutes les parties se coordonnent, se classent nettement après une première audition. C'est là un défaut, dira-t-on ; nous voulons jouir et jouir sans effort ; nous ne voulons pas de ces plaisirs qui s'achètent par l'étude. Pour moi, j'oserai me ranger d'un avis contraire. J'aime cette anxiété dans laquelle me laisse une première fois l'œuvre du génie ; j'aime à l'entendre mille et mille fois, à pénétrer de fines iutentions qui m'étaient échappées, à voir se dessiner sous des formes arrêtées des idées qui s'étaient glissées comme des ombres fugitives, à découvrir comment cette infinité de détails vient concourir à l'unité, et comment l'unité fait ressortir la variété des détails. Je ne connais rien de pire au contraire que ces ouvrages où tout est dit à une première audition. Sous ce premier rapport, les compositions de Haydn, de Mozart, de Beethoven, de Weber, sont pour nous une source toujours nouvelle de jouissances. Entendez-les cent et cent fois ; ce que jusqu'à présent vous aviez cru comprendre de cette manière ; l'homme de génie vous le dit d'une autre manière plus piquante encore ; il semble qu'il se soit plu jusqu'ici à vous jeter dans une douce illusion, pour la remplacer par une autre plus douce. Alors on éprouve je ne sais quel sentiment mêlé de surprise et de regret qui redouble en même temps et la curiosité et l'admiration.

C'est ce qui arrive surtout dans la musique de Weber : les parties de son plan s'expliquent tellement les unes par les autres, que l'une ne saurait être mise en lumière, sans jeter un vif reflet sur une autre à laquelle elle correspond. Cette phrase magnifique, cette grande et belle période qui domine en quelque sorte la pièce, qu'Adolar chante d'abord dans la scène du pari, et que le chœur répète ensuite, cette phrase se montre aux premières mesures de l'ouverture, entonnée solennellement par les instrumens à vent, et précédée d'un motif plein d'éclat et de force. Des traits entrecoupés, attaqués vigoureusement par les violons, jettent une singulière agitation dans l'orchestre, lorsque la voix calme et mordante du violoncelle, imposant silence à ces accens tumultueux, vient se reposer sur une ritournelle. Alors un chant d'une pureté et d'une élégance exquises, tout empreint d'une grâce pleine de noblesse et de suavité, se dessine sous les larges coulées des archets ; une prolongation placée sur la huitième mesure rejette le repos sur la neuvième, et prête à cette mélodie une expression ravissante d'abandon. Une péroraison pompeuse termine cette première partie de la symphonie. Mais le *si bémol* bourdonne sourdement aux violons. L'harmonie se *voile* ; nous voici à une scène nocturne. On entend un appel funèbre ; la voix lugubre des trombones répond par trois fois comme un écho souterrain. Voyez-vous dans l'ombre se traîner lentement un spectre à longs vêtemens qui font frissonner légèrement le feuillage ? Ces sourdines mystérieuses, cette harmonie glacée, cet enharmonique insaisissable, annoncent qu'un fantôme joue un rôle important dans la pièce; c'est une ame du purgatoire. Une entrée des basses sur un motif fugué est contrepointé par les instrumens à cordes ; des phrases tortueuses, des subtilités d'harmonie, et ces triolets qui s'échappent péniblement et qui sont entrecoupés sur chaque temps par les trombones, indiquent l'intrigue diabolique ourdie par Églantine et Lysiart pour perdre Adolar et Euryanthe. Le trouble, la confusion, le désespoir sont à leur comble. Peu à peu cependant tout se débrouille, tout s'éclaircit. Le premier motif revient, et le chant des violons, entonné dans un *tutti* brillant, signale la joie générale et le triomphe de l'innocence sur le crime.

Tel est le canevas de cette ouverture. Puisque l'intention du compositeur était d'y résumer en quelque sorte le drame, je regrette qu'il ait négligé d'y faire entrer cette phrase rampante et tortueuse dont les contours imitent ceux d'un serpent, et au moyen de laquelle il caractérise si bien la perfidie d'Églantine. Cette phrase signale la première apparition de ce personnage sur la scène ; transportées aux basses, elle accompagne une partie de son air de vengeance et contraste merveilleusement avec la ritournelle de la flûte qui exprime son amour pour Lysiart. Ce trait est encore rappelé fort adroitement au moment où Euryanthe, trouvée dans la forêt par les chasseurs du roi, se justifie auprès de ce dernier, et prononce deux fois le nom d'Églantine. Mais revenons au premier acte. Louis-le-Gros est au milieu de sa cour. Un chœur d'hommes et un chœur de femmes chantent alternativement les douceurs de la paix et les grâces d'Euryanthe, dont la présence doit bientôt embellir les fêtes royales. Les deux chœurs sont diversement accompagnés par l'orchestre. Suit un ballet dont l'air rappelle les pompes du moyen âge. Adolar chante son amour dans des couplets pleins d'une expression naïve et de tours gothiques, tandis que les formes de l'accompagnement varient et s'enrichissent sur chaque strophe. Mais l'action se noue dans ce fameux trio, soutenu d'un chœur, dans lequel Lysiart se vante de triompher de la vertu d'Euryanthe, et propose à Adolar de lui céder ses biens dans le cas où Euryanthe se montrerait rebelle à ses vœux, tandis qu'Adolar lui remettra les siens, si le succès

justifie son audace. Adolar est sûr de la fidélité
de sa fiancée ; le pari tient. Ce morceau, profondément conçu, est un des plus beaux de l'ouvrage.. Une introduction annonce l'arrivée d'Euryanthe. La douceur de la mélodie, les accens
des clarinettes, de la flûte et du haubois, qui se
marient et se confondent dans une céleste placidité,
annoncent tout ce que l'ame d'Euryanthe renferme de candeur et d'innocence. Mais voici la
perfide Eglantine qui vient surprendre le secret
de celle qui fut sa rivale, car Églantine a aimé
Adolar ; entendez ces basses qui se traînent sourdement sous les tierces des cors au moment de
la confidence. Églantine triomphe, elle perdra
Euryanthe. Elle chante l'air dont j'ai parlé plus
haut ; la haine, la vengeance, l'amour, s'exhalent
en phrases décousues et désespérées. Cependant
l'arrivée d'Euryanthe répand la joie dans Nevers.
Le finale est consacré à des chants d'allégresse,
où la noble damoiselle mêle sa voix agile à celles
de la troupe joyeuse.

Le second acte s'ouvre par un air terrible,
chanté par Lysiart ; un trait s'entortille sous l'archet des violons et descend de l'aigu au grave,
en déroulant des plis et des replis ; le serpent paraît. Au moyen de ses communications mystérieuses avec l'ombre d'Emma, Eglantine est par-

venue à posséder l'anneau fatal. Les violons glapissent en triolets et expriment sa joie diabolique. Lysiart lui promet qu'elle sera comtesse de Nevers ; ils chantent un duo dont un trait rappelle une phrase d'*Otello*. Adolar arrive ; l'espérance brille dans son regard ; son air reproduit la phrase de l'ouverture. Bientôt Euryanthe se jette dans ses bras, une ritournelle agitée rend tous les sentimens qui pressent, qui suffoquent ces deux cœurs, et leur duo commence. Bientôt Louis arrive, suivi des chevaliers et des dames de la cour. Lysiart annonce qu'il est vainqueur, il en donne la preuve en montrant l'anneau ; Adolar ne veut pas ajouter foi à l'infidélité d'Euryanthe ; mais celle-ci avoue qu'elle a livré son secret à Églantine. Adolar est furieux ; sa fiancée l'implore, elle est repoussée par lui et traitée d'infâme par la cour ; les éloges ironiques de Lysiart se mêlent à la consternation générale ; l'harmonie devient sourde et concentrée ; le *la bémol* est articulé quatre fois par les violons comme un arrêt inexorable. Cependant Lysiart prête serment en qualité de comte de Nevers, des cris de malédiction accueillent seuls les supplications déchirantes d'Euryanthe ; Adolar désespéré l'entraîne avec lui dans la forêt, où sa rage doit l'immoler.

Le troisième acte commence par cette scène.

Adolar s'apprête à la vengeance. Mais Euryanthe aperçoit un énorme serpent prêt à les dévorer, elle court se précipiter au-devant de son amant pour le sauver ; celui-ci l'arrête pour combattre le monstre. Un accompagnement tiraillé imite les coups que se portent les deux assaillans pendant qu'Euryanthe forme des vœux pour les jours d'Adolar. Celui-ci revient triomphant : « Maintenant tue-moi, lui dit Euryanthe, » mais, en reconnaissance de sa générosité, il consent à lui laisser la vie; il se contente de l'abandonner. Des accens plaintifs s'échappent du cœur de l'infortunée, et se mêlent aux phrases mélancoliques du basson. Elle tombe évanouie. Tout à coup on entend une fanfare, c'est l'arrivée de la chasse du roi. Louis reconnaît Euryanthe; elle ne trouve de force que pour se justifier, et retombe dans son évanouissement. On la croit morte et on l'emporte. Nous sommes dans l'avenue du château d'Adolar dont Lysiart a pris possession. Adolar est là entouré de ses anciens vassaux, qui le reconnaissent, le consolent et l'engagent à ne pas perdre espérance. Mais une marche triomphale se fait entendre. Lysiart sort du château avec Églantine qu'il va épouser. L'instrumentation de cette marche m'a paru vicieuse; les clarinettes et les hautbois sont étouffés sous les

instrumens de cuivre, et la partie de chant ne se
détache pas assez nettement de la masse d'harmonie. L'arrivée des chasseurs interrompt la noce
de Lysiart. Eglantine, oppressée par le remords,
avoue sa trahison. D'un autre côté, la nouvelle de
la mort de sa rivale la comble de joie. Lysiart,
pour la punir de ses révélations, la tue. Le roi le
condamne à mort. Euryanthe reparaît pourtant et
est rendue à l'amour d'Adolar.

La musique de Weber rend au plus haut degré
d'expression et de vérité tout ce que ces situations
ont de dramatique, tout ce que ces divers caractères ont de varié. Jamais compositeur n'a apporté
une fidélité plus scrupuleuse à tout nuancer, à
tout peindre. Et cependant cette fidélité chez lui
n'a rien d'étroit, elle se combine merveilleusement avec une grande entente de la scène et un
large système d'expression. S'il reproduit sous les
couleurs les plus fortes, les plus sévères, les plus
pittoresques, les scènes de la nature, son pinceau
n'est pas moins vivant, moins profond, pour
représenter tout ce qui se passe d'intime dans le
cœur. Il a trouvé un interprète sublime dans
Mme Schroëder-Devrient, qui s'est élevée à une
perfection idéale dans le rôle d'Euryanthe. Celui
d'Adolar, confié à Haitzinger, me paraît bien
moins propre à faire briller la voix de cet acteur

que celui de Florestan et de don Ottavio. Mais le
rôle d'Églantine est tout-à-fait sacrifié. Mme Rosner
est incapable de donner une idée de cette sublime
conception. Si Fischer laisse quelque chose à désirer sous le rapport du chant, en revanche il
déclame admirablement certaines parties de son
récitatif. En dernier résultat, cet ouvrage est
exécuté de manière à satisfaire les plus difficiles.
Les chœurs sont presque toujours à la hauteur de
leur importance ; mais l'orchestre se néglige trop.
Nous ne devons pas moins savoir gré à M. Rœ-
ckel de nous avoir fait connaître une des productions les plus originales et les plus élevées de
l'Allemagne musicale.

MUSIQUE INSTRUMENTALE.

CONCERTS.

_____

PAGANINI. —12 avril 1831.

Vers les dernières années du dix-huitième siècle, la femme d'un courtier de commerce de Gênes prit un jour son enfant sur ses genoux et lui dit : « Nicolo, tu seras un grand musicien. » Un ange brillant de beauté m'est apparu cette » nuit ; il a remis à mon choix l'accomplissement » d'un vœu ; je l'ai prié de te rendre le premier » des violonistes, et l'ange me l'a promis. » Cet enfant était bien jeune encore, car il était né dans la nuit du 28 février 1784. Son père, passionné pour la musique, jouait passablement de la mandoline. Il lui enseignait les premiers élémens de l'art, et ne lui épargnait pas les châtimens les plus durs. La prédilection du jeune Nicolo pour le violon se manifesta de bonne heure. Ayant toujours présente à l'esprit la prédiction de sa mère, dès ses premiers essais, il sentit naître en lui la haine des formes ordinaires, et n'aspira qu'à se distinguer par la hardiesse de son jeu et la nouveauté de ses accords. A huit ans, il jouait trois fois par semaine à l'église et dans les salons. A neuf ans, déjà auteur d'une sonate, il parut sur le grand théâtre de Gênes, dans une représentation que donnait Marchesi. Le célèbre *Castrato* à son tour voulut chanter dans un concert donné par le jeune virtuose qui, dans ces deux réunions, exécuta, aux applaudissemens unanimes, des variations sur l'air républicain de la *Carmagnole.*

Après avoir pris une trentaine de leçons de Costa, premier violoniste de Gênes, au jeu duquel il n'avait pu se faire, et qu'il devançait déjà par son génie, son père le conduisit à Parme auprès du compositeur Rolla. Rolla, un peu indisposé, était retenu dans son lit. Le père et le fils sont introduits dans l'antichambre où on les prie d'attendre. Le dernier concerto du professeur se trouvait là sur un pupitre ; un violon et un archet sur une table. A un signe de son père, Nicolò saisit l'instrument et exécute à livre ouvert, avec une netteté et une précision étonnantes, l'œuvre de Rolla. Celui-ci se dresse avec vivacité sur son lit : « Qu'entends-je? dit-il, qui joue de cette manière? —C'est un enfant, lui répond-on »; il accourt lui-même pour s'assurer du fait : « Je ne puis rien vous apprendre, s'écrie-t-il, allez trouver Paër, vous perdriez votre temps avec moi. » Paër, directeur du conservatoire de Parme, accueillit le jeune virtuose avec sa bienveillance ordinaire, et le renvoya à son ancien professeur Giretti, ancien maître de chapelle à Naples. C'est sous ce maître qu'il apprit pendant six mois le contre-point, et qu'il composa vingt-quatre fugues, et un duo que Paër lui avait demandé. —Paër partit pour Venise. Paganini et son fils, après une tournées d'artistes dans les principales villes de la Lombardie, revinrent à Gênes. L'occasion de se soustraire à une tutelle importune s'offrit bientôt au jeune virtuose. La Saint-Martin était célébrée tous les ans à Lucques par une grande fête musicale. Nicolo Paganini, brûlant de s'y faire entendre, parvint à arracher le consentement de son père. Il part, le voilà libre ; il se fait applaudir à Lucques et dans les environs. Plusieurs années s'écoulent en courses, bonnes fortunes, triomphes, pertes au jeu, recettes considérables! Il accepte enfin la place de directeur d'orchestre à la cour élégante de Lucques, présidée par la princesse Élisa Bacciochi, sœur de Napoléon. Ce fut là qu'il commença ses études approfondies sur la quatrième corde. On a répandu divers bruits presque tous invraisemblables sur la manière dont il parvint aux prodiges d'exécution dont nous avons été témoins. Il vaut mieux nous en rapporter à lui-même :

« A Lucques, je dirigeais l'orchestre toutes les fois que la famille régnante assistait à l'opéra. Souvent aussi l'on me mandait au cercle de la cour, et de quinzaine en quinzaine je donnais un grand concert. La princesse Elisa se retirait toujours avant la fin, car les sons harmoniques de mon violon irritaient trop vivement ses nerfs. Une dame fort aimable, que depuis long-temps j'adorais en secret, se montrait au contraire fort assidue dans ces réunions ; je crus entrevoir qu'un penchant secret l'attirait à moi. Insensiblement notre passion mutuelle s'augmenta... Un jour je lui fis la promesse de la surprendre au prochain concert par une galanterie musicale... En même temps je fis annoncer à la cour une nouveauté, sous le titre de *scène amoureuse*. La curiosité générale fut vivement piquée ; mais quel fut l'étonnement de la société en me voyant entrer avec un violon à deux cordes ! Je n'avais laissé que le *sol* et la chanterelle. Celle-ci devait exprimer les sentimens d'une jeune fille ; l'autre prêter la voix à un amant éperdu. J'établis de la sorte un dialogue passionné où les accens les plus tendres

succédaient aux emportemens de la jalousie. C'é-
taient des accords tantôt insinuans, tantôt plaintifs ; c'étaient des cris de colère et de joie, de douleur et de félicité. On finit par se réconcilier, et
les deux amans, plus épris l'un de l'autre que
jamais, exécutent un *pas de deux* que termine
une brillante coda. Cette scène fit fortune. La
princesse Elisa, après m'avoir comblé d'éloges,
me dit fort gracieusement : « Vous venez de faire
l'impossible avec deux cordes ; une seule ne suf-
firait-elle pas à votre talent? » Je promis sur-le-
champ d'en faire l'essai. Cette idée sourit à mon
imagination, et quelques semaines plus tard je
composai, pour la quatrième corde, une sonate
intitulée : *Napoléon*, que j'exécutai, le 25 août,
devant une cour nombreuse et brillante. Le succès dépassa mon attente... aussi ma prédilection
pour le *sol* date-t-elle de là. On ne se lassait
point d'entendre de mes œuvres écrits pour cette
corde; et, comme le jour en apprenait au lendemain, je suis arrivé à cette facilité qui ne doit
plus avoir rien d'étonnant pour vous. »

L'auteur de la brochure [1] dont j'extrais cette
analyse avoue qu'il ignore à quelle époque Paga-

---

[1] *Nicolo Paganini, sa vie, sa personne, et quelques
mots sur son secret*, par G.-E. Anders.

nini quitta la cour de Lucques ; il ajoute que jusqu'à 1813 cette période de sa vie fournit peu de
données à la biographie. Il y place néanmoins une
anecdote que je ne dois pas passer sous silence.

Paganini venait d'arriver à Ferrare : il y trouve
une célèbre cantatrice, Mme Marcolini. Il la prie
de chanter à son concert ; celle-ci s'y engage.
Tout à coup, au moment de la répétition, elle
refuse. Paganini, après avoir exhalé sa colère,
court trouver Mme Pallerini, danseuse de ballets,
mais qui ne manquait pas de talent pour le chant.
Elle hésite, le virtuose insiste, elle finit par ac-
cepter. L'heure du concert étant venue, Mme Pallerini se présente sur la scène ; elle se trouble,
perd la voix ; le morceau achevé, Paganini se
présente pour la reconduire ; mais, au moment
où elle se retire, un coup de sifflet part du parterre. La débutante s'évanouit ; revenue à elle,
Paganini lui promet une éclatante vengeance.
Quelques momens après, le virtuose se penche à
son oreille et lui dit : *venite ! sentirete !* Il se présente sur le théâtre et imite, sur son violon, la
voix du chien, du coq, du chat. Tout à coup,
jetant un regard d'intelligence vers la coulisse, il
pose son archet sur la chanterelle, immédiatement
au-dessous du chevalet, le pousse d'un seul
trait, et le fait retomber lourdement sur la qua-

trième corde, de manière a produire distinctement le cri *hi-han*.

« *Questo e per quello che ha finhiato !* »
Voilà pour celui qui a sifflé, s'écrie-t-il, et il
répète sa facétie avec plus d'énergie encore.

Paganini avait cru mettre les rieurs de son côté
et se venger ainsi du siffleur. Mais l'exaspération
du public fut à son comble ; le parterre se leva
en masse ; on escalada le théâtre, et le virtuose fut
fort heureux de se dérober, par une porte secrète,
à la fureur d'un auditoire qui se croyait insulté.
L'artiste ignorait que les habitans des bourgades
qui environnent Ferrare nourrissent des préjugés
singuliers contre cette capitale, et qu'ils ne la dé-
signent que par le sobriquet de *hi-han*.

En 1813, il se trouvait à Milan, sa ville favorite. Il était parvenu alors à toute la maturité
de son talent. Les variations appelées *le streghe*,
sur une danse des sorcières prises dans *le nozze
de Benevento*, musique de Sussmayer, ballet de
Vigano, et que nous avons entendues deux fois à
Paris, firent fureur dans cette capitale de la Lombardie. Il y séjourna à trois reprises, et s'y fit entendre dans trente-sept concerts. L'année suivante, la société philharmonique des *Orfei* le
nomma son directeur. Après un voyage à Gênes,
il y donna le spectacle de sa lutte avec Lafont

dans un concerto de Kreutzer. Cette lutte fut provoquée par son adversaire, mais l'avantage resta au virtuose génois.

Les dix années qui suivent sont consacrées à des voyages. Il visite Turin en 1818 ; en 1820, Florence et Naples; en 1821, Rome; en 1822, nous le retrouvons encore à Milan. Il passe les années 1825 et 1826 à Palerme, et c'est là qu'il devient père de son petit Achillino, qui retrace déjà son caractère et sa physionomie, en attendant qu'il hérite de son talent. En 1827, il revient à Rome, et reçoit, des mains de Léon XII, le titre de chevalier de l'Éperon-d'Or. Gluck et Mozart avaient eu la même distinction. Le prince de Metternich, alors à Rome, l'engage à partir pour l'Autriche. Il y arrive en mars 1828. A Vienne, ce fut un délire, et les premiers artistes, Mayseder, entre autres, partagèrent cet enthousiasme. Le célèbre violoniste imposa son nom à la divinité la plus capricieuse et la plus mobile, la mode. Les coiffures, les robes, les mets, tout fut accommodé, assaisonné à la *Paganini*. On inventa un coup de billard en son honneur, sans doute pour imiter un de ses coups d'archet. Les tabatières, les cannes, portèrent son portrait ou son effigie, et l'on frappa une médaille à sa gloire. Un beau matin, il entre dans un magasin de modes et demande des gants. On lui en présente *à la giraffe.* « *No, no, signora, d'una altra bestia !* » Et la marchande lui donne des gants *à la Paganini.*

Ce fut pendant ce séjour à Vienne, qu'assistant à un concert où l'on exécutait la symphonie en *la majeur* de Beethoven, on le vit d'abord pâle, muet, attentif; puis, après une succession d'émotions profondes, qui se peignaient successivement sur sa physionomie, s'écrier, les yeux baignés de larmes : *E morto ! morto !* Jamais grand homme n'eut une plus belle oraison funèbre.

Cependant, s'il en faut croire l'auteur de la brochure, à l'époque de son plus grand triomphe, la jalousie et la malveillance parvinrent à accréditer des bruits propres à déconsidérer son caractère auprès de toutes les personnes honnêtes. Paganini se justifia dans les journaux. A Prague, il fut accueilli froidement : mais en 1829, après avoir visité Dresde, il alla à Berlin, où il fut reçu avec un enthousiasme que Mlle. Sontag n'avait pu exciter à ce degré : *J'ai retrouvé,* disait-il, *mon public de Vienne.* De là il se rendit à Varsovie. Son retour en Allemagne fut une marche triomphale. Bientôt le bruit de ses pas retentit à Paris. On annonça son arrivée. On en fixait la semaine, le jour, l'heure. Tout à coup la nouvelle se répand qu'il est en Hollande. Il va ensuite à Francfort qu'il enivre pendant un an de poésie et d'harmonie. Mais un cri d'admiration, parti de Strasbourg, nous annonce qu'il est en France. Paris le possède enfin, il est parmi nous; nous l'avons vu, nous l'avons entendu. Nous dirons toutes ces merveilles dans un prochain article.

PAGANINI. — PREMIER CONCERT, 12 mars 1831.

Depuis qu'il y a des virtuoses dans le monde, jamais virtuose arrivant dans la brillante capitale des lumières et des beaux-arts n'avait eu à soutenir un aussi grand poids de renommée. Jamais virtuose ne s'était vu plus impérieusement sommé de répondre dignement à l'impatience du public, qu'une longue attente, plusieurs fois trompée, avait portée à son comble. Un public qui possède les Lafont, les Bériot, les Baillot, avait bien quelque droit de se montrer tant soit peu dédaigneux; et, placé entre le miracle et la mystification, il était pressé de sortir de cette alternative. Eh bien! il y a eu l'un et l'autre. Il y a eu mystification, précisément parce qu'il y a eu miracle. Chacun a eu beau venir avec son Paganini tout fait d'avance dans son cerveau, l'imagination est restée en arrière, et l'homme idéal est tombé devant l'homme-prodige.

Si Paganini avait été annoncé seulement comme appartenant à cette classe d'artistes célèbres, comme il en apparaît un ou deux par siècle; si sa réputation n'avait embrassé que les limites du possible dans son art, nos prétentions se seraient bornées à lui demander d'exciter notre admiration, notre enthousiasme par l'emploi de moyens connus, mais qui varient nécessairement entre les mains de tout homme de génie. Mais cette fois l'admiration n'était, si je puis parler ainsi, que le *cela va sans dire* de notre exigence. On lui demandait de plus ce je ne sais quoi qui surprend, étonne, confond. L'autre jour on nous a représenté Méphistophélès au Théâtre-Italien. Je l'avais pris bonnement pour un être fantastique, pour un personnage idéal d'un drame romantique. Maintenant je crois fermement à son existence. Oui, c'est bien lui, Méphistophélès, que j'ai vu et entendu jouer du violon, et plus d'un millier d'auditeurs l'ont entendu et vu comme moi. Je crois maintenant que cet être extra-humain s'est montré à Goëthe lorsqu'il méditait dans son cabinet; qu'il a apparu même à Mlle Bertin derrière le pupitre de son piano, pendant qu'elle composait ; et pour peu que la race des Paganini de ce genre devienne plus commune, je croirai non moins volontiers aux salamandres, aux apparitions d'Hoffmann et aux révélations de l'archiviste Lindhorst. Pour revenir à notre Méphistophélès, j'ai vu ce qu'on appelle vulgairement le *pizzicato*, semblable à des étincelles électriques, pétiller sur les cordes de son instrument, tandis que son archet, comme un éclair éblouissant, traçait un sillon de feu autour de sa tête échevelée ; j'ai vu son violon se métamorphoser tour à tour, se multiplier à la fois en flûte, harpe, harmonica, voix humaine, et enfin représenter tout un orchestre, avec ses effets et ses contrastes. J'ai entendu, dans des sons harmoniques, l'écho répéter dans le lointain des accens plaintifs ; et soudain, le protée changeant de forme, j'ai assisté à une scène de ventriloque. J'ai entendu des mélodies voltiger en trilles sur l'harmonie pleine et soutenue des doubles cordes ; des notes perlées monter et descendre aux deux extrémités de l'arpége ; j'ai vu les passions réunir leur langage tantôt langoureux, tantôt moqueur, tantôt colérique, se disputer à l'envi l'empire de l'ame. Toutefois, je doute que Paganini, tout Méphistophélès qu'il est, ait fait pacte avec le diable. Sa voix est pure et vierge comme celle d'un ange, et s'il excite un rire convulsif, il arrache des larmes pathétiques. Sa musique, si l'on en excepte ces épisodes consacrés à montrer tout ce qu'a de miraculeux son organisation si puissante dans l'exécution, sa musique est pleine de noblesse, suave de mélodie. Dans l'adagio, en *ut mineur*, si riche de chants larges et majestueux, et dans l'introduction de la marche militaire, il s'est élevé au plus haut période du sublime. Léger d'abord et entraînant de verve dans le rondo où brillent les saillies les plus vives, les détails les plus piquans, dans chaque variation de l'air *Nel cor più non mi sento*, il a découvert comme une perspective nouvelle de son art magique. Enfin l'on ne sait par quel sentiment l'on est le plus dominé, tantôt subjugué par l'expression énergique de son archet palpitant; tantôt étonné de la plénitude de son, de la fermeté avec laquelle il attaque les intervalles les plus éloignés, et des effets incroyables de sonorité qu'il tire de la quatrième corde.

A chaque fois qu'il apparaissait sur le théâtre, une triple explosion d'applaudissemens, d'acclamations, de trépignemens, accueillait l'artiste. Souvent l'élan spontané de l'enthousiasme l'a obligé d'interrompre son exécution. Le virtuose a accueilli ces transports avec un air de bonhomie, et je ne sais quelle gaucherie de pudeur qui sied bien au génie. L'autre jour (j'en ai été témoin moi-même), il est venu se mêler aux groupes dans les salons de Baillot. On exécutait un quintette de Mozart; il est monté ensuite sur l'estrade, et d'un air de confraternité et plein d'affection qui lui a gagné tous les cœurs, il a serré la main à son rival, en lui disant : *C'est admirable! cela me va à l'âme.* Hier au soir, on n'a pas vu sans attendrissement notre grand artiste, confondu parmi les auditeurs, rendre à son confrère les témoignages les plus touchans de la plus vive admiration. L'amitié, c'est la rivalité du génie.

PAGANINI. — DEUXIÈME CONCERT, 15 mars 1831.

C'est pour la seconde fois que j'entends cet être extraordinaire, indéfinissable, fabuleux, qu'on appelle Paganini, puisque, après tout, il faut lui donner un nom. Pour la seconde fois, il m'a transporté dans une région enchantée, et là je me suis dépouillé de mon écorce humaine, j'ai respiré quelques instans une existence aérienne, et mes yeux ont vu, et mes oreilles ont entendu des choses telles que, depuis cinq mille huit cents ans, aucun mortel n'en a ni entendu, ni vu de pareilles. Et, ne vous y trompez pas, lecteurs ;

c'est pour moi un véritable tourment, une souffrance réelle. Le songe fini, l'heure du charme écoulée, l'humanité, la vie retombent brusquement sur moi de tout leur poids ; je m'aperçois que je suis encore de chair et d'os ; et rien n'est plus discordant, rien ne jure plus horriblement que le souvenir de mes impressions passées et le sentiment de mon état actuel. C'est dans cette situation pénible, d'autant plus pénible qu'elle est double, qu'il faut que je vous parle encore de ces merveilles. Oui, il le faut, c'est plus fort que moi, je n'y puis résister. Et toutefois, lecteurs, j'espère que vous me saurez gré de mes efforts, car concevez-vous que l'on puisse rendre ce à quoi l'on ne peut croire ? comprenez-vous qu'on puisse exprimer en langage ordinaire, en expressions naturelles, présenter sous des formes humaines, ce qui sort du domaine de l'homme, ce qui échappe à l'analyse ? Ce serait un tour de force qui demanderait un autre Paganini.

Cependant, supposons pour un moment que Paganini soit un homme comme un autre, que son instrument soit un *Stradivarius* ou un *Guarnéry*, que son archet sorte de la fabrique de Tourte, que sa musique soit notée sur un papier à lignes parallèles, en rondes, blanches, noires, croches, doubles, triples, quadruples croches, etc.;

rapetissons-le à notre taille, réduisons-le aux proportions communes, qu'avons-nous entendu hier?
D'abord un concerto en *si naturel* mineur. Dès
le *tutti* d'introduction, Paganini se mêle à l'orchestre, et déjà il fixe toute l'attention. Les violons jouent-ils sur les cordes graves, sa main
droite est immobile, son archet en l'air ; à chaque
note, l'archet tombe sur l'instrument et remonte
à la ligne verticale pour retomber horizontale-
ment, comme un marteau sur l'airain. Vient le
solo. Son jeu est d'abord plein et large ; puis il
attaque la double corde, et il imite le *crescendo*
que Rossini a prodigué dans ses opéras ; parvenu
à la dernière explosion, la dégradation commence,
et insensiblement ces accords viennent expirer
dans le pianissimo. On entend une mélodie calme,
ou plaintive, ou passionnée; tout à coup, d'un
seul jet, son archet embrasse quatre octaves rapides, et aux extrémités de l'aigu, une note ar-
gentine vibre sous ses doigts : c'est la fusée qui
s'élance avec fracas, laisse dans l'air un long
sillon rouge, et retombe en bouquet de lumière.
Le second *tutti* de l'orchestre est étouffé sous le
tutti des bravos. Les effets des doubles cordes, les
contrastes des harmoniques, le pizzicato, les
trilles, les arpéges, les batteries, viennent se pour-
suivre, se succéder, se réunir dans un point

d'orgue ; c'est le feu d'artifice avec ses accidens et ses surprises.

Dans l'*adagio*, une clochette placée dans l'orchestre sonne le *fa dièze*. Cette note se combine merveilleusement avec la même note, répétée sur le violon en sons harmoniques. La clochette se tait pour laisser le virtuose libre de faire une excursion dans le ton relatif *ré majeur*; une modulation le ramène encore dans le ton primitif, et le dialogue se rétablit une seconde fois entre la clochette et le violon, dont les sons semblent sortir d'un petit tuyau d'orgue composé d'étain et de zinc.

Un rondo brillant a terminé la première partie.

La voix solennelle des trombones vient de se faire entendre. C'est l'introduction de la *Prière de Moïse*. A ces effets d'une instrumentation pittoresque, j'ai cru voir la grande ombre de Beethoven se dresser au milieu de l'orchestre. Mais elle disparut avec les derniers accords. Rossini ! quelle est belle ta prière lorsqu'elle est ainsi chantée ! comme elle part du cœur ! comme elle monte au ciel ! tu l'as entendue ; dis-moi, ne t'a-t-elle rien révélé ? — Un thème varié a succédé à ces accens religieux. Je soupçonne que, pour ces deux morceaux exécutés sur la quatrième corde, Paganini a monté son violon. L'orchestre jouait au *fa mineur;* je n'ai pas distingué le *sol* à vide. Vous avez entendu ces périodes brillantes de Mme Malibran, où, après avoir parcouru le diapason élevé de sa voix, elle vient opérer la résolution de sa phrase dans les sons graves du contralto; voilà la quatrième corde de Paganini.

Le virtuose a réuni dans la *Polonaise* tous les prestiges, tous les artifices, toute la magie de son talent. C'est dans ce dernier morceau, je crois, qu'il a placé un motif analogue à la romance de D. Giovanni; le *pizzicato* imite la mandoline, l'archet chante la mélodie. C'est peut-être une ressemblance fortuite, c'est peut-être une invention. Dans ce dernier cas, l'allusion est ingénieuse.

PAGANINI. —TROISIÈME CONCERT, 22 mars 1834.

Je me souviens d'avoir vu quelque part qu'Apollon est représenté sur d'anciens marbres, tantôt pinçant les cordes d'une lyre, tantôt jouant avec un archet. Homère, dans son *Hymne à Mercure,* donne aussi un archet à ce dieu. Quelquefois je suis à me demander si ce ne sont pas là autant d'allégories, autant de figures symboliques de cette espèce de demi-dieu de l'harmonie qui tout à coup apparaît au sein de notre dix-neuvième siècle, et au moment surtout où les doctrines romantiques viennent d'expulser définitivement de l'Olympe le paganisme et sa brillante hiérarchie de divinités de tout genre. S'il en était ainsi, grand serait le désappointement de MM. les romantiques, et ils seraient mal venus à revendiquer Paganini. Ce n'est pas tout encore : j'ai lu dans un ancien que Linus donnant des leçons de lyre à Hercule, celui-ci le tua d'un coup d'archet. Je ne sais pas à quel point ceux qui veulent à tous prix que Paganini soit un être fabuleux, pourraient trouver de l'analogie entre cette fiction et certain fait que plusieurs méchantes langues sont malheureusement parvenues à accréditer, et auquel d'ailleurs la conscience répugnerait d'ajouter foi, s'il n'avait été victorieusement démenti par l'auteur d'une brochure que j'ai citée dans un premier article. Quoi qu'il en soit, plus on entend Paganini, et plus il devient embarrassant de parler de cet être qu'on ne peut pas appeler sublime, parce que sublime est un mot inventé par les hommes. Ce n'est pas qu'il excite toujours le même enthousiasme; mais à raison de cela même, il reste peu de place à l'analyse. L'enthousiasme est un feu sacré; tenter de le communiquer, ce serait le profaner;

il faut le prendre au contact du génie, le puiser à sa source.

Avant d'en venir à l'examen de cette troisième séance, je dois lever un doute de l'esprit de mes lecteurs. J'entends dire de toutes parts que, d'un côté, il est bien fâcheux pour nos grands artistes, les Bériot, les Baillot, les Lafont, pour la mémoire de Rode et de Viotti même, que Paganini soit venu leur montrer à quelle distance il les a laissés derrière lui, et désenchanter notre orgueil national. Pour moi, je réponds hardiment : non ! par la raison bien simple que pour devancer quelqu'un il faut avoir parcouru la même route. Or la carrière que suit Paganini n'est pas du tout celle de nos violonistes français. Mardi dernier, 15 mars, un double intérêt de curiosité m'avait entraîné à la dernière soirée musicale de Baillot. L'assemblée était plus nombreuse qu'à l'ordinaire. Je dois dire que Baillot ne s'est jamais montré plus admirable, et j'ajoute que, dans le genre qu'il s'est créé, je ne conçois rien de plus parfait. Pour juger le talent de notre virtuose sous son véritable point de vue, il faut l'entendre exécuter la musique des grands maîtres. Ici l'artiste disparaît, et c'est Boccherini, Haydn, Mozart que l'on entend. Paganini ne joue guère que sa musique, parce qu'elle ne peut être exécutée que par lui ; et s'il lui arrive de faire entendre la *Prière de Moïse*, la romance d'*Otello*, ou un thême qui ne lui appartient pas, il se les approprie de telle sorte que c'est encore une création. Vous cherchez en vain Rossini, Paisiello, Mozart, vous ne voyez que Paganini. Ainsi, des deux côtés, il y a transformation, mais en sens inverse. Cette explication suffit pour exclure toute comparaison, et pour prouver que le géant peut se montrer à côté de nos artistes sans que ceux-ci en paraissent plus petits.

Il m'a fallu arriver jusqu'au troisième concert pour pouvoir écouter froidement Paganini, et me rendre un compte exact du mécanisme de son jeu. Dans cette séance, il n'a pas, comme dans la seconde, déroulé à nos yeux un ordre de difficultés inconnues, mais il les a réunies dans les divers morceaux qu'il a exécutés. La plus frappante d'abord est l'emploi merveilleux qu'il fait des doubles cordes, et la manière toujours sûre, toujours nette dont il combine, dans les traits les plus rapides, les sons naturels avec les sons harmoniques. Avant lui, on croyait avoir atteint le *nec plus ultrà* de l'art lorsqu'on était parvenu à faire une suite de trilles doubles. L'excessive longueur des doigts de Paganini lui permet de cadencer sur des octaves avec une agilité et une volubilité incroyables. Pour cela, il attaque une note avec l'index, saisit l'octave sur la corde supérieure avec le troisième doigt, et cadence au moyen du second et du petit doigt en montant ou descendant la main sur le manche selon le mouvement des gammes, rapprochant les doigts à mesure qu'il s'élève à l'aigu, les écartant lorsqu'il quitte le *démanché*, avec une justesse d'intonation qui tient du miracle. A propos du trille fait avec le petit doigt, un critique estimable a cru découvrir que ce trille était inconnu aux autres artistes; je puis lui opposer l'exemple de M. A. Bohrer, qui, dans les fantaisies pour violon et violoncelle qu'il exécute avec son frère, fait un usage fréquent de cette manière de cadencer. Dans ses passages en double corde, Paganini encadre toutes les combinaisons et les divers mouvemens de l'harmonie. Tantôt c'est le mouvement direct en sixtes, tierces, dixièmes; tantôt le mouvement oblique, ensuite le mouvement contraire; puis, c'est une note de passage sur chaque temps faible que les deux parties concertantes font entendre distinctement; tantôt enfin la pédale qui, après avoir résonné au grave, plane à l'aigu et vient se concentrer dans une partie intermédiaire. C'est tout à la fois un solo brillant et un cours d'harmonie.

Paganini a en outre d'autres procédés qui

facilitent son exécution et contribuent à la rendre plus éclatante. Par exemple, le morceau qu'il a joué hier sur la quatrième corde est écrit pour l'orchestre en *mi bémol*. Il monte son violon de manière que cette corde à vide donne le *si bémol*, en sorte que, pour le doigté, le morceau est réellement en *ut*. Le *si bémol*, au-dessus de la portée, est la note la plus élevée qu'il ait fait entendre; il embrasse donc trois octaves. Il obtient l'octave de l'aigu au moyen des sons harmoniques.

Le rondo qui a terminé la séance est écrit en *mi bémol* pour l'orchestre, et en *ré majeur* pour le violon principal. Par cette combinaison, il échappe à l'inconvénient que présente le ton de *mi bémol*, un peu sourd pour l'orchestre, et il produit des effets brillans d'exécution au moyen des cordes à vide du ton de *ré*, et des cordes à vide du ton de *sol*.

J'oserai néanmoins faire un reproche à Paganini. Peut-être n'a-t-il pas assez calculé l'effet que produit certain sifflement, lorsqu'après avoir franchi d'un seul coup d'archet plus de quatre octaves, et, parvenu aux extrémités de l'aigu, il fait des trilles dans des tons tout-à-fait inappré-ciables; les vibrations en sont trop faibles pour qu'ils puissent être agréables à l'oreille, et il se trouve dans la nécessité de promener rapidement l'archet sur la corde pour augmenter l'intensité du son, au lieu de le filer. Des traits semblables peuvent avoir du charme dans un salon, mais les vibrations se perdent dans l'immensité de la salle de l'Opéra, et il n'en résulte qu'un son aigre et inarticulé semblable aux sifflemens de la bise à travers les fentes d'une porte. Sous le rapport de la composition et de la forme, le nouveau concerto de Paganini est au-dessus de tout éloge. Je dirai seulement que le chant du premier *tutti* m'a paru un peu trivial. L'adagio, le rondo sont deux chefs-d'œuvre de grâce, de sentiment, de simplicité, d'élégance. Dans le *récitatif* et les thêmes divers exécutés sur la quatrième corde, il s'est élevé jusqu'au pathétique.

Que ceux qui ne connaissent pas encore Paganini se persuadent bien que ce n'est rien encore que de l'entendre. Je veux dire que le plaisir des oreilles n'est ici que secondaire. Cet homme est encore un tableau à voir, à contempler ; autant il s'éloigne de nous par la supériorité de son talent, autant il s'en éloigne par l'abandon et la singularité de ses manières. Et puis, cette pose, ce geste, ce regard, cette tête, tout cela est sublime. Qui peut se défendre d'une émotion inexprimable d'enthousiasme, lorsque l'on voit ces deux yeux flamboyans de génie et de colère se planter sur le téméraire trombone, qui s'avise de ralentir la mesure indiquée ! Celui qui n'a pas vu Paganini ne sait pas ce que c'est que l'artiste inspiré.

PAGANINI. — 26 mars 1831.

Au milieu de ce tourbillon, qui change si rapidement la surface de toutes les choses humaines, Paganini n'est pas une de ces nouveautés qui vieillissent dès le lendemain. Cette puissance de dissolution qui dessèche et flétrit tout ce que le temps vient à toucher dans sa course effrayante, ne saurait même effleurer celui qui a pu se placer, pour ainsi dire, en dehors du temps. Quoi qu'on ait pu écrire, analyser, discuter sur cet être extraordinaire, il est de fait qu'il n'est pas moins un homme nouveau pour ceux qui le connaissent déjà que pour ceux qui ne le connaissent pas encore. En voulez-vous la preuve ? Voyez un professeur habile affirmer dans un premier numéro que Paganini ne sait pas chanter, et se rétracter dans le second. Voyez un autre écrivain, après avoir reproché au premier d'avoir osé critiquer un homme qui par cela même qu'il sortait du domaine de l'art échappait à la critique ordinaire, est surpris à son tour à faire la leçon au divin artiste ! Nous voici, quant à nous, à l'abri de ces désappointemens, sauf les désappointemens futurs auxquels nous nous soumettons avec résignation, et les futures rétractations auxquelles il faudra bien nous prêter de bonnegrâce.

Paganini est un tout composé de trois parties distinctes, l'homme, le violoniste, le compositeur, lesquelles n'appartiennent à aucune classe de la grande hiérarchie sociale. Le rideau est levé. La porte du fond s'ouvre. Un homme assez grand, fluet, se présente. Entendez aussitôt ce cri de surprise et d'hilarité qui s'élève de tous les points de la salle et se mêle aux bravos de l'enthousiasme. Je vais entendre pour la première fois un concert donné par Lafont, Baillot, Tulou, Vogt, etc., etc. Je connais cet homme-là. Je l'ai vu sur les boulevards, au balcon des Italiens. Mais Paganini! je ne l'ai rencontré ni chez Tortoni, ni au rocher de Cancale. Il est vêtu de noir, son habit boutonné jusqu'au menton, le visage pâle et allongé, à moitié dans la cravate, un *rictus* qui se joue avec les rides immobiles qui sillonnent sa figure, un front large et découvert, une chevelure flottante, deux yeux qui se roulent dans leurs orbites noirs et lancent des éclairs dans l'assemblée, un sourire niais et qui semble narguer le monde, un violon sous le bras, un archet qui pend à sa main droite, la main gauche dans la poche de l'habit; il s'avance décontenancé et humble, il recule, puis s'avance encore, saluant comme le juif d'Ivanhoé; enfin après bien des zig-zags et des courbettes, il se trouve au milieu du théâtre. Il pose son instrument, son archet est en l'air, il tombe, le signal est donné, l'orchestre part, l'homme a fini, l'artiste commence.

J'entends d'abord un violon; oui, c'est bien un violon aux sons purs, argentins; l'archet galoppe en traits rapides, ou coule des notes lentes, pleines, sonores; mais non, c'est une flûte, deux flûtes, une harpe, un hautbois; c'est un oiseau qui gazouille. Attendez donc, c'est une voix qui chante, qui pleure. Mais ce n'est plus cela, c'est un diable qui grince des dents, c'est un charivari de démons. Alors il se fait dans la salle comme une grande crise. Ces deux mille spectateurs, hommes et femmes, un instant auparavant pétrifiés et immobiles, se livrent aussitôt à une agitation, à des clameurs, à des trépignemens frénétiques; dans l'orchestre, les archets claquent et se brisent presque sur le dos des instrumens, tandis que le fantôme noir s'éloigne lentement à reculons, grimaçant à droite, grimaçant à gauche, puis disparaît tout-à-fait au milieu de ce sabbat infernal.

Mais le voici encore comme une seconde apparition. Que va-t-il faire? Il va jouer un morceau sur la quatrième corde. C'est une sonate militaire, des variations sur un thême de Paisiello, ou sur la prière de *Moïse* de Rossini. Comment faire tant de choses avec aussi peu d'espace? Baissera-t-il la corde? Non, il la montera de manière qu'au lieu de donner le *sol* elle donnera le *si bémol.* Après un récitatif large, passionné, grandiose, et des périodes arrondies à la manière des Malibran et des Pisaroni, je crois distinguer le chant et le rhythme de l'air des *Noces de Figaro* de Mozart; j'entends la ritourelle éclatante de la trompette, et ses derniers accens viennent expirer sur un point d'orgue. Au moyen des sons harmoniques, le même chant reparaît à l'aigu dans un autre ton, et l'on dirait une musique lointaine qui répond à la première.

C'est ainsi que Paganini s'approprie et fait siens les motifs ou les thêmes qu'il emprunte aux compositeurs, comme s'il vous volait une épingle pour y asseoir un édifice tout entier. Mais il n'en est pas de même pour le concerto. Dans ce genre, il doit rester lui. Hier il a voulu exécuter le concerto de Rode en *ré mineur.* En ma qualité de Français, je suis sensible à cet hommage rendu à un artiste dont le souvenir nous est cher. Mais faut-il le dire? Il n'a été ni Rode, ni Paganini.

Si j'osais le regarder en face, je lui dirais :

Esprit mystérieux, mortel, ange ou démon,

qui que tu sois enfin, reste ce que tu es. Songe bien que celui qui t'a fait Paganini s'est reposé ensuite. Ton génie est trop grand pour te permettre d'entrer dans le génie d'un autre. Tu ne l'agrandirais pas et tu rapetisserais le tien. Les limites où se sont arrêtés tes *confrères* (si cette expression ne te paraît pas juste, accuses-en le dictionnaire et toi-même avant tout), ces limites sont pour toi le point de départ. Laisse-leur leur carrière, et parcours la tienne. Il n'iront pas t'y troubler ; sois-en bien sûr : laisse-les donc en paix.

Comme compositeur, Paganini est presque aussi extraordinaire. Ses mélodies sont expressives et pures comme celles de Mozart, pleines de la coquetterie et des grâces rossiniennes. Pour ce qui tient à l'instrumentation et aux effets d'orchestre, il appartient à l'école allemande. La forme de ses concertos lui est propre, et leur facture révèle de profondes connaissances harmoniques.

Après avoir examiné Paganini sous ses divers points de vue, il resterait à le considérer dans son ensemble; c'est une tâche qu'il faut laisser à ceux de nos lecteurs qui ne l'ont point entendu, et pour laquelle j'avoue mon impuissance.

SOIRÉES DE M. BAILLOT. — 28 février 1831.

Ce n'est plus ce palais magique dont parle Voltaire :

> Où les beaux vers, la danse, la musique,
> L'art de tromper les yeux par les couleurs,
> L'art plus heureux de séduire les cœurs,
> De cent plaisirs pour un plaisir unique.

Ce n'est plus une réunion brillante d'auditeurs et de gens passionnés pour un art dont la plupart ignorent les secrets, mais qui tous se laissent entraîner aux effets d'une symphonie grandiose, et à la puissance d'une exécution foudroyante. Ici, plus de séductions, plus de prestige. C'est un salon décoré avec simplicité, et dont les abords sont solitaires. L'élite des artistes s'y rassemble et s'y confond avec les talens distingués qui appartiennent à une autre classe de la société.

C'est, pour ainsi dire, une conversation *de petit comité*. où toutes les nuances sociales disparaissent, où chacun est admis à l'intimité du génie. L'homme du monde ignoré entre et prend place entre Onslow et Meyerbeer. Il aperçoit, tout près de lui, une jeune dame qui ne craint pas d'aborder la discussion avec M. Fétis. Cinq pupitres sont dressés sur une petite estrade. M. Baillot arrive, accompagné de MM. Vidal, Urhan, Norblin et Mialle. Sur les murs de la salle on lit un programme écrit à la main. D'abord c'est un quintette de Boccherini ; puis un quatuor de Haydn ; puis un quintette de Mozart, enfin un quatuor de Beethoven. Le simple programme est un cours d'histoire tout entier. Pendant une séance de deux heures, l'art et ses traditions vont se dérouler à nos yeux. Boccherini, avec ses allures antiques et naïves, respire je ne sais quel parfum de moyen âge. Haydn représente une société perfectionnée et pleine de raffinemens. Plus tumultueuse, plus passionnée dans Mozart, elle semble pressée d'un immense besoin de développemens. Beethoven, dans ses rêveries et jusque dans ses folies sublimes, est l'image d'une civilisation qui surabonde, qui déborde.

Eh bien ! M. Baillot est l'homme de toutes ces époques. Non seulement il se transporte au temps qu'indique le nom de l'auteur, mais encore il s'identifie avec le compositeur lui-même. Dans le *concerto*, c'est une grande intelligence musicale

qui embrasse l'art dans son ensemble. Mais ici,
par une transformation soudaine, spontanée, il se
fait tour à tour Haydn, Mozart, Beethoven. Avec
quel bonheur son archet reproduit les formes gothiques de Boccherini et leur rend leur coloris
propre et leur fleur de jeunesse avec le trille favori ! comme son jeu est ferme, élégant, fini,
dans l'allegro d'Haydn ; large, suave dans l'andante ; pétillant dans le menuet ; et avec quelle
explosion de fougue et d'audace il s'élance avec
Beethoven et se précipite, fier de son indépendance, à travers les obstacles de la science, qu'il
renverse pour planer librement au-dessus de ces
débris, dans les régions de la mélodie ! Mais jamais Baillot n'est plus sublime que lorsqu'il se
fait l'interprète de Mozart ; son langage alors devient tout ame, tout passion ; il tire de son instrument des sons inappréciables, des accens concentrés, comme il en échappe du cœur d'un
homme en délire. Et, dans tout cela, une merveilleuse variété d'expression. Il répète la même
idée, mais avec un sentiment différent, toujours
vrai, toujours profond. Il faut dire aussi que ce
grand artiste est admirablement secondé par ses
collègues. Il leur communique le sentiment et
toute la chaleur dont il est animé ; il les person-
nifie en quelque sorte en lui-même, et les entraîne

dans la sphère du génie dont ils reproduisent tous ensemble les conceptions avec une si prodigieuse unité.

Qu'on ne s'étonne pas que l'on puisse produire de tels effets avec quatre ou cinq instrumens. Plus sont étroites les limites dans lesquelles se resserre le génie, plus il apparaît grand et puissant. Mais l'entrée du sanctuaire est interdite au grand nombre.

A l'admiration succède l'étonnement. Croirait-on, par exemple, que cette exécution a lieu sans préparation, sans répétition? Il en est pourtant ainsi. On annonce tel ou tel quatuor de tel ou tel auteur. Le choix est encore douteux. On ouvre au hasard la collection, et l'on joue à livre ouvert. Le choix est tombé sur un quintette de Boccherini en *fa mineur*, sur un quatuor d'Haydn en *ré majeur*, sur le magnifique quintette de Mozart en *ut mineur*, et sur un des premiers quatuors de Beethoven en *sol*. Quelle musique et quelle exécution !

Des variations sur un thème de Hændel, dans lesquelles M. Baillot s'est montré avec sa supériorité ordinaire, ont terminé cette séance si courte et si pleine.

CONCERT DE M. FERDINAND HILLER.

Il s'en faut de beaucoup que les notabilités musicales que la France possède se bornent aux noms que de nombreux triomphes sur la scène ont mis en lumière. En dehors de cette sphère où brillent d'un éclat plus ou moins vif, Rossini, Meyerbeer, Auber, Boïeldieu, Paër, Hérold, Halevy, Adam, Caraffa, etc., etc., sont cachés, derrière un voile que le temps déchirera bientôt, de jeunes artistes destinés à des succès non moins éclatans, et à imprimer à l'art un mouvement non moins grand. Pour qui se plaît à sortir de temps en temps de cette atmosphère extérieure toute retentissante de réputations déjà faites, et à pénétrer dans cette autre région, où se forment et se développent les germes d'une époque future, cette génération ardente, laborieuse, enthousiaste, est à la fois un vif sujet de sollicitude, d'intérêt et d'espérance. En tête de cette génération marchent MM. Hector Berlioz, Ferdinand Hiller, Lizt, et quelques autres jeunes artistes.

C'est pour cela que nous ajoutons tant de prix à ces concerts, à ces séances où nous ne sommes pas attirés, il est vrai, par l'éclat d'une renommée, mais où, le cœur palpitant d'amour pour l'art, nous allons contempler les purs et premiers rayons d'une gloire naissante, à la clarté desquels on peut entrevoir dans le lointain l'art à venir qui se prépare. Aussi, c'est souvent avec enthousiasme et toujours de bon cœur que nous signalons ces productions en quelque sorte prophétiques, et qui ne paraissent obscures et problématiques que parce qu'elles renferment le secret d'une ère nouvelle. Du reste, l'analyse de ces compositions nous paraît tout aussi intéressante et mille fois plus instructive que celle de ces œuvres éphémères qui, pareilles à des météores rapides, brillent d'un éclat d'un jour sur nos théâtres.

Au moment où les concerts du Conservatoire vont s'ouvrir, où l'élite de nos jeunes artistes se dispose à rendre au grand artiste de l'Allemagne le tribut d'admiration qu'ils lui ont voué; au moment où les sincères amis de l'art sentent leur cœur palpiter à l'idée de ces belles séances auxquelles ils assistent avec un respect religieux, je me fais un plaisir de signaler le jeune compositeur qui nous a offert les prémices de son talent dans cette même salle qui va retentir des poétiques créations de Beethoven et de Weber.

C'était immédiatement après le triomphe de *Robert-le-Diable*; les esprits étaient encore tout

pleins de ces inspirations allemandes que Meyerbeer venait de réveiller parmi nous, lorsque son
compatriote, Ferdinand Hiller, nous convie à
entendre sa symphonie en *mi*, et son ouverture
pour la tragédie de *Faust*. Je dirai ce que j'entends
par inspiration allemande, lorsque je ferai connaître un à un ces drames, ces poèmes, que Beethoven nous a donnés sous le titre de symphonies;
lorsque j'analyserai dans leur ensemble et dans
leur détails, sous le rapport de la conception et
de l'art, ces œuvres gigantesques, et en quelque
sorte posthumes (tant l'indifférence contemporaine était grande!); lorsque je tâcherai de découvrir le poète dans le musicien, le philosophe
dans le poète, l'homme dans le philosophe;
l'homme à cauchemar, à visions, l'homme fantasque, inégal; tantôt sublime, tantôt débile,
tantôt géant, tantôt enfant.

Mais parlons de M. Hiller.

Ce n'est pas sur une première impression que
l'on peut apprécier des compositions telles que la
symphonie en *mi* et l'ouverture pour la tragédie
de Faust. L'œuvre sérieuse et profonde de l'artiste, fruit de longues et fortes études, veut être
étudiée et approfondie avec conscience. Grâce au
progrès du temps, l'art n'est plus un jeu facile et
brillant de l'esprit, une distraction et un délas-

sement ; c'est une surface sur laquelle la nature, l'humanité viennent se peindre tour à tour, et qui exprime à la fois leurs caractères constans et leurs formes variables. Il faut donc percer au delà et pénétrer dans cette double source de poésie et d'inspiration. Néanmoins j'ai la certitude de ne point me tromper en affirmant, d'après les souvenirs que m'a laissés cette audition rapide, que cette symphonie et cette ouverture suffiraient seules pour placer M. Hiller au nombre des compositeurs les plus distingués de l'époque. L'une et l'autre révèlent dans l'auteur une maturité d'idées et une sûreté de style surprenantes dans un jeune homme de vingt ans. Ses plans sont tracés ~~sur~~ de larges proportions ; son harmonie a du corps, ses chants de l'ampleur, de l'élégance et du charme.

Il n'y a qu'à louer, dans les deux premiers morceaux, l'*allegro* et l'*andante*. Le *Tempo di marcia*, qui tient la place du menuet, est remarquable par sa coupe originale, et son effet a quelque chose de gothique. Je m'attendais que le rhythme à deux temps fût brisé par un motif à trois temps. Beethoven a le premier donné l'exemple de cette hardiesse dans quelques-uns de ses menuets et changeant de mesure au *trio*, en le morceau y gagne en variété.

L'allegro final de M. Hiller est un drame chaleureux où il passe successivement de l'accent martial à des épisodes et à des scènes pittoresques. Le morceau étincelle d'idées et d'effets neufs.

Il y a plus d'élan, plus de grandeur, plus de poésie dans l'ouverture du poème fantastique de Goëthe. Le caractère de Marguerite, ses perplexités, ses douleurs y sont fort bien rendues. Mais, pour en dire davantage, j'aurais besoin de relire Goëthe, et d'entendre plusieurs fois la traduction poétique de M. Hiller.

Le concerto du jeune élève d'Hummel n'est pas moins remarquable par son début grandiose, par l'adagio en *re bemol*, qui s'ouvre par une phrase de plain-chant, et dans lequel il passe ensuite à des mélodies pleines de rêveries et d'une expression délicieuse.

Après avoir parlé de M. Hiller comme compositeur, je pourrais le recommander comme pianiste également distingué. Qu'il me suffise de dire qu'il s'est montré digne de jouer à côté d'un de nos virtuoses, M. Kalkbrenner. On eût dit que ces quatre mains appartenaient au même corps; que ces deux artistes, que ces deux ames n'étaient qu'un.

J'ai dit, en commençant cet article, que MM. Hector Berlioz et Hiller marchaient à la tête de la nouvelle génération musicale qui s'avance. Le premier est à Rome, et nous entendrions à peine parler de lui, si quelque journaliste indiscret ne s'avisait parfois d'écrire son nom lorsqu'il s'agit de l'avenir de l'art. Je veux dire, en passant, à quel point les lauréats du Conservatoire de musique sont mal partagés. Les jeunes peintres qui sont à Rome envoient leurs ouvrages, et ces ouvrages sont exposés. Les compositions des jeunes musiciens français, non-seulement ne sont pas exécutées, mais ne sont pas même lues, et je me sers à dessein de cette expression; car, pour qui connaît les œuvres que M. Berlioz a déjà fait entendre au Conservatoire, il est clair que la lecture ne suffit pas pour les apprécier.

Eh bien! pourquoi ne pas confier à ces jeunes artistes la composition d'un grand opéra? — Mais, dit-on, qu'ils fassent d'abord leur coup d'essai à l'Opéra-Comique. — Non, ce serait le moyen de les faire échouer. Essayez donc de faire nager une baleine dans un ruisseau. Quelque opinion qu'on se forme du genre de talent de M. Berlioz, il est impossible, après avoir entendu ses compositions et ses cantates et sa symphonie romantique, de nier qu'il soit doué d'une grande puissance de création, et d'une force prodigieuse de volonté.

Donnez donc de l'air au géant pour qu'il respire, et au lieu de l'enfermer dans les limites d'un petit art mesquin et factice, découvrez devant lui un vaste horizon. Si vous voulez le mettre à l'épreuve, ne l'arrêtez point au premier pas; mais laissez-lui prendre son essor dans un chant vaste et aéré, et fatiguez-le, si vous pouvez, par une course longue et soutenue. Ne commencez pas par l'enchaîner d'abord, donnez-lui, au contraire, la plus grande liberté. Prenez garde! ne méconnaissez point le génie! on peut retarder son jet et son élan, mais l'étouffer et le paralyser, ne l'espérez pas. Vient un moment où le colosse passe par le trou d'une aiguille et nous impose sa loi. C'est l'histoire de tous les grands hommes. Mieux vaut les voir venir, aller à leur rencontre; car celui qui les devine et les annonce, se place à côté d'eux. M. Meyerbeer a eu déjà l'occasion de faire connaître son opinion sur les deux jeunes artistes dont nous parlons, vis-à-vis de personnes influentes, et d'une manière qui fait honneur à son caractère et au talent des deux jeunes rivaux. Plaise au ciel que ces nobles vœux ne soient pas dédaignés, et qu'un semblable témoignage donne de la force à nos paroles!

CONCERT HISTORIQUE DE M. FÉTIS. —Décembre 1832.

C'est assurément une heureuse idée que celle
de ces séances historiques où l'on croit voir apparaître successivement les ombres des grands
artistes des âges passés. Chacun d'eux s'y montre
non seulement avec sa physionomie individuelle,
mais on retrouve encore dans ces exhumations
poétiques des types, des caractères nationaux, et
les diverses inspirations qui ont présidé aux époques différentes de l'art. L'intérêt donc qui s'attache aux contrastes devient ici plus vif en raison
de l'éloignement, et s'accroît de la curiosité
qu'excitent, dans un siècle où l'on se hâte de
dévorer le nouveau, toute résurrection soudaine,
tout *inventaire posthume*, comme on l'a dit, des
siècles écoulés.

Cette recherche des traditions, cette investigation des formes particulières à chaque période
de l'art, nous ont toujours paru indispensables à
tout progrès, à toute amélioration. Nous n'avons
jamais conçu de développement possible pour un
art hors de ce qui constitue sa base ; nous n'avons
jamais pensé qu'il pût gagner d'un côté et perdre
d'un autre, ni qu'il augmentât réellement ses

richesses, si la découverte d'une chose le forçait à l'abandon d'un élément primitif. C'est dans son entier, dans son ensemble, que l'art s'étend et s'agrandit. Ses principes constitutifs sont autant de germes vivans qui obéissent à une loi de végétation commune. Cette fécondation se propage de proche en proche à toutes les parties du sol; la sève se glisse et se distribue dans toutes les branches. Néanmoins, ce développement ne s'opère pas dans la même proportion et suivant une progression uniforme. Les climats, les idées dominantes à chaque époque, les civilisations, sont autant de causes de modifications presque infinies. Tel élément qui dort, prêt à éclore, tandis qu'un second a atteint son accroissement, et qu'un troisième languit et s'use pour subir une nouvelle transformation et reverdir encore. Ainsi la vie se renouvelle et circule tour à tour. Le mouvement et l'action ne se manifestent pas également de toutes parts, mais l'ame est partout.

Pour que le développement soit complet, nous pensons que l'artiste doit se placer sous un double point de vue. En envisageant, d'une part, les destinées futures de l'art, il doit, de l'autre, jeter un coup d'œil sur cette longue chaîne de traditions et cette série de découvertes qui ont amené l'art au point actuel. Alors même que son génie l'entraîne vers de nouvelles combinaisons, un instinct secret doit l'avertir si ces combinaisons sont ou non en harmonie avec l'ensemble de toutes celles qui ont précédé. Pour se guider sûrement dans la voie de l'inconnu, il ne faut point oublier le point de départ. C'est d'après cette donnée fondamentale qu'il doit régler l'impulsion de ses idées et en mesurer la direction. Il y a donc deux marches à suivre : l'une, que j'appellerai rétrograde ; l'autre, d'avancement. De cette hauteur, le génie dominant à la fois l'espace parcouru et les régions qu'il entrevoit au delà, peut se livrer à son ardeur de découvertes sans crainte de s'égarer. De cette manière, le progrès n'est plus un mouvement aveugle, irréfléchi, effréné, mais un développement graduel de tout ce qui est, de tout ce qui a existé.

Sous l'un de ces rapports, le concert historique de M. Fétis offrait un immense intérêt, et nous avons applaudi nous-mêmes les premiers à la conclusion du troisième discours où le professeur fait ressortir les avantages que les artistes de nos jours retireraient d'une étude approfondie de ces vieux monumens, que la plupart d'entre eux se soucient fort peu de connaître. Ce morceau était digne de l'approbation qu'il a obtenue,

Toutefois, l'auteur de cet article n'étant point à Paris, à l'époque où les premières séances de M. Fétis ont eu lieu, il a dû se préparer à rendre compte de celle-ci, par la lecture des divers discours prononcés dans les précédentes, discours qui ont été publiés dans la *Revue Musicale.* Et il doit l'avouer, l'impression qui lui en est restée ne lui a pas paru correspondre à celle qu'il avait rapportée du concert de dimanche dernier. Examinons donc quelques principes soutenus par le savant professeur dans ces différens discours.

« S'il n'y avait dans la musique, dit-il, qu'un » principe de sensation momentanée, ayant pour » unique résultat d'affecter plus ou moins agréa- » blement l'oreille, elle ne mériterait guère plus » de considération que *l'art culinaire*; il y aurait » en effet peu de différence entre le mérite *d'un* » *musicien* et celui *d'un cuisinier*, car tous deux » n'auraient qu'à satisfaire par des sensations pas- » sagères deux sens différens. Il n'en est point » ainsi, etc. »

Nous ignorons l'effet qu'a produit sur l'audi- toire de M. Fétis ce rapprochement ingénieux. Quoi qu'il en soit, est-ce là, pour un musicien comme M. Fétis, un langage bien noble, bien artiste? Mais voici qui est plus grave.

Ayant à parler des créateurs de l'opéra-comique français, M. Fétis fait observer « qu'il ne » fallait pas moins de mérite pour faire les pre- » miers pas dans un art nouveau que pour ache- » ver de *fixer les formes* de cet art. » Or, on ne peut pas plus dire que les formes de la musique sont fixées, qu'on ne peut affirmer que celles du langage le sont aussi. Les unes et les autres se modifient suivant les époques et les génies. Les formes de Hændel, de Haydn, de Mozart, étaient certainement bien arrêtées, et cependant elles ne sont pas les mêmes que celles de Weber, de Rossini, de Beethoven, lesquelles sont aussi parfaitement déterminées. Mais M. Fétis nous épargne la peine de lui répondre; il se réfute lui-même à la phrase suivante, quand il dit: « L'inépuisable fécondité » des formes dont la musique est susceptible mul- » tiplie les révolutions dans cet art. » Dire que la *fécondité des formes est inépuisable,* c'est dire, en d'autres termes, que les formes ne sau- raient être fixées à tout jamais. Nous insistons sur ce point, parce que nous croyons que c'est là le côté par où pèche le système de M. Fétis. Dès lors qu'il a établi que l'art est *formé* définitement, il doit, s'il est conséquent, admettre que tout progrès est désormais impossible, car tout pro- grès est une transformation, le fonds et l'essence de l'art restant toujours les mêmes. Plus de ré-

volutions, plus de découvertes, plus de développe-
pemens, puisque tout cela comporte des formes
et un style nouveau; l'art s'arrête, il est fini, il
est clos. L'art, cette chose sans limites, comme la
pensée, comme l'ame, comme l'intelligence, a
atteint les bornes qu'il a plu à un écrivain du
Journal des Progrès de lui marquer. Et c'est
sans doute à cette idée fixe chez M. Fétis qu'on
doit attribuer l'acharnement, ressemblant parfois
à de la passion dont il poursuit toute conception
dans laquelle il croit entrevoir le germe d'un progrès futur.

Cette doctrine est désolante pour le génie ardent et créateur. Pourtant nous sommes heureux
de montrer que M. Fétis échappe quelquefois à
ses propres conséquences. « La musique, dit-il
» très-bien, n'a point de sens absolu. La faculté
» d'expression qu'elle possède est essentiellement
» vague. Mais c'est à cause de cela qu'elle a plus
» de puissance que dans les autres arts. Elle
» laisse un champ vaste à l'imagination, tandis
» que la peinture et la poésie ont un caractère
» d'imitation positive qui *borne* le domaine de
» leur force expressive. »

Dans le même discours, et à propos de Keiser,
ancien compositeur allemand, M. Fétis s'exprime
ainsi : « Doué du talent le plus original, ce mu-

» sicien semble avoir ignoré ce qui s'était fait
» avant lui.... La musique de Keiser est un
» type, etc. » Nous n'avons rien à dire contre
cette observation. Mais, rapprochant ces lignes
de quelques autres que M. Fétis a imprimées dans
un journal quotidien, nous n'avons pas été peu
surpris de voir que ce dont il fait honneur à Keiser, il en fait un reproche, et dans les mêmes
termes, à un jeune artiste dont le nom produit en
ce moment un long retentissement dans le monde
musical. Voici les autres paroles de M. Fétis :
« C'est mal commencer dans les découvertes que
» d'ignorer ce que d'autres ont trouvé aupara-
» vant..... Ceux dont le génie a été le plus indé-
» pendant et le plus original, ceux-là, dis-je,
» ont commencé par faire comme on faisait avant
» eux. En un mot, ils ont été imitateurs avant
» de se proposer pour modèles. » M. Fétis vient
pourtant de nous montrer dans Keiser une exception assez remarquable. Du reste, nous ne prétendons tirer de ceci d'autre conséquence, si ce n'est que
M. Fétis, diversement préoccupé dans le moment
où il écrivait ces deux passages, a trouvé bon
dans Keiser ce qu'il a trouvé mauvais dans
M. Berlioz.

Les trois discours prononcés par M. Fétis, dans
la séance dernière, nous ont paru renfermer quel-

ques principes également contestables ; mais nous devons attendre leur publication pour y revenir, s'il y a lieu.

Le seizième siècle a été une grande époque pour la musique. Josquin Després, Clément Jannequin, Nicolas Gombert, Luther, Jean Mouton, Palestrina, Cavalière, etc., etc., tous ces grands maîtres ont été passés en revue au concert de M. Fétis. Mais dans ces courtes apparitions nous n'avons pu saisir que des traits épars de ces majestueuses figures. Toutefois ils sont venus là en costumes de leur temps, avec leur individualité, leur nationalité, leur expression pure, naïve, virginale, leurs inspirations chevaleresques et chrétiennes. Pour jeter plus de variété, M. Fétis nous a fait entendre des morceaux de musique instrumentale, écrits pour théorbes, guitares, violes, orgue. L'épinette aux sons nasillards, argentins et un peu confus, a résonné sous les doigts de M. Kalkbrenner. Cet artiste, dont la méthode est si belle, si élégante, si large, a admirablement rendu le caractère de cette musique, à laquelle les trilles prolongés sur la résolution de l'accord final, les cadences plagales, les tours gothiques et naïfs prêtaient une allure du moyen âge. Pourquoi l'artiste ne saurait-il s'oublier un instant? Pourquoi M. Kalkbrenner s'est-il laissé aller à sa fantaisie dans une *coda* , sur un instrument qui ne répondait pas à son inspiration , tout exprès, ce semble, pour détruire l'illusion qu'il nous avait faite? Ce n'est pas ainsi que M. Franchomme et notre admirable Baillot ont rendu *la Romanesca* , cette composition anonyme, suave, délicieuse, type de toute la mélodie italienne, Baillot nous a transportés au seizième siècle, et il nous y a laissés respirant les parfums de cette mélodie ravissante. Car c'est là ce qui distingue Baillot ; il est l'homme de tous les âges, et quand il exécute Haydn, Mozart, Onslow, il leur dérobe leur ame. Le *Vilhancico* espagnol à six voix de femmes, et accompagné de huit guitares, a produit le plus grand effet. Ce morceau, ainsi que plusieurs autres, a été redemandé. Il a un caractère extrêmement original. Peu s'en est fallu que les branles du Poitou et les bourrées d'Auvergne du temps de Charles IX, les allemandes, les courantes et les gigues, aient métamorphosé la salle du Conservatoire en salle de bal. Nous avons remarqué dans une de ces allemandes une reprise de hautbois et de basson, dont l'effet est pittoresque et saisissant, et la modulation en *ré* qui la termine a tout l'attrait de la nouveauté.

Il est vrai de dire, pourtant, que ces morceaux,

malgré leur diversité, paraissent tous avoir un
air de famille. Pour nous, hommes du dix-neuvième siècle, le pourpoint de Henri III, le haut-
de-chausses de Louis XIII, ont la même physionomie, tandis que les modes de l'année dernière
nous semblent ridicules, et que nous établissons
des nuances si tranchées entre Rossini et Beethoven et tous nos musiciens contemporains. Quoi
qu'il en soit, ce concert a excité une vive curiosité, et nous souhaitons pour notre part qu'il nous
soit redonné.

Toutes les parties n'ont pas été également bien
exécutées. Presque toujours la première intonation des chanteurs a été fausse. Souvent il a fallu
recommencer les airs, ce qui produisait un prélude fort peu agréable. Nous n'avons eu qu'un
seul morceau de Palestrina, bien que le programme en annonçât deux. Cette musique toute
d'ondulations, qui semble une vibration lointaine
d'un cantique du ciel, cette musique fluide, sans
corps, pure et diaphane, n'a pas été comprise. Et
cela devait être, car les chanteurs l'ont dite sans
intelligence, comme des notes enfilées les unes
aux autres.

Nous le répétons : ces séances historiques sont
une excellente idée, mais nous croyons qu'on doit
la renvoyer à M. Choron.

CONCERTS DE JOHN FIELD. — CONCERT DE M. DIETZ. —
Janvier 1833.

Le temps et l'espace m'ont manqué pour rendre un compte détaillé du concert que le célèbre John Field a donné le dimanche, 25 décembre dernier, au Conservatoire de musique. Néanmoins, avant de parler de celui qui vient d'avoir lieu dans les salons de M. Pape, je dois revenir au premier, sûr de rappeler à tous ceux qui y ont assisté d'agréables souvenirs. Je le fais d'autant plus volontiers qu'au Conservatoire Field était accompagné de l'orchestre complet ; circonstance qui n'est pas indifférente pour le musicien. De même que Paganini, Field n'est pas moins remarquable par ses compositions que par son jeu. C'est un double plaisir qu'il nous procure, c'est une double étude à laquelle nous devons nous livrer. Je ne m'arrêterai qu'aux principaux morceaux de cette première séance.

Comme pianiste, Field ne peut être comparé à aucun de ses rivaux, je veux dire quant au genre et à la méthode. Il n'a aucun système adopté, il n'est d'aucune école, ni de celle de Dusseck, ni de celle de Clémenti, ni de celle de Steibelt. Field est Field. C'est un talent natif et original.

Tous les procédés ordinaires de mécanisme semblent disparaître dans sa manière de jouer. Elle est pleine de laisser-aller et de bonhomie spirituelle. Avec cela une précision et un aplomb surprenans ; une grâce et une coquetterie exquises. Field s'assied tout bonnement à son piano , comme au coin de son feu. Il n'affecte aucune de ces attitudes préparées, aucun de ses gestes d'apparat, genre dans lequel excellent un si grand nombre de nos artistes. Dès les premières mesures, on serait tenté de trouver sa main pesante. Puis tout à coup son jeu devient agile, délicat et d'une netteté incroyable dans les traits de la plus extrême volubilité. Il s'anime peu. Tranchons le mot : Il est froid, mais cette froideur est en quelque sorte une condition de son talent. Avez - vous jamais rencontré un de ces bons bourgeois , sans souci, dont les manières lourdes et familièrement rondes vous ont d'abord déplu, mais qui ont fini par vous captiver par une causerie remplie de charme, une érudition agréable et variée, un tour d'esprit fin et piquant, une raillerie ingénue, qui relèvent si singulièrement leur simplicité ? Voilà Field.

En faisant ainsi le portrait de Field, j'ai donné une idée de sa musique, laquelle doit reproduire son individualité, s'il est vrai, comme on l'a dit tant de fois et à tout propos, que *le style est l'homme*, ou, si l'on veut, *l'expression de l'homme.* Tantôt bizarre, gothique dans ses contours, tantôt élégante et fraîchement parée, tantôt svelte et capricieuse, la musique de Field est une musique de fées. Mais elle ne se distingue pas moins par l'instrumentation que par l'abondance et la nouveauté du chant. l'instrumentation a long-temps été considérée comme une partie très-subalterne dans les concertos. Toute l'attention se portait sur l'instrument principal. Cependant de grands symphonistes, qui, en même temps, étaient des virtuoses célèbres, ont su tirer un très-heureux parti de l'emploi fait avec discernement des divers accens de l'orchestre et des effets des instrumens à cordes et des instrumens à vent, habilement ménagés, dans l'accompagnement des solos. Sous ce rapport, les concertos de Beethoven, de Paganini et de Field doivent être rangés à part. Ainsi comme dans le concerto exécuté par ce dernier au Conservatoire, on est tout étonné d'entendre au milieu d'un pianissimo un éclat de trompettes qui produit un effet inattendu, étrange, parce qu'il n'a rien de terrible, et qu'il semble au contraire une voix lointaine qui plane dans les airs. Ailleurs, le compositeur transportera le chant dans l'orchestre, tandis que d'une seule main il fera sur son piano une espèce de cadence qui n'est pas un second chant, mais plutôt un accompagnement obligé du résultat le plus heureux. Il faut pour cela une connaissance approfondie de l'art, et ce génie de combinaison qui devine des effets inconnus, et qui est le partage d'un très-petit nombre d'artistes.

Les morceaux les plus importans qui, avec ceux de Field, ont rempli la séance du Conservatoire sont, l'ouverture de *la Flûte enchantée* et le quintette de Mayseder en *mi bémol*. Cet ouvrage, qui est aussi une espèce de concerto, a été admirablement exécuté par M. Tilmant. Ce jeune artiste est plein de chaleur et de verve; son jeu est large et nourri, et son jeune frère, violoncelliste très-distingué, l'a accompagné avec un talent auquel sa timidité porte tort quelquefois. Le quintette de Mayseder est d'une facture riche et hardie. L'adagio, en *la bémol*, a pour motif le trait d'accompagnement des violoncelles dans les couplets de Mathilde de *Guillaume Tell*, qui sont aussi écrits en *la bémol*. Il y a dans le trio du *scherzo* quelques mesures d'une harmonie fantastique et d'un effet insaisissable : on dirait des cloches qui carillonnent dans des tons inappréciables. Le finale n'est pas inférieur aux morceaux précédens, mais il se termine par une suite harmonique si bizarre, qu'on ne peut découvrir quelle a été la pensée de l'auteur.

M. et Mme Boullanger-Kunzé ont chanté le duo de *Zampa*. Celui dont nous déplorons aujourd'hui la perte, et dont les dépouilles, à l'heure où nous écrivons, viennent d'être déposées à côté des cendres de Méhul ; Hérold était là, portant dans son sein le mal qui nous l'a si prématurément enlevé. C'est probablement la dernière fois qu'il a entendu ce fragment du bel ouvrage qui a précédé le *Pré aux Clercs*, son chant du cygne.

Mais revenons à Field et à son second concert. Jamais les beaux salons de M. Pape n'avaient offert une réunion plus nombreuse et plus brillante. C'est que les noms du pianiste de Saint-Pétersbourg, de Drouet, de Baillot, ont une puissance magique. Cependant, quelque remarquable qu'ait été cette soirée, quelque talent que le virtuose ait déployé dans les quatre morceaux qu'il a fait entendre, j'avoue que l'impression qui m'en est restée n'est pas comparable à celle qu'il avait produite sur moi au Conservatoire. D'ailleurs, j'avais aussi à me défendre des souvenirs de la séance de la veille, dont je vais parler à l'instant. Ajoutez à cela l'absence de l'orchestre, dont Field tire un parti si délicieux, et l'inconvénient qui résultait de la place que j'occupais trop près du pianiste, et que plus d'un amateur m'aurait sans doute enviée. Cette proximité et la vue du mécanisme sont peu propres à l'illusion et peu favorables à juger une musique aérienne, et qu'il faut entendre à distance.

Néanmoins le thème suave que Field a intercalé dans son concerto, et son quintette, sont des morceaux ravissans et dans l'exécution desquels son talent ne s'est jamais montré inférieur à lui-même. Il a constamment excité dans l'auditoire les plus vifs applaudissemens. Mais un enthousiasme frénétique a accueilli les airs que M. Drouet a joués sur la flûte. Il faut entendre cet artiste pour se faire une idée de la puissance de cet instrument entre les mains d'un homme qui semble destiné à en multiplier les ressources. L'habileté, l'aisance, la netteté avec lesquelles il a surmonté les difficultés inouïes des variations sur le chœur des chasseurs de *Freychütz*, tiennent du prodige. Je suis fâché seulement que M. Drouet ait dénaturé l'harmonie de cette musique si originale. Il a exécuté ce morceau à deux parties distinctes, l'une qui faisait entendre le chant, l'autre des batteries ou des arpèges, rendus avec une prodigieuse volubilité. D'autres peuvent le disputer à M. Drouet pour la beauté du son et la manière de chanter, mais il n'a point de rival dans l'art de vaincre les difficultés. M. Baillot a rendu admirablement son air varié. Il est juste de dire que cet air est l'un des meilleurs de notre grand violoniste. Mme Drouet et M. Richelmi se sont fait également très-applaudir dans les morceaux qu'ils ont chantés. Un duo de Dusseck, pour piano et violon, exécuté par Field et Baillot, a couronné cette belle séance.

Samedi dernier, M. Dietz, facteur de pianos, avait réuni chez lui tout ce que Paris renferme de jeunes talens. On devait y entendre le fameux septuor de Hummel, joué par Liszt et par six artistes de l'Opéra. Les petits Eichorn ont ouvert la séance sur leurs petits violons par de nouvelles variations sur la marche de *Moïse*, qu'ils ont exécutée avec leur aplomb enfantin qui semble ignorer les difficultés. Mme Damoreau a chanté, avec sa perfection ordinaire, un air italien et le duo de *la Dame Blanche* avec Lafont. Enfin Liszt a paru au piano. Le septuor, œuvre magnifique d'inspiration et d'art, est venu faire pâlir tout ce dont il était précédé et suivi. C'est grand, c'est fort, c'est hardi, c'est souvent gracieux, c'est original, c'est beau ! Mais Liszt ! comment caractériser un pareil phénomène ! Rien ne l'arrête, rien n'entrave sa marche ; ce ne sont pas ses mains qui jouent du piano, mais bien sa pensée, son ame, son cœur. Ses doigts obéissent à son inspiration, comme les touches du piano obéissent à ses doigts. Il bondit sur le superbe instrument, il pleure, il sanglote, il succombe et se relève fier; il rêve et soupire, se passionne jusqu'à la frénésie, se prosterne dans une contemplation religieuse, joue et folâtre comme un jeune tigre, puis vous éblouit jusqu'à en perdre la vue, vous fascine, vous écrase, et vous jette en finissant un coup de foudre comme pour achever la consternation où vous plonge son génie. Oui, génie et non pas talent. Il faut le voir, il faut l'entendre; il faut suivre son œil humide cherchant dans la foule l'œil sur la sympathie duquel il compte, le cœur dont il sait être compris. Pendant qu'il frémissait, comme la pythonisse sur son trépied, ses regards se portaient presque constamment sur un jeune artiste. Avons-nous besoin de dire que cet artiste était Hector Berlioz? L'exécutant ne pouvait pas mieux s'adresser; Berlioz était l'écho qu'il fallait à Liszt. Aussi, à peine le dernier accord était-il frappé, que le pianiste tremblant, pantelant d'émotion, s'est élancé au cou de son ami, et celui-ci lui répétait en l'embrassant : « *Oh! mon cher sublime! que je vous aime!!...* » *Cher sublime* est le mot, il exprime tout ce que l'artiste ressentait, et nous le comprenons.

Après cette brûlante éruption musicale, il nous a fallu écouter un trio de M. Fétis. « Etait-il pâle? —Oh ! très-pâle ! » — *Hamlet*, 1er acte. —

SYMPHONIE ET BIOGRAPHIE D'HECTOR BERLIOZ.

Qu'un jeune artiste, sorti du Conservatoire de musique après y avoir fait en règle ses études d'harmonie et de composition, concoure à la fin de l'année scolastique et remporte le premier prix; qu'il devienne pensionnaire du roi, et parte pour l'Italie; jusqu'ici rien de bien extraordinaire : ce jeune artiste a fait comme tant d'autres qui ont aussi remporté des premiers grands prix, à qui on ne songe plus, et dont toute la gloire est restée enfouie dans les archives de l'Institut :

Ce n'est qu'une aventure ordinaire et commune,
Un coup peu surprenant des traits de la fortune.

Toutefois, avant de se mettre en route pour l'Italie, le lauréat de l'Institut rassemble les artistes du Conservatoire, et leur présente une symphonie

qu'ils exécutent. Le public l'entend et dit : —
C'est bien ; il y a de l'avenir dans ce jeune homme ;
il fera quelque chose, il a des idées. — Le public
dit cela. L'élève couronné part pour Rome ; et
pendant deux ans, le public court à la salle du
Conservatoire entendre les symphonies de Beethoven ; il va applaudir, à l'Opéra, la musique de
Robert-le-Diable, les décors du cloître des religieuses, de la cathédrale de Palerme et de l'esca-
lier de *la Tentation* ; il admire le vol gracieux
et cadencé, la danse aérienne de Mlle Taglioni ;
il ne pense plus à l'élève couronné. Cependant le
lauréat revient d'Italie ; il convie ce même public
à cette même symphonie qu'il lui a fait entendre
une fois, et à laquelle, il est vrai, il ajoute un
mélologue, c'est-à-dire cinq morceaux de musique
pour voix et orchestre, coupé par un récitatif
parlé. Et le public qui a dit : — C'est bien ! —
se prend, cette fois, d'enthousiasme. La symphonie et le *mélologue* sont unanimement redeman-
dés. Quinze jours après le premier concert, un
second concert est annoncé ; le nom d'Hector Berlioz est dans toutes les bouches ; il retentit dans
les salons, dans les foyers de théâtre, partout
enfin où le public se rassemble.

De quoi s'agit-il pourtant ? d'une symphonie,
d'un morceau de musique comme tant et tant en

ont fait, d'un morceau de musique comme en ont
écrit Haydn et Mozart, qui, s'ils n'avaient produit que ces ouvrages, ne seraient, malgré leur
perfection, Haydn et Mozart que pour un petit
nombre d'artistes ; d'un morceau de musique enfin
comme il a fallu que Beethoven en composât huit
ou dix pour se faire le grand renom dont il jouit
en France.

Néanmoins la symphonie d'Hector Berlioz ne
peut être comparée aux autres ni par le plan, ni
par la forme, ni par le genre. Mais qu'importe?
Que la cause de l'effet qu'elle a produit soit une
extension des formes déjà connues, ou une conception nouvelle et une application non encore
hasardée des moyens et des ressources de l'art, cet
effet est incontestable. Qu'est-ce donc que cette
symphonie? Avant de vous le dire, je dois vous
dire ce qu'est Hector Berlioz. Écoutez :

Hector Berlioz est né à la Côte-Saint-André
(Isère), le 11 décembre 1803. Son père le desti-
nait à la carrière des sciences médicales qu'il avait
parcourue lui-même avec distinction. Cependant,
et dans le seul but de compléter son éducation, il
lui donna, à l'âge de douze ou treize ans, un
maître de musique. Au bout de six mois, le jeune
Berlioz chantait à première vue et jouait passablement de la flûte. Son aversion pour les études

pathologiques croissait à mesure qu'il voyait approcher le moment de les adopter définitivement. Son père s'avisa d'un moyen pour la vaincre. Après avoir étalé dans son cabinet l'énorme Traité d'ostéologie de Monro, avec les planches de grandeur naturelle, il fit venir son fils, et le plaçant devant ce tableau de la mort, il lui dit :

« Hector, voilà les études que nous allons en- » treprendre ensemble. Vois, si tu veux que nous » les commencions immédiatement, je te ferai » venir de Paris une flûte excellente garnie de » toutes les nouvelles clefs. »

Le malheureux enfant, pris au piége, promit tout à son père et courut s'enfermer dans sa chambre, où il sanglota amèrement. Cependant, doucement entraîné et séduit par les tendresses que son père ne cessa de lui témoigner, il s'abandonna pendant deux ans à sa direction. Mais le démon musical le possédait déjà. Il passait les nuits à pâlir sur des traités d'harmonie qu'il ne pouvait comprendre; il faisait d'inutiles essais de composition, qui, confiés aux amateurs exécutans de la Côte-Saint-André, étaient accueillis dès l'abord par des quolibets et des éclats de rire.

Le génie se révèle tôt ou tard. Jusqu'alors tous les élémens isolés, toutes les notions de son art que Berlioz avait amassés avec tant d'efforts et de persévérance étaient comme les matériaux entassés confusément sur le foyer qu'on veut allumer. Le feu couve long-temps en dessous, puis la flamme jaillit tout d'un coup. Cet éclair instantané, cette explosion de clarté, qui se fit dans l'ame de Berlioz, fut due à la circonstance la plus ordinaire. Ce fut un quatuor de Haydn qui lui dévoila spontanément le mystère de l'harmonie. A force d'écouter ce quatuor, de le lire, de le mettre en partition, Berlioz comprit tout ce que le fatras des livres didactiques avait dérobé à son intelligence. Il composa aussitôt un quintette pour flûte, deux violons, alto et basse, qui, loin d'avoir le sort de ses compositions précédentes, fut fort applaudi par les exécutans. Ce succès commença à donner de l'inquiétude à son père.

Peu après cette époque, Berlioz vint à Paris dans le but d'achever ses études à l'École de médecine. Il vit l'amphithéâtre de dissection et l'Opéra. Placé ainsi entre la mort et la volupté, entre des cadavres hideux et de ravissantes danseuses, entre la musique de Gluck et la prose de Bichat, ce fut avec peine qu'il tint la promesse faite à son père de suivre les cours. Néanmoins, soutenu et guidé par son ami et condisciple M. Robert, qui est aujourd'hui un chirurgien anatomiste des plus distingués, il se résigna peudant un an à l'assiduité qu'on exigeait de lui. Mais il lui arrivait de troubler bien souvent le calme de l'amphithéâtre par la narration passionnée de la représentation de la veille, et il accompagnait le rhythme de la scie ou du marteau, dont il se servait pour ouvrir un crâne, des riches mélodies de *la Vestale* ou de *Cortès*.

L'année suivante, l'anatomiste-musicien écrivit à son père qu'il ne pouvait plus résister à son penchant pour la musique et à son antipathie pour la médecine ; qu'il le suppliait de consentir à un changement de direction, la carrière qu'il avait suivie jusqu'à ce jour étant évidemment incompatible avec son organisation, forcé qu'il serait de lui désobéir, si l'autorisation qu'il sollicitait lui était refusée. Les parens de Berlioz entamèrent alors avec leur fils une polémique qui dura près de quatre ans, et qui ne servit qu'à jeter de l'amertume dans leurs rapports de famille, chacun persistant obstinément dans sa manière de voir. Tout fut employé pour ramener Hector à ce qu'on appelait la bonne voie. Prières, menaces, refus de pension, promesses pour l'avenir, malédictions même, tout échoua devant la volonté de fer de Berlioz et son goût dominant.

L'anecdote qui suit prouvera à quel point cette détermination était inflexible. Berlioz luttait déjà

contre le désespoir et la détresse ; une lettre de
son père l'avait averti de ne plus rien attendre de
sa part, et de pourvoir à ses besoins avec ses propres moyens. Que fait alors notre musicien ? Il va
s'adresser au directeur du théâtre des Nouveautés, qu'on bâtissait dans ce moment, et lui demande
une place de flûte à l'orchestre. « Les places de
flûte sont données, lui répond le directeur. —
» Eh bien ! prenez-moi comme choriste. — Mon-
» sieur, tous nos cadres sont complets ; il n'y a
» pas moyen de vous employer pour le moment.
» Cependant il se pourrait qu'on eût besoin d'une
» basse pour les chœurs ; si cela peut vous con-
» venir, laissez-nous votre adresse. »

Quelque jours après, Berlioz reçoit l'invitation
de passer a l'administration des Nouveautés. Il y
avait, ce jour-là, *concours* pour une place de
choriste.

Berlioz se rend au théâtre. Le jury était assem-
blé ; c'était imposant. Il trouve là pour compéti-
teurs rivaux un forgeron, un tisserand, un ancien
chanteur du Panorama-Dramatique, et un chantre
de Saint-Eustache. Ce dernier avait eu quelques
difficultés avec messieurs de la fabrique de sa
paroisse. Du reste, en passant du lutrin sur les
planches, en quittant le surplis pour endosser
l'uniforme de la maréchaussée ou la veste d'un

lazzarone, il croyait faire un pas pour son avancement. Les candidats *chantent* donc successivement leur morceau. Vient le tour de Berlioz. « Eh bien ! monsieur, qu'avez-vous apporté ? — » Mais rien, réplique-t-il ; n'avez-vous donc » point de musique ici ? — Non, il n'y en a point. » — Comment ! pas même un solfége d'Italie ? — » Non, monsieur ; d'ailleurs vous ne chantez pas » à première vue, je pense... — Je vous demande » pardon. Je chanterai à première vue tout ce » que vous voudrez. — Ah ! c'est différent ceci... » Alors vous devez connaître quelque air d'o- » péra ? — Oui, monsieur. Je sais par cœur tout » le répertoire de l'Opéra, *la Vestale*, *Cortès*, » *OEdipe*, *les Danaïdes*, les deux *Iphigénies*, » *Orphée*, *Armide*.... — Assez ! assez ! Diable ! » quelle mémoire ! Voyons, puisque vous êtes si » savant, chantez-nous le grand air du troisième » acte d'*OEdipe* avec le récitatif. »

Berlioz chante le récitatif et le grand air, accompagné d'un violon qui plaquait au hasard quelques accords. On congédie les candidats. Le lendemain Berlioz reçut une lettre administrative, lui annonçant officiellement qu'il l'avait emporté sur le forgeron, le tisserand, le chanteur du Panorama-Dramatique, voire sur le chantre de Saint-Eustache, et qu'il était admis au théâtre des

Nouveautés comme choriste, avec 50 francs d'appointemens par mois.

Voilà donc Berlioz hurlant régulièrement tous les soirs des flons-flons de vaudeville. Que l'on conçoive ce que devait souffrir notre choriste, obligé de chanter une musique dont, par l'ignorance du compositeur, les parties écrites sur la clef d'*ut* se trouvaient à l'exécution à une octave au-dessous des basses ! et cependant ce compositeur jouit dans le monde d'une certaine réputation !

Quoi qu'il en soit, Berlioz fit ce métier pendant trois mois. Ayant trouvé quelques élèves de solfége qui lui donnaient des moyens d'existence, il descendit de son théâtre pour achever dans la solitude l'opéra des *Francs-Juges*, qui n'a jamais été représenté, mais dont l'ouverture a acquis du renom. Ses parens, vaincus par sa persévérance, lui rendirent la modique pension qui lui avait été retirée. Déjà il avait terminé au Conservatoire, sous M. Reicha, les études d'harmonie et de composition qu'il avait commencées avec M. Lesueur. Il se livrait avec calme et bonheur au culte de son art, mais il touchait à l'événement qui devait bouleverser son existence.

Il est difficile de savoir ce que doit être le sentiment de l'amour dans une ame comme celle de

Berlioz. Lui-même ignorait qu'il y a une époque dans la vie où l'amour acquiert un tel degré d'intensité qu'il absorbe jusqu'au souvenir de ces vaines et fugitives passions qu'on a cru ressentir antérieurement. Il était réservé à une célèbre Irlandaise de le lui apprendre. Le théâtre anglais vint importer à Paris les merveilles du génie de Shakspeare. Une actrice, méconnue en Angleterre, essaya le rôle d'Ophélie dans *Hamlet*, elle y fut justement admirée. Berlioz la vit, et, dès ce moment, un amour subit, inexplicable dans ses causes et ses effets, effrayant par sa violence et sa ténacité, s'empara de son cœur. Un pareil sentiment ne peut être comparé qu'à cette singulière passion de la marquise de R*** pour le comédien Lélio, qu'un écrivain spirituel a décrite avec tant de talent dans la REVUE DE PARIS. Toutes les tentatives de Berlioz pour être aimé, et s'il ne pouvait l'être, pour être au moins compris, ayant été vaines, il tomba dans une profonde lassitude de cœur et une pitoyable langueur d'esprit. Il n'écrivait plus de musique et ne pouvait en entendre, les objets de son admiration ne lui faisant éprouver, dans cet état de déchirement et d'exaltation nerveuse, que d'intolérables souffrances. Oui, d'autres l'ont senti comme Hector Berlioz, pour une ame qui souffre, entendre de la musique, grand Dieu ! c'est s'appliquer un fer rouge sur le cœur. Salomon a dit vrai lorsqu'il a écrit que *la musique est importune dans le deuil*. Écoutez Mme de Staël retraçant les douleurs d'Oswald :

« Oswald, depuis son malheur, ne s'était pas » encore senti le courage d'écouter la musique. Il re-» doutait ces accords ravissans qui plaisent à la mé-» lancolie, et font un véritable mal quand des cha-» grins réels nous oppressent. La musique réveille » des souvenirs que l'on s'efforcerait d'apaiser. »

Après Salomon et Mme de Staël, on a dit encore :

« Quand il s'agit de douleurs, le pouvoir de la » musique n'opère que sur les douleurs physiques. » Elle soulage et ne console pas. Pour calmer un » cœur amèrement affligé, il faut quelque chose » de réel ; l'espérance même ne suffit pas, com-» ment le vague le pourrait-il ? La musique con-» centre l'homme tout entier et met à nu toute » l'ame. Elle irrite la sensibilité et découvre des » blessures qu'il faudrait cacher. Elle ne saurait » apaiser la douleur ; elle la renouvelle ; elle la » double ; elle en est l'écho. Dans le cours d'une » nuit bien longue, des malheureux consumés par » des peines dévorantes, penchés sur leur grabat, » livrés à d'affreuses insomnies, ont entendu le » bruit d'une sérénade lointaine qui faisait les » délices de l'homme paisible dont elle interrom-

» pait le sommeil ; et, tout échevelés , ils ont pris
» la fuite , et sont allés chercher, sous l'épaisseur
» des murailles, un asile contre les harmonieux
» accords de la troupe ambulante, qui retentis-
» saient dans leur ame comme une cruelle ironie
» du malheur. Non, la musique n'est pas une
» *distraction* [1]. »

Le jour où les Anglais ne jouaient pas , Berlioz
ne pouvait songer sans frémissement à revoir le lendemain Miss***. Il redoutait ce moment-là comme
l'instant d'une crise ou d'un accès. Alors on le
voyait dans un coin de l'orchestre de l'Odéon,
pâle, défait, égaré, ses longs cheveux et sa barbe
en désordre, assistant, morne et taciturne , à
quelque comédie de Picard, qui de temps en temps
lui arrachait un affreux éclat de rire, semblable à
ce rire involontaire et douloureux qui résulte de
la contraction spasmodique des muscles dans le
chatouillement. Objet de pitié pour quelques artistes, il était un sujet de raillerie pour les autres.
Les facétieux l'appelaient *le Père la Joie.*

« Oh ! malheureuse ! s'écriait-il parfois en présence de ses amis, si elle pouvait comprendre un
amour tel que le mien, elle se précipiterait dans

---

[1] Le morceau d'où ce passage a été tiré n'a pu trouver place
dans ce recueil. L'auteur le réserve pour un second volume.

　　　　　　　　　　　　　　— *Note de l'éditeur.* —

mes bras, dût-elle mourir consumée de mes em-
brassemens ! »

Souvent, après quinze mois d'absence de la
belle insulaire, quand les amis de Berlioz, lui
trouvant un air plus serein, espéraient le voir
rentrer dans la vie ordinaire, rien ne pouvant
plus lui rappeler ni les traits, ni le talent, ni les
succès, ni les dédains de celle qu'il aimait avec
tant de frénésie, ont le voyait tout à coup s'interrompre au milieu d'une conversation joyeuse ;
sa figure se couvrait de sueur ; un tremblement
convulsif faisait frémir tout son corps, et un
déluge de larmes terminait cet effrayant pa-
roxisme.

Au milieu de la troisième année de cette incon-
cevable passion, ayant recueilli de la bouche d'un
de ses amis une calomnie absurde sur Miss***,
il disparut de Paris pendant deux jours. L'impru-
dent qui lui avait brisé le cœur par cette funeste
nouvelle, ne le trouvant pas chez lui fort tard
dans la soirée, en conçut de vives inquiétudes.
On cherche Berlioz partout, à la Morgue même.
Impossible de découvrir sa trace. Il a depuis ra-
conté que, marchant au hasard, il était sorti de
Paris, et s'était arrêté à minuit au milieu des
champs, près d'un village dont il n'a jamais su le
nom ; que, ne pouvant plus se soutenir, stupide

de désespoir, il s'était jeté sur quelques gerbes de blé, où il passa la nuit, non pas à dormir et à pleurer, mais à écouter dans la plus complète insensibilité le bourdonnement des clochettes des bestiaux, les aboiemens des chiens de ferme, les conversations des rouliers passant sur la route voisine, et à rire même de l'effroi qu'il causait aux perdrix, qu'il voyait au clair de lune venir manger à ses pieds. Le lendemain, toujours errant sans nourriture, il se trouva dans une prairie près de Sceaux, tomba, exténué de faim et de fatigue, dans un fossé où il dormit jusqu'au soir d'un sommeil de plomb. Revenu à Paris, au milieu de la nuit, à la grande surprise des gens de la maison, qui le croyaient mort, il ne répondit pendant plusieurs jours que par le plus obstiné silence à toutes les questions qu'on lui adressait.

Six mois après, la symphonie fantastique était écrite.

Tous ces détails biographiques, dont en aucun cas nous n'aurions voulu faire faute au lecteur, sont ici indispensables pour l'intelligence de cette composition extraordinaire. Il n'est pas possible aujourd'hui de juger une œuvre sérieuse isolément, c'est-à-dire, si l'on ne remonte de fil en fil jusqu'à l'homme même, et si l'on ne tient aucun compte des circonstances dans lesquelles l'auteur est placé. Avant de décider à l'étourdie que cela ne peint rien, il faut se demander ce que l'artiste a ressenti. Il y a plus, il faut, comme l'a écrit Berlioz lui-même, « être doué d'une organisation » qui sympathise jusqu'à un certain point avec » celle de l'auteur; il faut avoir éprouvé le genre » de sentiment dont cette musique est la peinture. » Hors de ce point de départ, hors de cette donnée, plus de critique possible. Le développement intellectuel d'un homme doit s'opérer suivant la nature et les lois de son être. Or c'est cette nature que le critique doit examiner avant tout. C'est, pour le dire en passant, parce que plusieurs n'ont pas compris cela, c'est parce qu'au lieu d'étudier l'homme dans l'ouvrage, ils ont laissé de côté toute application de l'ouvrage à l'homme, qu'ils se sont déchaînés avec une fureur si pitoyable contre les derniers chefs-d'œuvre de Beethoven. Ne cherchant autre chose dans ces sublimes compositions qu'un sens en quelque sorte technique, ces sentinelles de l'école, se tenant sur un perpétuel *qui vive*, et prêtes à faire feu à l'apparition de la moindre dissonance, de la plus légère modulation non prévue, non autorisée par le code du père Martini; ces champions de l'ordre légal en musique, toujours disposés à dénoncer toute contravention et violation aux lois sacrées de la routine, ont osé, dans un langage ridicule de colère et d'impuissance, déverser le mépris et le dédain sur le fruit des dernières veilles d'un grand homme, incapables qu'ils étaient de sonder cette ame, et de pénétrer les sentimens, les passions, les hautes pensées qui la remuaient. Comprennent-ils tout ce qu'il y a de profondeur dans ce plan toujours dominant les larges développemens d'une pensée puissante, qui se déroule sous toutes ses faces ! Mon Dieu ! non. Ils veulent un art bien clair, bien régulier, bien méthodique, bien coquet, bien joli, bien mignon, bien amusant, et bien selon les règles. Se doutent-ils qu'il est des époques volcaniques où l'intelligence humaine, recélant des élémens nouveaux, s'isole, fermente, couve un feu inconnu, et produit une éruption formidable ? Mon Dieu ! non, encore : ils ne s'en doutent pas, et la langue que nous parlons ici, ils ne l'entendent même pas. Déposés aux bords de notre siècle par le flot du siècle passé, ils regardent, immobiles et d'un air étonné, la foule qui marche en avant, et lui disent :—Où allez-vous ? Retournez donc en arrière.—Et la foule va toujours en avant. Ils voient passer devant eux des hommes de grande taille ; et comme leur vue ne peut les embrasser du même coup d'œil, ils les examinent en détail, et trouvent qu'ils manquent de proportion. Puis, d'un coup d'épaule, le géant brise en leurs mains le compas à l'aide duquel ils allaient mesurer géométriquement sa hauteur.

Un compositeur d'un mérite incontestable, et, qu'à Dieu ne plaise, nous ne confondrons jamais avec ces derniers, auxquels nous ne donnons pas même le nom d'artistes, un compositeur, au talent duquel plusieurs fois l'auteur de cet article s'est plu à rendre hommage, mais qui a le tort, à nos yeux, de partager les mêmes préjugés sur la prétendue extravagance des derniers ouvrages de Beethoven, assistait un jour avec Berlioz à l'exécution d'un quatuor de ce grand maître. Le morceau fini, Berlioz voulut avoir l'avis de cet artiste distingué.

« Cette musique ne me plaît pas, répondit l'artiste. A part quelques idées heureuses, en somme, cela manque de clarté et de suite; cela ne produit sur moi aucune sensation de plaisir. Cependant vous conviendrez que la musique a pour but de flatter agréablement l'oreille.

— Moi, s'écria vivement Berlioz, je veux que la musique me donne la fièvre, me crispe les nerfs. *Pensez-vous, monsieur, que j'entende de la musique pour mon plaisir?* »

Cette réponse consterna l'artiste : il n'a jamais pu la digérer.

On voit déjà que la symphonie fantastique de Berlioz est loin d'être un cadre coupé d'avance, avec ses quatre côtés : un pour l'*allegro*, un second pour l'*andante*, un troisième pour le *scherzo*, le dernier pour l'*allegro* final. Ce n'est pas une espèce de table divisée en cases et compartimens, chacun étiqueté et numéroté, et dans lesquels le compositeur doit enchâsser, suivant des lois symétriques et d'après les usages traditionnels, ici l'exposition du sujet ; là, une progression harmonique ; plus loin, une phrase mélodique à la dominante ; ailleurs, la reprise du même chant contrepointé, suivi d'une péroraison et des développemens exigés. Le plan de la symphonie est libre, complet, comme la pensée de l'auteur est libre et complète dans son cours. La symphonie fantastique est un drame, un tableau, un poème. C'est un rêve passionné et poétique d'imagination et de cœur, que Berlioz nous explique à l'aide de l'interprète musical. Il prend une réalité de sa vie, il l'achève dans son esprit, il l'élabore avec son art, et voilà sa symphonie.

Le compositeur peint d'abord l'incertitude, le trouble indéfinissable, la mélancolie sombre, cette espèce d'oscillation morale qui accompagne toujours l'invasion d'une passion naissante. L'image de l'objet aimé qui réalise complétement le type idéal déjà formé dans son cœur, cette image le poursuit sans cesse. Il se livre sans sujet à des alternatives de joie, de tristesse, de jalousie, de fureur. Tour à tour il pleure, il espère, il supplie, il menace. Il va au bal pour s'étourdir, pour oublier, pour se fuir lui-même, pour briser son rêve contre toutes les réalités brillantes du monde; son apparition est toujours là. Il va aux champs pour se recueillir; l'apparition inévitable s'attache à ses pas, souriante et dédaigneuse, tantôt ange, tantôt démon. Deux pâtres dialoguent un ranz de vaches dans la vallée, il les entend, et croit distinguer dans leurs accens mêlés deux voix, l'une masculine, l'autre féminine, qui s'entretiennent doucement ensemble. Ce chant symbolique le berce un instant d'un rêve gracieux. Mais si *elle* le trompait!... Cette idée réveille en son ame de noirs pressentimens. Son sang circule avec force dans ses artères; on le voit, haletant d'angoisses, en proie à toutes les tortures du cœur. Il prête de nouveau l'oreille; c'est encore le ranz des vaches: mais la voix féminine ne répond plus; à sa place, c'est le tonnerre qui gronde.

L'artiste au désespoir veut se donner la mort, il s'empoisonne avec de l'opium; il est plongé dans un sommeil profond, troublé par des songes affreux.

Voici son rêve : il a tué sa maîtresse, il est condamné et conduit au supplice aux sons d'une
marche lugubre. A l'instant de l'exécution,
l'amante reparaît voilée et en pleurs ; mais à peine
l'a-t-il entrevue qu'il reçoit le coup fatal. Il se
voit au sabbat, au milieu d'ombres, de spectres,
de monstres ; il entend des cris, des sifflemens,
des hurlemens, des grincemens de dents, des
éclats de rire. L'amante accourt et se mêle à la
ronde, échevelée, insensée, salie, insultée ; le
Dies iræ, la cloche des morts, le serpent de la
cathédrale, accompagnent la danse diabolique, et
célèbrent cette union consacrée à la lueur des
torches de l'enfer et sous les auspices de la
mort.

Sous l'empire de semblables impressions, dans
l'actualité énergique de ses sentimens intimes,
dans cette contemplation face à face de son ame
avec sa passion, l'artiste a dû produire quelque
chose de profond, de grave, de saisissant. J'en
appelle à tous ceux qui ont une ame ; ne se sentent-
ils pas tour à tour emportés dans une molle
rêverie, charmés, ravis, heurtés, tantôt en proie
à un rire convulsif, tantôt glacés de torpeur ?
Puis on éprouve un indicible mélange de sensations
inconnues et contradictoires ; et il semble qu'on
se sent défaillir sous ce pêle-mêle d'impressions

étranges, comme un homme qui sort d'un rêve fatigant et confus.

Le retour à la vie est le sujet du *mélologue*; l'effet de cette seconde partie est moins fort que celui de la première, parce qu'étant, d'une part, entrecoupée de paroles et de musique, les perceptions de l'auditeur sont divisées par une interruption continuelle, et que, de l'autre, l'artiste est revenu à des sentimens plus calmes. Il chante donc la ballade du *Pêcheur* de Goëthe; il improvise un chœur idéal sur l'apparition de l'ombre d'Hamlet dans un langage de fantaisie qui laisse à la musique toute la latitude de son expression libre et capricieuse. Puis, dans une rancune d'artiste, il quitte la société et se fait brigand. Cependant des rêves d'amour l'assiégent dans sa retraite agitée; il vient redemander à la société une femme adorée, une compagne, cette Juliette, cette Ophélie que son cœur appelle. Alors il chante son bonheur; mais l'artiste est désabusé de tout. La musique est sa seule amante, la plus pure, la plus fidèle, la plus respectée des amantes. Il oublie donc les *bravi* et les femmes, et se livre à une fantaisie dramatique, dans laquelle, à l'aide des chœurs et de l'orchestre, il représente les principaux personnages de *la Tempéte* de Shakspéare, les soupirs de Ferdinand, la passion pudique de

Miranda, la danse ignoble et grossière de Caliban, le vol agile d'Ariel.

C'est pendant son séjour en Italie que Berlioz a écrit ce *mélologue*. Après avoir obtenu à l'Institut, pendant les journées de juillet, le grand prix de composition dont le sujet était une cantate de *Sardanapale*, et qu'il avait composée au bruit de la mitraille et des cris d'un peuple en fureur, dans ce même palais dont le front est tout sillonné de balles et de boulets ; après avoir failli périr dans le golfe de Gênes, en allant à Livourne, il errait dans les montagnes de Naples, un fusil sur l'épaule, vivant de sa chasse, hantant tous les repaires de bandits, passant des journées entières à bâtir des pyramides de pierres sur les pointes de rochers du Subiaco, comme les jeunes mariés provençaux en construisent autour de la grotte de la Sainte-Baume et sur l'arête du Saint-Pilon ; fumant une douzaine de cigarres, couché au soleil, ainsi qu'un lazzarone, et se jetant ensuite tout habillé dans l'Anio, au risque de mourir de la fièvre trois heures après ; gai jusqu'à l'extravagance, ou muet et brutal, suivant que les souvenirs irlandais l'assaillaient ou le laissaient en repos.

A Florence, il pousse des cris furieux d'admiration en lisant pour la première fois *le Roi Lear*. Un autre jour, sans autre but que celui de flâner, il entre dans la cathédrale, pénètre jusqu'au dôme, où il voit l'appareil d'un service funèbre. Il s'approche de la bière et aperçoit un cadavre de femme dont la beauté le frappe. Il suit le convoi après avoir admiré les traits de cette femme pendant l'office, et ne parvient à la contempler à loisir que dans l'espèce de morgue où l'on dépose les morts à Florence avant de les livrer à la terre. Il accompagne la défunte inconnue jusqu'au cimetière, et la quitte tout en larmes après lui avoir baisé la main.

Il était à Rome lorsqu'il songea à faire imprimer les paroles du chœur d'ombres du *mélologue*, *O sonder foul*, dont il a déjà été parlé. Le comité de censure s'assemble pour examiner si le poème ne cache pas un sens immoral ou séditieux. On mande un interprète; celui-ci dit qu'il n'entend rien à ce langage. Un second est appelé, même réponse; enfin on interroge Berlioz. Il dit que c'est un ancien dialecte jadis en usage en Islande, et qu'on parlait au pied du mont Hécla. On jugea qu'on pouvait sans danger laisser exhumer quelques vers d'une langue morte et inintelligible, et l'autorisation d'imprimer fut accordée à Berlioz.

De retour à Paris dans le mois de novembre dernier, et avant de partir pour l'Allemagne, Berlioz fait entendre au public sa symphonie fantastique et le *mélologue*. Nous avons déjà dit avec quel enthousiasme le public éclairé du Conservatoire a accueilli et redemandé cette composition. Miss *** était présente dernièrement à ce concert; elle tenait à la main un exemplaire du *mélologue*, qu'elle lisait avec une grande attention. Son cœur a dû être assailli d'une foule d'étranges sentimens, en voyant tout ce qu'elle a causé de maux à cette ame de feu, à ce cœur d'artiste, en assistant à l'exécution de l'ouvrage étonnant qu'elle a fait naître, au triomphe de l'homme qu'elle a dédaigné et au moyen ingénieux de vengeance qu'il a mis en œuvre. L'auteur de cet article sent à quel point il doit se montrer discret dans ce qui touche à des susceptibilités délicates, et quelle réserve on doit apporter dans cette sorte d'inventaire d'un homme vivant. Mais le conte de G. Sand est sans cesse présent à son esprit, et il se rappelle involontairement que Lélio finit par deviner la passion de la marquise et partagea son amour.

Il est encore un témoignage d'un autre genre, mais trop imposant pour le laisser ignorer à ceux qui s'intéressent à Berlioz. Le concert fini, un homme visiblement ému traverse les couloirs et pénètre dans le foyer du Conservatoire. Il demande Berlioz, qu'il ne connaissait pas, le serre sur son cœur, et lui dit d'un accent pénétré: *Mon-*

sieur, vous commencez par où les autres ont fini.
Berlioz venait d'embrasser Paganini.

Nous croyons voir dans la symphonie de Berlioz le prélude d'une révolution dans la musique instrumentale, et un nouveau développement dramatique. Que les portes du grand Opéra s'ouvrent devant Berlioz; qu'il s'y présente hardiment avec M. Alexandre Dumas, et le nom du musicien deviendra bientôt aussi populaire que celui du poète. Oui, c'est là un pas de plus vers cette époque de régénération musicale à laquelle nous arriverons par les progrès de l'instrumentation. Rien n'est étouffé ni entassé dans l'orchestre de Berlioz; sa pensée, souvent serrée, nerveuse, s'y joue librement. Loin d'être écrasé par cette masse d'instrumens, il la domine et la remue sans effort. D'amples et larges périodes s'y meuvent et s'y balancent au grand jour et au grand air, et tout y porte l'empreinte d'un talent vivace et fier.

Nous ne prétendons pas que la symphonie de Berlioz soit une œuvre parfaite; nous n'en connaissons point de ce genre, et nous croyons que dans les arts comme dans la morale *la perfection n'est pas de ce monde.* Mais nous pensons aussi qu'il est d'une critique pauvre et mesquine de s'attaquer à des incorrections de style, à des taches grammaticales, sans daigner examiner l'ensemble du système adopté par l'auteur, et l'ordre d'idées dans lequel il est entré. Nous dirons donc que Berlioz, bien que sa musique se distingue par un fonds réel de mélodie, semble néanmoins quelquefois sacrifier le chant aux combinaisons, et lorsqu'il le rencontre, loin de s'y reposer et de le développer, il l'entortille et l'écourte. Au reste, ceci peut être considéré en un sens comme une réaction contre le système rossinien, et, dans ce cas, nous retirons de bon cœur notre accusation. Nous dirons que Berlioz manque de tendresse dans les accens, de ce pathétique, de cette expression élégiaque, de ces larmes qui abondent dans Mozart, don bien rare parmi nos compositeurs contemporains. Berlioz nous abat, nous déchire, nous terrasse, mais il nous laisse l'œil sec. Nous dirons enfin qu'il pousse trop loin la prétention de tout peindre et de tout exprimer avec la musique, sans songer qu'il est un point où elle se refuse à une expression trop littérale. Mais ceci, c'est le défaut d'un homme qui s'exagère la puissance de son art. Partant, c'est un beau défaut.

Avec les divers ouvrages que nous avons mentionnés dans cet article, une messe, les ouvertures de *Waverley*, du *Roi Lear*, de *Rob-Roy*, huit scènes de *Faust*, et un recueil de mélodies dont les paroles ont été traduites de Thomas Moore par un jeune homme d'esprit et de talent, M. Gounet, forment jusqu'à ce jour le répertoire musical de Berlioz.

Après avoir parlé de notre artiste en tant que musicien, il nous resterait à le recommander comme écrivain. Deux recueils périodiques, LE CORRESPONDANT et LA REVUE EUROPÉENNE, nous ont appris qu'il manie la plume avec autant d'habileté lorsqu'il s'agit de rendre compte de ses impressions d'artiste que lorsqu'il écrit sous l'inspiration du génie musical. Le tour de sa pensée est remarquable par son originalité, et son expression est toujours hardie, pittoresque, incisive et sincère [1].

[1] On en jugera par le morceau suivant, où il raconte l'eff... produit sur lui par l'exécution du quatuor en *ut dièze* de Beethoven :

« Il y avait dans la salle à peu près deux cents personnes
» qui toutes écoutaient avec une religieuse attention. Au bout
» de quelques minutes, une sorte de malaise se manifesta dans
» l'auditoire ; on commença à parler à voix basse, chacun
» communiquant à son voisin l'ennui qu'il éprouvait. Enfin,
» incapables de résister plus long-temps à une pareille fatigue,
» les dix neuf-vingtièmes des assistans se levèrent en déclarant
» hautement que c'était insupportable, incompréhensible, ri-
» dicule : C'est l'œuvre d'un fou, — ça n'a pas le sens com-
» mun, etc., etc. Le silence fut réclamé par un petit nombre
» d'auditeurs, et le quatuor se termina. Alors la rumeur de
» blâme si difficilement contenue éclata sans ménagemens ; on

Beethoven en Allemagne, Shakspeare en Angleterre, en France Victor Hugo, tels sont les
trois hommes-types avec qui le génie de Berlioz
sympathise le plus, et vers lesquels il se sent at-
tiré avec le plus de prédilection.

Berlioz est d'une taille moyenne mais bien pro-
portionnée. Cependant, à le voir assis, et sans doute
à cause du caractère mâle de sa figure, on le croirait beaucoup plus grand. Les traits de son visage
sont beaux et bien marqués ; un nez aquilin, une

» alla jusqu'à accuser M. Baillot de se moquer du public en
» présentant de pareilles extravagances. Quelques ardens ad-
» mirateurs de Beethoven déploraient timidement la perte de
» sa raison. « On voit bien, disaient-ils, que sa tête était dé-
» rangée, quel dommage ! un si grand homme ! produire de
» tels monstres après tant de chefs-d'œuvre ! » Cependant,
» dans un coin de l'appartement se trouvait un petit groupe
» (et il faut bien que j'avoue que j'en faisais partie, quoi
» qu'on en puisse dire) dont les sensations et les pensées
» étaient bien différentes.

  » Les membres de cette fraction imperceptible du public,
» se doutant bien de l'effet qu'allait produire sur la masse
» l'exécution du nouveau quatuor, s'étaient réunis pour n'être
» pas troublés dans leur contemplation. Après quelques me-
» sures du premier morceau, je commençais à craindre de
» m'ennuyer, sans que l'attention avec laquelle j'écoutais per-
» dit néanmoins de son intensité. Plus loin, ce chaos parais-
» sait se débrouiller ; au moment où la patience du public se
» lassait, la mienne se ranimait, et j'entrais sous l'influence
» du génie de l'auteur. Insensiblement son action devint plus

bouche fine et petite, le menton saillant, des yeux enfoncés et perçans, qui parfois se couvrent d'un voile de mélancolie et de langueur. Une longue chevelure blonde et ondoyante ombrage son front déjà sillonné de rides, et sur lequel se peignent les passions orageuses qui ont tourmenté son ame depuis son enfance.

Sa conversation est inégale, brusque, brisée, emportée, quelquefois expansive, plus souvent retenue et raide, toujours digne et loyale; et,

» forte, j'éprouvais un trouble inaccoutumé dans la circula-
» tion, les pulsations de mes artères devenaient plus rapides :
» dès le second morceau, qui succède au premier sans inter-
» ruption, pétrifié d'étonnement, je me retournai vers l'un
» de mes voisins, et je vis sa figure pâle, couverte de sueur,
» et tous les autres immobiles comme des statues. Peu à peu
» je sentis un poids affreux oppresser ma poitrine comme un
» horrible cauchemar, je sentis mes cheveux se hérisser, mes
» dents se serrer avec force, tous mes muscles se contracter ;
» et enfin, à l'apparition d'une phrase du finale rendue avec la
» dernière violence par l'archet énergique de Baillot, des lar-
» mes froides, des larmes de l'angoisse et de la terreur, se
» firent péniblement jour à travers mes paupières, et vinrent
» mettre le comble à ma cruelle émotion.

» La séance était terminée par des quatuors de Haydn, sur
» lesquels l'assemblée comptait pour se dédommager de ce
» qu'elle regardait comme une mystification ; mais aucun de
» nous ne put les entendre. Nous sortîmes tous plus ou moins
» agités et ayant peine à nous rendre compte du trouble où
» venait de nous jeter cette composition extraordinaire. »

selon le tour qu'elle a pris, faisant naître dans celui qui l'écoute une vive curiosité ou un sentiment d'intérêt et de tendre condescendance. Il s'est appliqué lui-même les beaux vers suivans de Victor Hugo, par lesquels on nous saura gré de terminer :

Certes, plus d'un vieillard sans flamme et sans cheveux,
Tombé de lassitude au bout de tous ses vœux,
Pâlirait s'il voyait, comme un gouffre dans l'onde,
Mon ame où ma pensée habite comme un monde ;
Tout ce que j'ai souffert, tout ce que j'ai tenté,
Tout ce qui m'a menti comme un fruit avorté,
Les amours, les travaux, les deuils de ma jeunesse ;
Mon plus beau temps passé sans espoir qu'il renaisse ;
Et, quoiqu'à l'âge encore où l'avenir sourit,
Le livre de mon cœur à toute page écrit.

(Revue de Paris, Décembre 1832.)

QUINTETTES DE M. CHRÉTIEN URHAN.

Je me vois forcé de commencer cet article par une triste observation, c'est que le Français, le Parisien surtout, n'est point artiste. Il s'en faut que l'art, comme art, c'est-à-dire cette expression sensible de ce qu'il y a de plus intime dans l'homme, soit véritablement cultivé parmi nous. Il ne peut passer qu'au moyen de je ne sais quel entourage étranger de brillans, de colifichets, d'accessoires de toutes sortes, sous lesquels il n'est bientôt qu'un accessoire lui-même. C'est un objet de consommation dont on ne peut supporter une trop forte dose, à moins qu'il ne soit falsifié.

Je ne veux point examiner jusqu'à quel point ceci s'applique à la littérature, à la poésie, à la peinture, et généralement à tous les arts dont on s'occupe en France : je me renferme dans ma sphère, et je dis que pour la musique il n'est que trop vrai que nous en sommes là.

Si l'on pouvait encore se faire illusion à cet égard, il suffirait de jeter un coup d'œil sur la critique musicale, telle qu'elle est traitée par ses principaux organes. Cette critique, je m'empresse de le dire, est parfois savante, éclairée. Mais ce n'est pas là la question. Il s'agit de savoir dans quelles limites elle se renferme, ce qui détermine invariablement le cercle dans lequel nous resserrons l'art musical.

D'un côté, il n'est aucun véritable artiste qui ne convienne que les concerts du Conservatoire, les soirées de Baillot, les matinées des frères Bohrer, les exercices de M. Choron, et même ces réunions sérieuses où quelques professeurs et quelques connaisseurs se rendent pour exécuter ou entendre de la musique, appelée *la musique de chambre*, offrent une nourriture bien plus substantielle, et sont une source d'émotions bien plus profondes et plus vives que les représentations lyriques.

D'un autre côté, il est incontestable que la critique musicale s'occupe presque exclusivement de la musique théâtrale, et néglige presqu'entièrement ces diverses séances de musique instrumentale et religieuse dont je viens de parler.

Est-ce la faute de ces deux ou trois écrivains habiles qui se consacrent à la littérature musicale? Je commencerai d'abord par les excuser; non, ce n'est pas leur faute, puisque les goûts dominans du public les entraîne ailleurs. Oui, c'est leur faute, dirai-je en second lieu, puisqu'ils se laissent enchaîner par la foule, eux dont la mission est de précéder et de former ses jugemens, et de se placer aux avant-postes de sa pensée.

Quoi qu'il en soit, je vois dans cette impuissance où la critique paraît être de sortir du genre scénique dans lequel elle s'est circonscrite, une preuve de la proposition par laquelle j'ai commencé cet article, à savoir, que nous, Français, n'avons pas le sentiment de l'art.

Ces paroles, je le sais, paraîtront un peu dures; leur brusque franchise choquera peut-être je ne sais quel amour-propre national. Et moi, c'est aussi par esprit de patriotisme que je parle ainsi. Qu'un adversaire me démontre que j'ai tort, je ne demande pas mieux, et je lui serrerai la main de bien bon cœur.

Oublions cependant pour quelques momens la scène et ses illusions, ses surprises conventionnelles, ces distractions de lassitude et d'étiquette, ces superficielles émotions, ces jouissances de perspective, ce concours d'effets de tout genre, prévus d'avance par la multitude blasée ; rentrons dans ce sanctuaire mystérieux et calme de l'art, de poésie, d'inspiration, où l'ame parle à l'ame, où le génie qu'on traîne sur des planches pour y être coloré de fard, affublé d'oripeaux, chargé de paillettes éblouissantes par les doigts capricieux de la mode, se montre enfin chaste et nu, et grand, et beau, parce qu'il est lui et non pas autre chose ; lumière pure qui éclaire et vivifie, mais qui s'obscurcit à l'interférence d'une autre lumière factice ; beauté simple et naturelle, mais qui pâlit à l'éclat d'une beauté artificielle et menteuse; encens exquis, mais dont le parfum se perd au milieu d'une atmosphère enivrante et travaillée.

C'était à la dernière soirée de Baillot. Le grand artiste avait fait entendre un quintette de Boccherini, un quatuor de Mendelsohn, grave, solennel, riche surtout de développemens harmoniques, dans les deux premiers morceaux, mélodieux, fleuri, délicat, expressif dans le menuet ; véhément et dramatique dans le *finale;* puis un quatuor d'Haydn (le 79 en *ré majeur*), chef-d'œuvre incomparable de grâce, d'indépendance, de folie sémillante dans l'*allegro*, de noblesse et de dessin largement modelé dans un *andante* sublime, de légèreté, de badinage, de fantastique dans le menuet et l'*allegro* final ; puis enfin un quintette de Mozart, où l'on retrouve tout Mozart, son ame mélancolique et passionnée, son expression virginale et rêveuse. Naïf, abandonné, large, étincelant, plein de coquetterie et d'élasticité, l'archet de Baillot avait rendu tous les sentimens, toutes les nuances des divers caractères de ces hommes qu'il faisait vivre et parler à nos yeux. Baillot avait quitté son estrade ; l'admiration et l'enthousiasme éclataient encore dans la salle, lorsque Urhan, qui venait de concourir au triomphe du maître, comme exécutant, convie ses amis à une réunion *de famille* pour le lendemain.

. Urhan, artiste d'autant plus admirable que sa vive et énergique foi dans de hautes croyances d'où découlent toute poésie, toute inspiration, toute beauté, lui a donné foi en son art ; Urhan, pour qui la musique est une parole, la seule propre à exprimer ce sentiment d'infini qui oppresse tour à tour et dilate son cœur; qui envisage l'art (prodige au dix-neuvième siècle!) comme une sorte de sacerdoce; Urhan, du fond de cette solitude austère qu'il s'est creusée au milieu des séductions qui environnent l'art qu'il professe, s'est dit: *Chantons au Seigneur un cantique nouveau!* Et c'est ainsi qu'il a écrit les deux quintettes dont j'ai à parler, qui ne ressemblent à rien de ce qu'on avait fait jusqu'ici.

Ces deux quintettes ont été composés à l'époque de la mort de Beethoven; le premier est dédié à Baillot, le second à M. Victor Hugo.

Entre ceux qu'Urhan s'était choisis pour interprètes, deux méritent d'être signalés : ce sont les frères Tilmant. L'aîné remplissait la première partie de viole, l'autre celle du violoncelle. C'est chez eux qu'avait lieu la réunion. Là se pressaient autour des exécutans les amis du compositeur, la plupart étonnés qu'il leur eût fallu si peu de temps pour devenir ses admirateurs. Kalkbrenner, Hiller, Mendelsohn, Onslow, Liszt, l'illustre auteur de *Robert-le-Diable*, étaient venus se mêler aux groupes.

Je ne reproduirai pas le programme de ces deux quintettes, ne serait-ce que pour enlever à certains esprits une occasion de se montrer ridicules; car il est des gens, des artistes même, qui condamnent un morceau par cela seul qu'il a plu à l'auteur de l'accompagner d'un programme. Ils semblent ignorer que l'expression musicale excluant, par le vague qui lui est propre, toute interprétation fixe et positive, il est tout naturel que le compositeur fasse connaître sa pensée au moyen du langage. La *Marche du supplice*, de la symphonie fantastique de M. Hector Berlioz, sera toujours un morceau très-remarquable, en dépit du programme imprimé qu'il a fait distribuer à ceux qui ont désiré l'entendre.

Je ne prétends pas que les quintettes de M. Urhan soient absolument irréprochables. On peut y remarquer des marches d'harmonie forcées ; il y a dans le second surtout des longueurs, des phrases vagues, inarrêtées, indécises ; des idées flottantes qui semblent se dérober à l'appréhension de la pensée, des accompagnemens plaqués d'une manière trop uniforme, une intention d'éviter d'entrer dans son sujet ; mais ce défaut disparaît lorsqu'on songe que l'idée de l'auteur a été de représenter plutôt un état d'extase et de contemplation de l'ame que de tirer parti d'un motif au moyen des ressources de la science. On peut y blâmer aussi une tendance à reproduire des formes tyroliennes, bien que ceci tienne uniquement aux habitudes du violoniste. Malgré toutes ces observations, on ne pourra s'empêcher de convenir qu'il y a ici un mélange fort heureux des inspirations les plus opposées, qu'on ne peut mieux passer des terribles suggestions de l'enfer aux jouissances terrestres et à l'expression la plus séraphique. Il y a force, imagination, esprit, grâce et une individualité bien marquée. Or, au point où nous en sommes, après Haydn, Mozart, Beethoven, qui dit individualité dit tout. Qu'on me montre l'inventeur de la chose la plus futile, la plus sujette à la mode, de la *cabalette*, par exemple : cette chose a eu son culte, son époque; il suffit : je me prosternerai devant cet homme. Beethoven a opéré un immense développement dans la musique instrumentale ; mais prenons garde de nous renfermer dans son cercle, et d'y mourir faute d'air, comme l'école rossinienne, qui se débat sous le poids du génie qui l'écrase.

Tout, dans les quintettes d'Urhan, plan, forme, fond, tout est neuf. Dans le premier, un chœur se réunit aux instrumens ; quatre bassons remplaçaient les voix, et faisaient admirablement. Dans le second, un trio des deux violes et du violoncelle produit un effet profond. Ce quintette se termine par un trait d'orgue qu'Urhan obtient par un coup d'archet qui lui est propre, sur les quatre cordes de son instrument. Ceux-là même

qui se sont égarés dans cette voie nouvelle où le
compositeur les a entraînés ont avoué que quelque
chose de grand les avait frappés.

Et moi, qu'ai-je fait? N'ai-je point profané
l'asile sacré de l'art en en soulevant le voile aux
yeux de la multitude oisive ou distraite? N'eût-il
pas mieux valu laisser aux réunions de ce genre
leur chaste obscurité, leur charme secret, au lieu
de faire évaporer le parfum de l'encens sur la
place publique? L'art aussi a sa pudeur, comme
l'artiste a sa timidité et sa modestie; mais une nation doit avoir sa fierté, et j'ai dû apprendre à la
mienne qu'elle possédait un génie qu'elle ignore.
Je ne crois pas être abusé par l'amitié.

SOCIÉTE DES CONCERTS.

SYMPHONIE PASTORALE DE BEETHOVEN. — AIR DE ROBIN DES
BOIS. — QUINTETTE DE M. REICHA. — OUVERTURE DE LA
FIANCÉE DU BRIGAND DE RIES. — OUVERTURE DU ROI DES
GÉNIES DE WEBER. — CREDO DE M. CHÉRUBINI. — 26 fé-
vrier 1833.

Lorsque quelques artistes pleins de zèle, de patience et d'ardeur, à la tête desquels il faut placer
M. Habeneck, conçurent l'idée, il y a plusieurs
années, de fonder la Société des concerts pour nous
initier à l'intelligence des grandes compositions
allemandes, il se fit en France une révolution dans
le monde musical, et ce fut pour l'art, même pour
l'art considéré en général, une époque de réveil et
de progrès. On commença à comprendre ce qu'un
instinct du vrai et du beau avait fait pressentir
déjà, que l'art n'est pas une chose isolée, indépendante des lois de l'humanité, une chose de convention, de fantaisie et de caprice, une chose de

délassement et de loisir, un passe-temps dont la frivolité était le principe, le talent le moyen, et le plaisir le but, mais au contraire l'expression sincère et vraie de l'homme et de la nature, et qu'il devait obéir aux lois générales de l'humanité en même temps qu'il en suivait les développemens.

Alors le moment fut venu d'émanciper l'art de cet état d'enfance et de servage dans lequel il avait trop long-temps été retenu, de le débarrasser de ses lisières et des langes dans lesquels on l'avait emmaillotté, de briser les joujoux, les hochets qu'on lui avait mis entre les mains, de débarbouiller son visage de fard et de lui dire : Tu es homme enfin ! prends une allure posée et fière ; sois libre, sois hardi, marche !

Aujourd'hui que cela est fait, il est temps que la critique s'élève au point où l'art est parvenu. Il est temps qu'elle abjure ce petit bavardage superficiel, ce ton puérilement prétentieux et guindé, ces minauderies dédaigneuses ou grimaçantes, et qu'elle se fasse large et grave, quand il s'agit des œuvres du génie et des inspirations de la conscience. Nous savons à quel point ce langage semble contraster avec les formes légères qu'on est convenu d'employer dans le feuilleton, mais ce n'est pas au moment où nous venons d'être transporté dans les plus hautes régions de la poésie par les accens de Beethoven et de Weber, au moment où le sublime orchestre du Conservatoire vient de nous communiquer quelques étincelles de ce *mens divinior* dont il est embrasé, et a fait passer dans notre ame l'ivresse de l'enthousiasme à l'audition des merveilles du génie, que nous nous sentirions la présomption de vouloir plaire par nous-mêmes et le courage de le tenter. Mieux vaudrait nous taire. Ce serait profaner l'art, qui est chose sainte à nos yeux, puisqu'il découle de Dieu comme tout ce qui est vrai et beau.

C'est, on n'en peut douter, d'après des données semblables et sous ce point de vue que nous ne pouvons qu'indiquer ici, que les derniers grands compositeurs de l'Allemagne, Beethoven surtout, ont envisagé la musique. Expliquons-nous cependant. Est-ce à dire que ces musiciens se rendaient un compte bien net et bien distinct de l'alliance intime des idées religieuses et de l'art? Non, sans doute. Un poète, un artiste, n'est pas tenu d'être philosophe, et nous n'ignorons pas que de grands poètes et de grands artistes ont été incroyans. Mais au moins ils ont eu foi en leur art et l'humanité, et l'instinct du génie leur disait que ce qu'ils exprimaient avec leur art n'était autre chose que la vérité, je veux dire la peinture des sentimens, des joies, des douleurs de l'humanité dont leur ame était l'écho. Chacun d'eux sentait comme le poète qui a dit :

Mon ame aux mille voix, que le Dieu que j'adore
Mit au centre de tout comme un écho sonore.

Et ceci nous ramène aux symphonies de Beethoven, profondes et sublimes méditations d'une homme pour qui la musique était la pensée et l'orchestre la parole.

Son génie lui crie : Marche ! et le géant s'élance au grand étonnement de la foule qui se meut en bas, et qui, ne voyant pas où il pose le pied, s'imagine qu'il va se perdre dans les nuages. Je conçois très-bien qu'on ait pu dire que Beethoven sortait des limites de l'art, parce qu'on ne s'était pas aperçu qu'il les avait prodigieusement reculées. Sans doute, Haydn et Mozart ont composé d'admirables symphonies, et ces chefs-d'œuvre, pour ceux qui resserrent le génie dans les bornes que leur intelligence conçoit, sont la perfection classique. Haydn conduit son motif avec un art infini ; il tire du sujet le plus simple et de l'idée la plus vulgaire les développemens les plus riches ; et depuis les profondeurs de la science jusqu'aux aspérités du contrepoint, l'élégance, la lucidité ne l'abandonnent jamais. Rien de plus suave que ses *andante*, et les trésors les plus purs de l'harmonie se mêlent sans effort à ses mélodies ravissantes. Mozart, plus passionné, plus impétueux, plus sombre, sans avoir peut-être autant de clarté, a toutefois ennobli le motif principal des divers morceaux de la symphonie. Du reste, ni Haydn, ni Mozart ne se sont écartés du cercle d'idées fixé par l'école. Beethoven est arrivé : qu'a-t-il fait? Peut-être n'avait-il pas pénétré assez avant dans les mystères de la science, pour lutter avec de tels athlètes dans la même carrière, mais il avait assez de génie et d'audace pour en reculer les bornes. C'est une idée toute poétique, c'est une grande inspiration qui le domine et à laquelle il se livre tout entier. Il poursuit cette idée comme une divinité fantastique qui lui a apparu; il s'élève avec elle dans une région inconnue, où l'on respire l'air d'une autre atmosphère, et là on assiste à une conversation mystérieuse, parmi des ombres et des fantômes. Il sommeille et s'endort parfois, mais son rêve est sublime.

Dans la symphonie exécutée dimanche dernier au Conservatoire, et qui est connue sous le nom de *Pastorale*, l'auteur n'a voulu peindre que des scènes champêtres. Mais encore ici, voyez quelle place il a su faire à la rêverie, à la mélancolie, à l'ame! Son poème n'est point fade comme une

idylle, d'une symétrie et d'une monotonie didactiques. Il a compris que la nature était un désert
sans la présence de l'homme et sans l'idée de
Dieu, et il a fait intervenir l'homme, la nature et
Dieu tout ensemble. De ce double contact il a
fait jaillir une source abondante de poésie, car
la poésie est encore une chose intellectuelle. C'est
qu'il est impossible, à moins que l'ame ne se soit
refroidie au sein de l'homme, de n'entrevoir, dans
la contemplation de l'univers, rien au-delà des
limites matérielles. C'est qu'il est impossible que
l'idée de l'infini ne s'empare pas de celui qui sent
battre son cœur aux scènes de la nature. Il y a dans
l'homme, et surtout dans le poète, un désir ardent de connaître, de s'agrandir et d'aimer, qui
le force quelquefois, malgré lui, à soulever un
coin du voile derrière lequel une main divine se
cache. Ainsi la présence invisible du Créateur de
toutes choses devient sensible pour sa créature
intelligente.

D'abord le musicien peint les impressions de
calme que l'on éprouve à l'aspect de la campagne.
Tout est gracieux, joyeux, riant, parfumé. C'est
une ivresse de tous les sens, un chatouillement
délicieux. On entend le chálumeau du pâtre, on
voit les agneaux bondir en rhythmes inégaux et
brisés. Le poète s'endort ou sommeille ensuite au

bord d'un ruisseau ; le murmure harmonieux de
l'onde

Le plonge en une longue et douce rêverie.

Il ressent cette tristesse qui accompagne toujours
les jouissances, même les plus pures, et qui est elle-
même une jouissance. Il interroge la brise, les
vents, les branches qui se balancent, les oiseaux
qui chantent, et le bruit monotone du ruisseau lui
répond toujours. Il continue sa marche, il arrive
près d'une ferme ou d'un hameau. Il est témoin
d'une fête villageoise. De jeunes filles sveltes,
élégantes, dansent et folâtrent aux sons du hautbois et du cor. Puis arrivent de lourds paysans
qui interrompent brutalement les jolies filles et
gambadent en frappant le pavé avec leurs sabots
de bois. On les prendrait pour des confrères de
Caliban. Les jeunes filles recommencent de leur
côté, les paysans continuent de l'autre ; jusqu'à ce
que l'orage qui survient tout à coup mette en fuite
et paysans et jeunes filles et hautbois.

Le tonnerre en grondant roule dans l'étendue.

L'éclair flamboie de temps en temps. La pluie
commence, l'orage éclate, la tempête est déchaî-
née, les vents mugissent. La nature gémit, sup-

plie, haletante sous la main terrible qui la frappe. Elle est dans la détresse et la stupeur ; elle se croit menacée d'un cataclysme, d'un chaos ou du néant. Peu à peu cependant, les ténèbres se dissipent, la lumière renaît, les nuages fuient, les vents perdent haleine, et voilà la nature qui tressaille d'allégresse, qui rend grâce à l'Être des êtres, et entonne l'hymne de la réjouissance. C'est la prière du salut, le chant du bonheur. La nature bouleversée, défaillante, s'élève vers Dieu, ré-jouie et reconnaissante. Elle est redevenue la terre promise.

Nous croyons avoir fait suffisamment connaître la pensée qui domine dans cette merveilleuse sym-phonie. Néanmoins on nous saura gré d'emprun-ter à un grand critique, Frédéric de Schlégel, le compatriote et le contemporain de Beethoven, une page qui semble avoir été inspirée par cette œuvre sublime, bien qu'elle ait été écrite sous une inspiration toute différente. « Le poète, dit-» il, entre en contact avec la nature par le » sentiment. Ce n'est pas seulement dans le chant » du rossignol, ou dans tout ce qui émeut chacun » de nous, mais aussi dans le bruit du torrent et »' dans le frémissement des forêts, qu'il nous » semble entendre des accens de joie ou de tris-» tesse qui ne nous sont pas inconnus, comme si

» des esprits et des sentimens semblables aux
» nôtres voulaient pénétrer jusqu'à nous, et se
» faire entendre de nous en brisant des entraves
» pénibles et en franchissant de grandes distances.
» C'est pour écouter ces accens, c'est pour com-
» prendre et pressentir l'ame de la nature, que
» le poète cherche la solitude. Les doutes du sa-
» vant sur la question de savoir si la nature est
» ainsi animée, ou si ce n'est qu'une illusion,
» lui importent peu ; il suffit que ce sentiment et
» ce pressentiment existent dans l'imagination et
» dans le cœur de l'homme et du poète ; et quand
» bien même son regard pourrait percer les mys-
» tères de la création, et apercevrait comment les
» esprits de la nature opèrent dans ses secrets la-
» boratoires, le poète ne voudrait ni n'oserait
» soulever entièrement le voile bienfaisant qui les
» cache. On ne rencontre chez les poètes grecs et
» romains que de légères traces de ce dernier aperçu
» de la nature, si plein de profondeur ; on en
» trouve davantage dans les anciens poètes du
» Nord, qui vivaient tout-à-fait dans le sentiment
» de la nature. Mais tous ces tableaux ne peuvent
» être présentés en poésie, séparés de l'homme...
» Si on les en sépare, le tableau de l'univers, si
» grand et si complet que la poésie doit mettre
» sous les yeux, est morcelé, et l'harmonie per-

» due; et les effets, si grands lorsque le tableau
» est présenté dans son ensemble, sont divisés et
» tombent dans le mesquin... [1]

Après la symphonie, Mlle Dorus a chanté avec
le talent qu'on lui connaît l'air si beau et si difficile de *Robin des Bois* : *Le calme se répand sur
la nature entière*. Ensuite MM. Tulou, Vogt,
Henri, Dauprat et Buteux ont exécuté un charmant quintette de M. Reicha. Nommer ces artistes, c'est dire que ce morceau a été rendu dans
la perfection. L'ouverture de la *Fiancée du Brigand*, de Ries, est pleine de nerf et de chaleur. Le
chant intermédiaire ne manque ni de grâce ni de
délicatesse, et la péroraison de cette symphonie
est d'un bel effet; mais l'introduction est trop
coupée par de petites phrases vagues et écourtées.
Quant à l'ouverture du *Roi des génies*, de Weber,
jusqu'à ce jour inconnue en France, nous avouons
n'en avoir pas saisi le plan. Le motif en est remarquable par la vigueur et l'originalité, mais la
mélodie des trois mouvemens plus lents, inter-
calés dans cet allegro vif et fier, nous a paru
commune. Cependant Weber ayant conçu ses
ouvertures d'après une donnée toute nouvelle; en
en faisant une sorte de programme poétique, un

---

[1] *Histoire de la littérature.*

résumé dramatique de toutes les situations de la pièce, nous ne nous hâterons pas de prononcer définitivement sur sa symphonie.

De quelles idées pénibles et diverses n'est-on pas assailli lorsqu'on entend la musique d'église de M. Chérubini? Combien il est regrettable de voir un talent si correct et si nerveux, qui tire un si grand parti des masses de voix et des effets de l'orchestre, si étranger à la véritable inspiration religieuse? à part le beau morceau *Incarnatus est,* le *Passus et sepultus est*, le *Credo* de M. Chérubini n'est qu'une œuvre musicale et rien de plus. On sent que tout cela est écrit à froid, que les paroles sacrées n'ont été pour le compositeur qu'un livret indifférent, un thème de commande. Pourquoi la conviction ne se rencontre-t-elle pas avec le génie? demandez au siècle. M. Chérubini est un de ces hommes qui ont le cœur dans la tête. Il y a cent fois plus de sentiment religieux et de foi dans la symphonie pastorale de Beethoven que dans toutes les messes de M. Chérubini. Aussi ce dernier n'aura fait en résultat que de l'admirable musique de chambre, mais de la musique d'église, point. Cela est triste à penser, surtout lorsqu'on considère la puissance d'un semblable talent.

Les concerts du Conservatoire, tel est aujourd'hui le foyer de l'art. Ce ne sont point des soirées, ce sont des matinées. Ce n'est point un lieu de réunion et de causerie, c'est un sanctuaire où accourent l'écrivain, le peintre, tous les artistes sérieux. Entendez en sortant de la salle ces exclamations qui partent de tous côtés dans le vestibule ; remarquez l'émotion peinte sur tous les visages ; voyez ces jeunes aveugles qui se font conduire au temple de l'harmonie pour y oublier la privation de la vue et qui en reviennent avec cette autre mystérieuse vue de l'ouïe ! Maintenant l'Allemagne musicale est à nous, et tandis que nos jeunes littérateurs, MM. Edgard Quinet, Michelet, Barchou, J.-J. Ampère, etc., etc., sont obligés d'aller au-delà du Rhin chercher les inspirations scientifiques et philosophiques du peuple le plus éminemment artiste de la terre, nous, jeunes musiciens, nous retrouvons Vienne et Munich au Conservatoire de musique.

OUVERTURE D'EURYANTHE. — CHŒUR D'UTHAL. — SYMPHONIE CONCERTANTE POUR QUATRE VIOLONS DE MAURER. — SYMPHONIE HÉROÏQUE DE BEETHOVEN. — Avril 1833.

Dimanche dernier, l'ordre habituel du programme a été interverti. La symphonie a été conservée pour la fin. Il est certain qu'après ces grandes compositions et cette exécution puissante et si vivement colorée, les morceaux secondaires devenaient maigres et pâles. La séance a commencé par l'ouverture d'*Euryanthe*, la plus sublime, à notre avis, des ouvertures de Weber. Elle est d'une création plus forte, d'une conception plus profonde que celle de Freyschütz; elle a plus de grandeur que celle d'Oberon, laquelle d'ailleurs est et doit être d'un genre tout différent. Quelle magnifique préface pour un ouvrage comme celui d'*Euryanthe!* On peut dire que Weber fait entrer deux drames dans un opéra. Le drame vocal et instrumental, c'est l'opéra proprement dit ; le drame instrumental, c'est l'ouverture. Aucun compositeur ne l'a égalé sous ce rapport. Son système dramatique est le plus large qui ait été conçu jusqu'à ce jour, parce qu'il comporte les plus grands développemens de la voix humaine dans les chœurs et les ensembles, et les combinaisons les plus riches de l'instrumentation.

Nous avons presque renoncé à donner des éloges à l'orchestre du Conservatoire ; c'est s'exposer à des répétitions continuelles, sans apprendre rien de nouveau au lecteur. Mais son exécution est chaque fois si surprenante, si prodigieuse; on a beau la connaître, son effet est toujours si inattendu, elle est si foudroyante dans la peinture des passions violentes; si délicate, si veloutée dans toutes les nuances des sentimens calmes; si caressante dans la rêverie; elle est tour à tour si solennelle, si vive, si éblouissante, qu'on se demande si c'est le génie du musicien qui se révèle à l'orchestre, ou si c'est l'orchestre qui fait valoir l'œuvre du musicien. C'est l'un et l'autre, je pense. Dans le fait, M. Habeneck a bien formé cet orchestre, mais c'est Weber et surtout Beethoven qui l'ont fait ce qu'il est, et M. Habeneck, c'est aussi Beethoven qui l'a fait ce qu'il est.

Mais voici un chœur de bardes et de guerriers, religieux, calme et mélancolique, c'est le chœur d'*Uthal* de Méhul. Il est soutenu par deux cors, deux flûtes, deux harpes qui semblent frémir parmi des tombeaux ou sur le bord d'un lac. La ritournelle en tierces des flûtes monte et redescend amoureusement comme une vague harmonieuse, ou plutôt comme un flux et reflux qui ramène le même chant pour le second couplet. C'est là, je l'imagine, une harmonie semblable à celles que, après lord Byron, l'auteur du *Pianto* a entendu murmurer la nuit par de pauvres gondoliers sur la mer de Venise.

Aussi, lorsque le soir un chant mélancolique,
Un beau chant alterné par une flûte antique,

S'en vient saisir votre ame et vous monter aux cieux,
Vous pensez que ce chant, cet air mélodieux,
Est le reflet naïf de quelque ame plaintive,
Qui, ne pouvant le jour, dans la ville craintive,
Épancher à loisir tous ses tristes ennuis,
Par la douceur de l'air et la beauté des nuits,
S'abandonne sans peine à la musique folle,
Et, la rame à la main, doucement se console.
Alors, penchant la tête, et pour mieux écouter,
Vous regardez les flots qui viennent de chanter;
Puis passe la gondole, et sur les vagues brunes,
Son flambeau luit et meurt au milieu des lagunes;
Et vous, toujours tourné vers le point lumineux,
Le cœur toujours rempli de ces chants savoureux
Qui surnagent encor sur la vague aplanie,
Vous demandez quelle est cette lente harmonie,
Et vers quels bords lointains fuit ce concert charmant.

Il faut avouer qu'après l'impression laissée par l'ouverture d'*Euryanthe*, et les chants de Selma, la symphonie concertante de Maurer pour quatre violons, et la fantaisie de M. Vogt pour le haut-bois, ont produit un effet mesquin. La symphonie concertante a été rendue avec une rare perfection par MM. Tilmant, Urhan, Claudel et Cherblanc. Il y a beaucoup d'artifice et d'habileté dans la manière dont les motifs sont distribués et répartis entre les quatre instrumens. Mais le compositeur a été obligé presque constamment de quadrupler les traits, ce qui rend sa symphonie démesurément longue. Le défaut si commun aux virtuoses qui

n'écrivent que pour leur instrument favori, s'y
fait sentir à chaque pas. On s'imagine qu'il prépare la péroraison finale, nullement ; il vous jette
dans une modulation nouvelle pour faire recommencer la lutte des quatre violons qui donnent
au public une véritable représentation d'escrime
musicale.

> Je saute vingt feuillets pour en trouver la fin ,
> Et je me sauve à peine au travers du jardin.

Après la fantaisie de M. Vogt est venue la
bénédiction des drapeaux du *Siége de Corinthe*,
grande et belle scène qui a besoin néanmoins de
tout l'appareil théâtral pour produire son effet.
Les souvenirs du public ont suppléé à cet accessoire, et ce morceau a été vivement applaudi ; il
est vrai qu'il y a dans la strette finale, dans le
rhythme fier et rapide de cette basse en doubles
gammes attaquée par les instrumens à cuivre, cette
verve et cette puissance d'entraînement irrésistible que personne mieux que Rossini ne sait
communiquer aux masses. Les chants cessent, la
foule des guerriers se précipitent, enseignes dé-
ployées, vers les remparts. On n'entend plus que
le rhythme de la marche militaire qui s'éloigne
tandis que les troupes montent à l'assaut.

Quel moment magique que celui qui précède une symphonie de Beethoven ; l'orchestre est là qui attend, haletant, immobile, le signal de son chef. Un tressaillement prolongé parcourt toute la salle et vient s'éteindre dans un recueillement solennel. Quel est cet être extraordinaire qui fait naître dans le même moment le même sentiment dans une foule de quinze cents personnes ! quelle est cette puissance qui fait de cette foule, de cet être collectif un seul être, et lui communique non-seulement une même pensée, mais encore la même série d'émotions et d'impressions ! Il me semble assister à cette assemblée dans le palais de la reine de Tyr, au moment où, au sortir du festin antique, après qu'Iotas a chanté sur sa harpe d'or le grand Atlas, la lune errante, les courses du soleil, tous les convives s'inclinent pour écouter l'histoire des voyages et des malheurs d'Enée.

Conticuère omnes, intentique...

La symphonie *héroïque*, celle qui a été exécutée dimanche dernier, avait été commencée sous le consulat ; elle avait pour titre ce seul mot NAPOLÉON. Beethoven y travaillait un matin lorsque son élève Ries entre chez lui un journal à la main et lui annonce que Bonaparte vient de se faire proclamer empereur. Beethoven, pétrifié par cette nouvelle, demeure un instant absorbé dans ses pensées, puis il s'écrie : « Allons, c'est un ambitieux comme tous les autres, » et il substitua à son titre ces mots italiens : *Simfonia eroïca composta per festiggiure il sovenire di un grand' uomo*, voulant dire qu'au lieu d'un chant de victoire il allait faire un chant de deuil, parce que pour lui son Napoléon était mort[1]. En effet, cette symphonie est une sublime et mélancolique épopée, où l'on voit que le poète a tour à tour été inspiré par les exploits de son héros et par cette tristesse poignante qu'il éprouve à l'idée de son ambition. Il se livre tantôt à des accès de fureur, tantôt à une sombre rêverie.

Ce combat de divers sentimens énergiques qui luttent dans son ame remplit le premier allegro. Il y a ici de ces accens tels qu'il en échappe à Job et à Jérémie. L'*adagio* est une véritable marche funèbre, comme celle que le compositeur à écrite *sur la mort d'un héros* et qui fait partie de ses œuvres pour le piano. Les violons murmurent un chant grave et large, accompagné par le rhythme voilé des basses. Ce chant passe aux

[1] Voir la biographie de Beethoven dans le *Correspondant* du 11 août 1829.

instrumens à vent et prend une expression plus plaintive ; suit un majeur comme une pensée consolante. Le premier motif revient ensuite, mais il reparaît plus agité ; le poète a le cœur gonflé de soupirs, il est suffoqué par les larmes, sa pensée ne s'explique plus que par des élans douloureux. Son ame s'épanche en une longue lamentation ; il s'affaisse bientôt ; sa voix s'éteint, et ses lèvres bégaient à peine sa phrase entrecoupée plusieurs fois et qu'il achève en succombant.

Il se relève noble et fier, mais pourtant triste dans le *scherzo*, comme un homme qui sort d'un abattement profond et prend son parti avec une courageuse résignation. Sa marche est vive, animée, heureusement accidentée par les contrastes d'une harmonie colorée et pittoresque. Les cors jettent leurs accords pleins de rondeur et d'éclat au milieu de ce mouvement rapide qui se termine par un rhythme brisé et énergique, et par une explosion de toutes les forces que l'orchestre semble avoir acquises dans sa course.

L'*allegro* final ne nous a jamais paru correspondre à la beauté et à la grandeur soutenue des trois morceaux précédens. La première partie est pleine de verve et d'originalité piquante, mais les développemens qui suivent et surtout cet épisode qui coupe le premier mouvement, bien qu'il soit remarquable par une belle phrase mélodique, nous semblent enchaînés d'une manière peu heureuse. Ce n'est qu'en tremblant que nous hasardons ce jugement, mais il faut bien, après tout, rendre compte de ses impressions, sauf à se rétracter ensuite, et nous ne demandons pas mieux que d'en avoir l'occasion. Cela n'empêche pas que la symphonie héroïque ne soit une des plus belles conceptions du génie par le constant caractère de noblesse, la grandeur des inspirations, et cette expression solennelle de tristesse qui pénètre l'ame et la remplit d'émotions sublimes.

SYMPHONIE EN *la* DE BEETHOVEN. — SYMPHONIE EN *ut* MI-NEUR. — AVE VERUM, DE MOZART. — FRAGMENS DE QUA-TUORS DE BEETHOVEN. — TEMPÊTE ET CALME DE HAYDN. — OUVERTURE EN *ut* DE BEETHOVEN. — CONCERTO DE M. KALK-BRENNER. — 23 mars 1833.

Nous avons essayé de faire connaître l'idée principale des deux symphonies, *la Pastorale* et *l'Héroïque*, exécutées aux deux premières séances du Conservatoire. Cette idée, nous avons tâché de la saisir dans ses développemens et jusque dans cette variété de scènes, d'épisodes et d'incidens dont le musicien enrichit son poétique drame. Dans la septième symphonie, celle en *la*, qui a ouvert le concert de dimanche dernier, Beethoven s'est proposé un plan tout différent. Cet ouvrage n'est pas, comme les autres, composé sous une seule et grande inspiration. C'est une œuvre de pure imagination. La marche du compositeur est ici libre et capricieuse. Chacune des quatre parties de la symphonie se détache des autres auxquelles elle n'est pas liée par un sens logique et rigoureux. Ce n'est point un drame en quatre actes, mais en quatre tableaux qui diffèrent entre eux de genre et de caractère. Pour s'en convaincre, il suffit de comparer entre elles les impressions particulières que nous laissent ces divers morceaux. L'introduction et le premier *allegro*, l'*andante*, le *scherzo*, le *finale*, ne nous transportent-ils pas successivement dans un monde inconnu, dans une région nouvelle, et cela par surprise, par enchantement, sans transition et sans plan arrêté ? Tel est le génie. Tantôt c'est tout un ordre d'idées, tout un ensemble de réalités qu'il déroule à notre esprit ; sa marche est sinon tracée d'avance, du moins indiquée de distance en distance par des jalons correspondans au point de départ, et qui fixent la direction de sa course. Tantôt il quitte la terre, s'élance d'un bond dans l'espace, et poursuit son rêve poétique à travers ces mondes fantastiques que son imagination conçoit et qu'elle

23

crée au moyen de l'art, ce magique instrument. C'est sous ce dernier aspect qu'il faut considérer la symphonie en *la*. Si une pensée mère et une ne plane pas sur tout l'ensemble de cette merveilleuse composition; si on n'y rencontre pas d'un bout à l'autre cette couleur méditative, ce caractère d'imposante grandeur que nous avons observés dans les ouvrages déjà signalés, et que nous aurons l'occasion de remarquer dans la symphonie en *ut mineur*, et dans la plus gigantesque de toutes, la *symphonie avec chœur*, il est vrai de dire pourtant que ce que Beethoven a fait ailleurs pour chacune de ces épopées, il l'a fait ici pour chacun des morceaux de la symphonie, en sorte que tous, pris isolément, forment un tout parfait, une création à part, variée et complétée par les détails qui, pareils aux rouages d'une machine, se meuvent d'après une loi générale, et pivotent autour d'un point fixe. C'est pour cela même qu'il y a dans cette symphonie plus d'images, de tableaux, de ces effets soudains, et de cette étonnante magie qui ont fait de Beethoven, considéré comme artiste, un être surnaturel.

L'introduction, d'un style d'abord gracieux, puis sévère, puis enfin qui prend un caractère terrible et solennel, est coupée par une mélodie en *fa* pleine de charme, de mélancolie et de suavité.

Le *mi* dominante vient mugir sous l'archet des contrebasses ; il est répété à l'aigu par les flûtes, avec un accent plaintif et comme par hésitation. Les premières le disputent un instant aux secondes, pour le leur abandonner tout-à-fait. Les flûtes alors s'en emparent, et le font bondir sur un rhythme gai et sautillant. Bientôt l'accord parfait s'établit et s'échelonne aux instrumens à vent, qui entrent à leur tour, suivant l'ordre de leurs fonctions. Les violons commencent ensuite le motif à six-huit, motif que le compositeur n'abandonne plus ; il le scinde, il le démembre, il le déjoint, pour le reconstruire pièce à pièce, pour le présenter sous toutes faces, les unes obscures, les autres brillantes, les autres dans des demi-teintes, comme les formes du kaléidoscope. Il le rapetisse, il l'amincit, il le grossit tour à tour : vous croyez voir une baguette légère et flexible aux mains de l'enchanteur. Regardez bien, c'est une massue. Ce n'est pas tout. Quand cet être fantastique a assez folâtré, le voilà qui s'assoupit, qui s'endort, qui rêve comme ferait un géant. On entend un ronflement de basses, qui s'accroît peu à peu et ce cauchemar finit par toutes les convulsions du délire.

L'imagination du poète ne connaît ni limites de temps ni limites de lieux. A lui les siècles, à lui

les espaces, l'infini à lui. Beethoven se réveille
dans le moyen âge. Les cors et les bassons sou-
tiennent un accord dont l'effet a quelque chose de
religieux. Ce n'est point un accord parfait proprement dit, c'est un renversement de cet accord, la
sixte et quarte, ce qui est important à remarquer
pour le résultat. Tout à coup les violoncelles et
les basses murmurent un rhythme antique; c'est la
mesure ou la coupe d'un verset d'hymne ou de
prose. La procession se met en marche. Ce n'est
encore qu'une psalmodie grave, éloignée et
mesurée. La procession avance autour de la nef
circulaire; à chaque pas elle s'augmente de la
foule des fidèles, qui se joignent aux lévites et
aux prêtres. Les voûtes sonores du temple retentissent bientôt des mille voix de la multitude.
Mais un second chant vient alterner avec le
premier chœur. A la suite des chantres et du
chapitre, s'est formé un groupe de vierges. Le
majeur succède au mineur; c'est une mélodie suave,
céleste, c'est un concert de voix angéliques dont
les molles ondulations se prolongent en flots
harmonieux, et qui est toujours soutenu par le
rhythme de la marche processionnelle. Cependant
cette marche est troublée un instant, le cortége
semble se séparer. Deux coups de timbales se font
entendre; ce signal est répété aux deux extrémités

de la foule, et tout rentre dans l'ordre. Le premier motif de l'hymne reparaît, mais avec des développemens plus riches ; le chœur des vierges lui succède encore. La procession vient de rentrer dans le sanctuaire, des chœurs nouveaux d'hommes, de femmes, d'enfans, se forment et se répondent les uns aux autres. Cette disposition de l'orchestre est merveilleuse de génie et d'art ; ce sont les clarinettes et les flûtes, les hautbois et les bassons, les cors ensuite qui se partagent les fragmens de la mélodie primitive, tandis que le pizzicato des instrumens à corde termine la phrase et marque le rhythme. La phrase finale respire une mélancolie pleine d'onction, et la pédale de la trompette en *la* produit un frémissement qui ajoute encore à cette expression pathétique. Les chants cessent, et l'hymne se termine par l'accord solennel qui l'a commencé.

L'effet de ce morceau est impossible à décrire. Dans le recueillement et l'espèce d'extase où vous plonge cette musique, vous vous croyez transporté à ces temps où les chrétiens de la primitive église célébraient leurs cérémonies dans les catacombes. Je voudrais, pour mon compte, entendre cet *andante* exécuté par un orchestre invisible dans une magnifique église gothique, afin que mon imagination et mes sens fussent frappés de souvenirs et d'impressions analogues. Après une semblable excursion dans le passé, rentrez dans le siècle, et défendez-vous, si vous le pouvez, de cette profonde compassion et de ces colères involontaires qui vous prennent à la vue des productions déjà surannées des artistes contemporains, et du mépris qu'ils professent pour les inspirations des âges écoulés ! Tant il est vrai que notre époque, prise en masse, est vieille et usée entre toutes les époques ; et que le moyen âge, confronté avec elle, a encore un air de jeunesse !

Après cet épisode, ce poème, cette prière, il fallait nécessairement captiver l'attention par un contraste frappant. C'est ce qu'a fait Beethoven dans le *scherzo*. Il nous emporte dans sa course ou plutôt dans son vol magique, à travers une région de délices et d'enchantemens. Il nous montre toute sorte d'oppositions, toute sorte d'accidens, puis il s'arrête pour nous charmer l'oreille par des accens pleins d'enthousiasme et un chant dont les contours sont tellement arrondis et si naïfs, qu'on le prendrait pour un ranz de vaches. C'est le trio. L'impression de ce morceau est inexprimable. Quel élan ! quelle grandeur ! quelle suavité ! Voilà de ces mélodies qui respirent je ne sais quel amour de la patrie, je ne sais quel parfum de la nature, je ne sais quelle poésie du sol. Le poëte se plaît à prolonger ce ravissement ; il rallentit la mesure. Écoutez d'abord cet appel des instrumens à vent sous les tenues des violons , qui se balancent mollement du *sol* dièze au *la* aigu ; puis ces tierces amoureuses des bassons , qui se nouent et se dé-nouent en riches périodes, au-dessus de la pédale rauque du second cor, et enfin, cette effet d'orgue, ces accords prolongés , cette harmonie toujours égale et soutenue, jusqu'à ce que le dernier de ces accords signale le retour au premier motif. Vous revenez au point de départ, vous parcourez encore les mêmes sites, les mêmes tableaux ; le ranz des vaches vous ravit une seconde fois. Mais, à la troisième, le musicien, après vous avoir rappelé les deux premières mesures du trio , rentre brusquement du ton de *ré* dans le ton de *fa* , et vous laisse sur ce souvenir délicieux.

Le finale réunit tous les genres. C'est d'abord un motif d'une piquante originalité, d'une ironie vive et mordante. Bientôt le géant apparaît dans ce trait en tierces, que les violons attaquent en *tremolo*, et il poursuit sa marche immense dans un pays de merveilles ; c'est léger, c'est grandiose, c'est moqueur, c'est infernal. Il y a un moment, au commencement de la seconde reprise de ce morceau, où l'on pourrait se faire cette demande de M. Hugo : *Où sommes-nous donc ? sommes-*

nous chez le Diable? Au porte-voix aigu des violons succède la réponse de la contre-basse béante; ensuite c'est une désolation, un désespoir, qui finit par s'exhaler en rires frénétiques.

Une observation : A peu près vers la 42e mesure de ce finale (n'ayant pas la partition sous les yeux, je suis forcé de m'en rapporter à mes souvenirs), les violons montent de la tonique à la dominante par un *gruppetto* de notes intermédiaires. Suivant les habitudes de l'école, la réponse doit s'opérer à la basse, de la dominante à la tonique. Il n'est pas un écolier, pas un peut-être de nos professeurs, qui ne s'attende à cela. Eh bien! le compositeur a supprimé cette réponse. Je me trompe ; il ne l'a employée qu'une seule fois, pour prouver à messieurs les professeurs de routine qu'il savait son affaire.

Cette symphonie est un miracle de génie. Partout des idées, des tableaux, des images, de l'inspiration, des effets sublimes, de la poésie. Point de longueurs, point de froid, point de ces momens où l'on pourrait dire que l'Homère musical sommeille.

La symphonie en *ut mineur* présente un tout autre caractère. Ici ce n'est point par une gradation insensible que le poète s'élève au sublime; c'est pour ainsi dire du sein de la pleine inspiration

que le barde échevelé entonne ses accens magnifiques. Sombre, flamboyant, du milieu de l'éclat
de son volcan poétique, s'échappent de sinistres
lueurs.

Dans l'*andante* en *la bémol* son ame se recueille,
ses sens se taisent ; il médite sur les profondeurs
des mystères de la création et de la nature. Dans
le menuet, descendant des hauteurs métaphysi-
ques, il nous fait part des pensées qu'il a rapportées
du ciel. La *fugue* n'est plus pour lui un jeu
d'esprit, une ergoterie du génie, c'est un raisonnement serré, logique, entraînant, une polémique de poète *ex-abrupto*. Plein de ces idées
sublimes, fatigué de ces apparitions, il s'abandonne à une vague rêverie. Il s'endort : ces idées
se présentent flottantes, limpides à son esprit ;
ses lèvres effleurent sans les achever des mots
mystérieux ; peu à peu il revient de cette extase,
il se réveille, et, invoquant toutes les puissances
de son art, il réunit toutes les voix de la nature,
les ranime par son rhythme vainqueur et remplit
l'immensité du bruit de sa marche triomphale et
pompeuse.

La séance de dimanche dernier a été jusqu'à
présent la plus remarquable, et par le choix des
morceaux, et, il faut toujours en revenir là, par
cette incomparable et brûlante exécution. L'*an-*

dante a été redemandé. Il n'a pas été également bien rendu la seconde fois. Cela est presque inévitable : avis au public. Après la symphonie, nous avons entendu successivement *l'Ave verum* de Mozart pour chœur, accompagné du quatuor ; prière sublime, harmonie grave et pure, profonde adoration d'une ame qui se brise et s'épanche au pied des tabernacles saints ; des fragmens d'un quatuor de Beethoven exécutés par 14 premiers violons, 14 seconds, 10 altos, 10 violoncelles, 6 contrebasses ; en tout 54 instrumens. Cette tentative avait obtenu l'an passé un succès complet. Elle a excité dimanche dernier des bravos universels. Je ne crois pas qu'un pareil essai soit praticable ailleurs qu'à Paris. Suave, veloutée dans *l'andante*, l'exécution a été énergique et véhémente dans la fugue. Loin de manquer de proportions, les quatres parties concertantes se détachent plus pleines, plus arrondies sur la masse d'harmonie. Dans les *piano* surtout, la mélodie semble glisser comme le roulis de la vague sur la nappe bleuâtre d'un lac. Le morceau de Haydn, intitulé *Tempête et Calme*, est plein de vigueur et d'énergie. Le compositeur s'y est montré grand musicien et grand peintre. La séance a été dignement terminée par une ouverture en *ut* de Beethoven. Cette ouverture, entendue pour la première fois aux concerts de l'Athénée, avait produit peu d'effet. On doit savoir gré à M. Habeneck d'avoir fait exécuter ce morceau qui, bien qu'il soit écrit dans un style léger, peut figurer dans le nombre des belles compositions du grand artiste.

J'oubliais de parler du concerto de M. Kalk-brenner. Personne plus que moi, je l'assure, n'admire le talent de ce virtuose. Mais, je le demande, que vient faire ce piano à côté d'un semblable orchestre? En pareille circonstance, un pianiste devrait se borner à jouer une fantaisie sans accompagnement; mais lorsque après l'intro-duction pompeuse et obligée qui précède toujours le solo, on entend les sons grêles, les maigres roulades du piano, on se rappelle involontaire-ment la fable de la montagne qui accouche d'une souris.

SYMPHONIE AVEC CHŒUR DE BEETHOVEN. — 3 avril 1831.

Il est d'un haut intérêt pour l'art de rechercher les causes de la singularité des jugemens qu'on a jusqu'à ce jour portés parmi nous sur les composi-tions qui appartiennent à la dernière époque de la vie de Beethoven. Deux ou trois critiques sont en possession de rendre compte des diverses productions musicales qu'on exécute soit dans les concerts, soit sur nos théâtres lyriques. Il serait absurde et injuste en même temps de nier que ces écrivains, accoutumés depuis plusieurs années à éclairer le goût du public et à former ses opinions, joignent à des connaissances variées, à un talent d'analyse très-rare, une érudition toute spéciale. Comment se fait-il donc, lorsqu'il s'agit de Beethoven, que leurs jugemens, tantôt émis avec un ton dédaigneux, tantôt enveloppés dans une discussion timide et froidement scolastique, ne peuvent devancer l'opinion d'un public qui sent et ne comprend pas, et restent en arrière de l'opinion de cette nouvelle génération d'artistes qui comprend et sent à la fois?

Il faut le dire : ceux qui ne voient dans Beethoven qu'un musicien, ne se font qu'une demi-idée de ce profond compositeur. Il y a deux hommes en lui, le poëte et le musicien. Je serais presque tenté d'en indiquer un troisième, le philosophe. La poésie est ce souffle divin qui anime le génie, et les arts sont les instrumens du génie. Dans Beethoven, le musicien n'est que le piédestal du poëte. Comme musicien, il a ajouté de nouveaux développemens à son art, il en a reculé les bornes, il l'a enrichi de découvertes. Comme poëte, il s'élance par-delà les âges, et, chargé des dépouilles poétiques de toutes les époques, il rentre dans son siècle tout scientifique et tout moderne, pour l'enivrer des inspirations du passé.

Il serait impossible de rien comprendre aux dernières œuvres de ce grand maître, si on ne les envisageait sous ce double point de vue, et si l'on s'obstinait à les juger d'après un système arrêté *à priori*, en s'efforçant de les resserrer dans le cercle mesquin si ridiculement tracé par l'école. En partant de ce principe, que l'art est nécessairement subordonné à la puissance et aux caprices même du génie, il est absurde de critiquer l'art du compositeur, sous prétexte qu'il pèche contre telles ou telles formules arbitraires, abstraction faite du génie. L'élan poétique entraîne toujours des développemens proportionnels dans l'art. Chaque génie fait le sien. Sans doute il y a de la poésie dans la symphonie en *sol mineur* de Mozart, dans les mélodies pleines de charme et d'expression de Haydn; mais il y en a plus encore dans Beethoven, et c'est pourquoi il est impossible d'assigner à la musique de Beethoven les limites fixées par Haydn et Mozart. Ces deux grands compositeurs écrivaient une symphonie comme une sonate de piano, comme un quatuor, comme toute autre œuvre musicale. C'était presque toujours le même plan, la même forme, la même facture, Beethoven au contraire est sous l'empire d'une grande pensée, et il épuise toutes les inspirations qu'elle peut lui donner. Ainsi, le cœur ulcéré à l'idée de l'ambition de Napoléon, il compose la *symphonie héroïque*; dans la *pastorale*, il peindra toutes les scènes de la nature, le calme mystérieux de la nuit, le lever du jour, le chant des oiseaux, l'orage. Dans la symphonie en *la*, il fera un hymne d'un *andante*; il adressera dans l'*adagio* d'un quatuor une action de grâces à la Divinité. Ce n'est plus une œuvre musicale, c'est un poème.

Je sais bien que l'expression musicale et poétique étant nécessairement vague, la pensée de Beethoven échappe par cela même très-facilement à ceux qui ne sont pas familiarisés avec sa musique. Et de cette difficulté seule de saisir sa pensée, naît le préjugé qui fait regarder ses compositions comme le résultat d'une imagination brillante, mais désordonnée. Qu'on me cite pourtant un homme supérieur qui ait triomphé sans contradiction. Ne sait-on pas que le génie est obligé de faire en quelque sorte l'éducation du public pour se révéler à lui? Aussi ne suffit-il pas d'une seule audition pour juger une production comme la symphonie que nous allons examiner. Il faut la méditer, et la méditer long-temps, avant de se flatter d'en avoir mesuré la portée et d'entrer dans l'inspiration sous l'influence de laquelle elle a été écrite. Qu'on en juge par les longues études, les efforts inouïs auxquels il a fallu pendant un an se livrer, les découragemens journaliers qu'on a été obligé de surmonter avant d'aborder en public l'exécution de cet ouvrage. Quant à moi, je rendrai compte de mes propres impressions.

Comme toutes les autres symphonies, la *symphonie avec chœur* se compose d'un *allegro*, d'un *scherzo*, d'un *adagio*; c'est dans le dernier morceau que Beethoven a introduit les voix. Bien que les trois premiers puissent être considérés chacun comme formant un tout complet, ils ne sont ici que la préparation du grand drame final, dans lequel s'opère le dénouement. L'*allegro* est en *ré mineur*; il est néanmoins précédé d'une courte exposition en *la*. On verra tout à l'heure quelle a été l'intention du compositeur en disposant ainsi son introduction. Tout ce que les passions ont de plus impétueux et de plus volcanique est renfermé dans l'*allegro*. Un trait décisif, attaqué par trente archets avec une incroyable énergie, semble un de ces accens terribles qui résument la colère d'un homme, et forme le motif principal. Le poète se livre à ce premier élan de sa fureur. Après l'explosion, son âme affaissée retombe sur elle-même.

Une faible lueur d'espérance semble la traverser; les hautbois commencent une phrase mélancolique, les violons la répètent. Il voudrait se laisser aller à un sentiment tendre, mais les accens étouffés des trompettes, la voix souterraine des trombones, annoncent assez que ce calme n'est qu'apparent. Son imagination fait un dernier effort; elle se replie sur elle-même, elle interroge toutes ses idées, tous ses souvenirs; elle les abandonne, les reprend; ils s'entre-choquent, se heurtent. Enfin un long délire s'empare d'elle. Pour peindre ces fluctuations du désespoir, l'artiste a recours aux profonds développemens de son art. La phrase expressive du hautbois reparaît encore, mais les violons la rejettent en mineur. Cependant la crise est passée; on n'entend plus qu'un sourd mugissement des basses; il s'accroît, il s'enfle, semblable à une vague lointaine qui se grossit en approchant du rivage, et finit par s'y briser avec fracas. Le poète se réveille, il reprend ses sens, et ce long drame se termine par le trait vigoureux dont j'ai déjà parlé, et que tout l'orchestre frappe du même coup.

Dans le *scherzo*, un motif léger, sautillant, attaqué d'abord en canon par le hautbois, la flûte, la clarinette, le basson, s'échelonne peu à peu dans toutes les parties de l'orchestre, et plane enfin largement dans le *tutti*. Sans l'abandonner un seul instant, le compositeur nous présente une infinité de contrastes et de scènes variées, comme, en parcourant une perspective, on est frappé à chaque instant par des aspects et des accidens toujours nouveaux. Qui n'a été émerveillé de l'effet magique des timbales qui, à cinq reprises différentes, jettent leurs sons rauques à travers les mesures entrecoupées de l'orchestre; de ce rhythme qui se prolonge d'écho en écho; de ces périodes mordantes d'ironie et de verve, qui bondissent sur le velouté de l'harmonie; de ces images grotesques, fantastiques, sévères qui se poursuivent, se groupent, se séparent et forment au moyen des sons une véritable fantasmagorie de l'oreille? Dans le *trio*, le *deux-quatre* remplace le galop à trois temps. Le premier cor module un chant à contours naïfs et gracieux, sous la tonique que le second cor tient en pédale, tandis que les archets des premiers violons piquent un badinage sur la chanterelle. La réponse s'opère sur l'accord de dominante; les bassons se joignent aux cors, et montent en tierces arrondies; les basses s'élèvent lentement par demi-tons, et au moment où les accens du hautbois nous tiennent suspendus au-dessus de la tonique, une transition délicate nous jette dans une modulation inattendue qui s'exhale

comme un parfum délicieux. Après cet épisode
ravissant, le retour au motif du *scherzo* devient
plus piquant ; il nous entraîne dans sa course rapide, et au lieu de nous ramener, dans les dernières mesures, à la modulation favorite, le compositeur s'arrête et se contente de nous la laisser
entrevoir dans le lointain.

Mais le poète a pris son essor vers une région
plus élevée. On dirait que les bruits de la terre
viennent d'expirer dans les derniers accords du
scherzo. Les instrumens à vent entrent successivement sur chaque temps d'une mesure lente et
donnent l'accord parfait. On croirait entendre les
sons religieux de l'orgue qui se prolongent sous
les voûtes du temple, au moment où le dernier
rayon du jour vient mourir dans la longue nef. A
cette musique toute idéale, toute contemplative,
pleine d'onction comme la prière, l'ame s'ouvre
à de grandes pensées. Tout à coup, d'autres accens produisent sur elle d'autres impressions. Une
mélodie voluptueuse se balance mollement sur la
mesure à trois temps. Il y a ici deux idées. Dans
le cours du poème, le compositeur veut s'élever
par gradation des jouissances terrestres aux joies
ineffables qui découlent du sein de la divinité.
C'est sa pensée dominante. Dans l'*adagio*, il est
in lécis, il flotte, il hésite encore entre le ciel et

la terre; il oppose les sensations humaines aux chastes délices de l'extase. Et c'est ce qu'exprime tout ce morceau, profonde composition qui peint merveilleusement cet homme *double* dont parle Racine, et que la religion seule nous révèle.

Jusqu'à présent nous avons vu Beethoven suivre le plan tracé dans ses autres symphonies, avec cette seule différence qu'ici il taille plus largement dans son art et découvre des proportions qui consternent l'imagination. Nous allons le voir maintenant s'isoler de toutes les traditions reçues, et, par la seule force de son génie, produire une de ces créations neuves et originales, dont il n'existe nulle part de modèle, et dont rien de ce qui est n'a pu lui donner l'idée. D'abord à cet accord rauque et sauvage attaqué soudainement par les instrumens à cuivre, à cet orchestre qui se précipite et roule avec fracas sur une harmonie rocailleuse, on se figure entendre la sybille, impatiente du dieu qui la presse, mugir dans son antre :

. . . . Immanis in antro
Bacchatur vates, magnum si pectore possit
Excussisse deum.

L'orchestre se tait. La voix grave et solennelle des contrebasses entonne un récitatif. Il est interrompu par les trombones; l'orchestre recommence sa phrase ; mais tout haletant comme la déesse, il s'arrête. Le récitatif continue. L'orchestre, impatienté, impose de nouveau silence aux basses, et leur jette le premier motif en *la* de l'*allegro* ; forcé de l'abandonner, il veut saisir celui du *scherzo* ; vaincu pour la cinquième fois, il recommence l'*adagio*. Les contrebasses l'emportent enfin ; elles murmurent seules, à l'unisson, un chant religieux. Les violes, les violons s'en emparent successivement et se le cèdent les uns aux autres pour l'orner d'accompagnemens ; jusqu'à ce que l'orchestre tout entier, subissant la loi du vainqueur, répète unanimement ce motif sur un mouvement de marche dont les violons marquent le rhythme. Après une ritournelle pleine d'éclat, les trombones et l'orchestre font encore entendre de nouveau l'accord terrible ; alors une voix s'élève, et sur la mélodie du récitatif des contrebasses, elle prononce des paroles dont voici le sens : *Amis, il est temps de mettre fin à ces accords profanes ; faisons entendre des chants plus purs et qui respirent une joie céleste.* L'orchestre obéit ; les violons, les flûtes, les hautbois reprennent le chant religieux, tandis que l'accompagnement du basson imite les modulations du serpent des églises. La voix principale,

un quatuor d'ensemble et le chœur chantent alternativement l'hymne à la gloire du Créateur, et
célèbrent sa bonté, qui s'étend sur tous les êtres
depuis l'insecte jusqu'au chérubin. Ces paroles
sont tirées de l'*Ode à la Joie*, de Schiller; et c'est
à M. Richard, de Colmar, à la fois poète et musicien, que l'on en doit la traduction.

Tout à coup la scène change. Le *si bémol* du
basson résonne seul au grave par intervalle. Les
tierces de la flûte et du hautbois marquent un
rhythme gai et sautillant, les notes sèches des
trombones, les *grupetti* de la petite flûte donnent
à ces accens le caractère d'une danse villageoise
et je ne sais quelle allure antique. Je cherche à
pénétrer l'idée du compositeur, et je m'aperçois,
à ma grande surprise, qu'elle est toujours la même,
quoique sous une autre forme. Ici je désespère de
rendre l'impression de cette scène sublime, de cet
effet d'orgue porté jusqu'à l'illusion au moyen
des instrumens à vent et des basses, de ces mille
voix qui retentissent comme dans une vaste cathédrale, de ces larges unissons empruntés au
chant grégorien, de ces éclats des trombones, de
ces groupes des flûtes et des clarinettes, de ces
voix graves qui murmurent des sons sourds et
étouffés au moment où le poète invite les astres,
les *millions*, toutes les créatures à courber le front

devant le Créateur suprême et à lui chanter un *Te Deum* solennel.

Il était réservé à Beethoven de réaliser au dix-neuvième siècle les idées sublimes que les philosophes orientaux s'étaient formées de la musique : « La » musique, dit le *Li-Ki*, est l'expression et l'image » de l'union de la terre avec le ciel. » L'on croit voir ici cette divinité dont parle *Hoai-Nan-Tse* : « Les deux premiers instrumens, nommés *seng* » et *hoang*, servaient à Niuva pour communi- » quer avec les huit vents, par le moyen des » *kouen* ou flûtes doubles ; elle réunit tous les sons » à un seul, et accorda le soleil, la lune et les » étoiles : c'est ce qui s'appelle un concert parfait, » une harmonie pleine ; sa lyre était à cinq cordes ; » elle en jouait sur les collines et sur les eaux ; » le son en était fort tendre ; elle augmenta le » nombre des cordes jusqu'à cinquante, afin de » s'unir au ciel pour inviter l'Esprit à descendre. »

C'est aussi en se pénétrant des hautes idées de l'antiquité sur la voix humaine comparativement aux instrumens, que l'auteur les a réservées pour le dernier morceau, tout consacré à chanter les louanges de Dieu. Kant a défini le beau : « L'apparition immédiate de l'infini dans le fini. » Cette pensée s'applique merveilleusement aux compositions poétiques de Beethoven. Donnez une voix aux montagnes, aux vallées, aux fleuves, aux vents, aux élémens, à toute la nature, la musique de Beethoven représente cet immense concert. Tantôt il prend son vol dans l'espace, et, voyageur aérien, il découvre un monde nouveau ; tantôt, dans sa vaste sphère musicale, rassemblant les inspirations de toutes les époques, il se joue entre les traditions religieuses du moyen-âge et la verve scientifique des temps modernes. Jamais compositeur n'offrit un semblable mélange de chants naturels, de mélodies simples, et d'une harmonie compliquée et scabreuse. Et voilà le génie auquel on fait subir, en France, une longue quarantaine ! Les artistes du Conservatoire se sont bien promis de l'abréger, et, pour obtenir ses lettres de naturalisation, ils n'ont qu'à montrer l'homme.

La symphonie avec chœur est une de ses dernières œuvres. Il ne l'entendit jamais ; il était devenu sourd. Du fond de l'isolement où l'avaient jeté ses infirmités, accablé de dégoûts et d'ennui, il la lança dans son siècle comme un défi à la postérité. Après sa mort, arrivée à Vienne le 27 mars 1827, on frappa une médaille en l'honneur du barde musicien, avec cet exergue : *Le temps destructeur n'atteindra pas celui qui a devancé le temps.*

Dimanche dernier, pendant et après le concert,

l'émotion des exécutans était visible. Heureux
les artistes qui jouissent ainsi des bienfaits du
génie, et qui ont la conscience que leurs efforts
ne seront pas perdus pour l'art ! L'impression
n'a pas été moins extraordinaire sur une partie de
l'auditoire. L'exécution a été en tout digne de
cette grande production. M. Habeneck tient l'orchestre sur la pointe de son archet. Je ne cite
aucun des autres artistes : il faudrait les nommer
tous.

POLÉMIQUE.

La vie des arts est marquée par des époques, et celles-ci sont marquées par des hommes chargés de les représenter. L'art offre à chacune de ces époques un caractère particulier, des traits distinctifs, comme l'homme à ses différens âges.

Outre cette distinction de temps, il y a encore une distinction de lieux. L'art croît au soleil ou à l'ombre, au chaud ou au froid, végète avec lenteur ou pousse un jet précoce, selon le climat de chaque civilisation. Brillant et léger en Italie, artificiel et compliqué en France, il est profond et mélancolique en Allemagne. En Italie, il parle à l'imagination ; en France, à la raison ; en Allemagne, au cœur. Rossini, Cherubini, Beethoven, représentent à eux seuls l'époque musicale actuelle, et correspondent aux divers caractères nationaux que je viens de signaler.

Nul doute que notre époque, prise dans son ensemble, ne soit une ère de progrès ; mais, comme dans toutes les époques de transition, il s'y trouve plusieurs élémens de différens systèmes hétérogènes qui la tiraillent chacun dans une tendance particulière. Une impulsion ne succède pas à une première impulsion sans que celle-ci ne fasse un dernier et violent effort pour amortir la seconde. Or l'état de la musique offre précisément le spectacle d'une semblable lutte : d'un côté une large et pleine voie de développement, de l'autre une voie de décadence ; entre les deux, une voie stationnaire.

En indiquant les diverses tendances des écoles italienne, française et allemande, je ne prétends pas, pour ce qui concerne la première, attribuer au système adopté par Rossini la cause de la décadence dont je viens de parler. Je pense, au contraire, que ce grand compositeur a pu seul donner à cette école la vie et l'éclat dont elle brille aujourd'hui, en remarquant néanmoins que tout ce qu'elle renferme de germes de durée et d'élémens de conservation ne saurait concourir à la grande restauration de l'art et s'allier à un système nouveau, que ces élémens ne soient dégagés entièrement des principes inertes, usés, auxquels ils ont été mêlés.

Pour ce qui est de l'école française proprement dite, déjà étouffée sous le jet nouveau des deux autres, dont les rameaux tendent à se rapprocher, elle languit aride et se meurt. Sans doute il y a dans la nation une sève qui fermente ; il se fait en elle un travail régénérateur. Elle attend son homme ; il ne s'est pas montré encore, mais à coup sûr il existe. Quoi qu'il en soit, on n'aperçoit nulle part une forme arrêtée et caractérisée, si ce n'est l'ombre décharnée de l'école classique, qui s'en va toute ridée de science.

Restent donc deux grands systèmes qui se partagent les deux grands genres de musique, l'un instrumental, l'autre vocal, et qui doivent se compléter l'un par l'autre : le premier développé par Beethoven, le second créé par Rossini. Ces deux hommes, chacun dans sa sphère, ont obéi à la même impulsion qui a déterminé de nos jours une révolution analogue dans tous les ordres d'idées. Ainsi tout marche, et tout marche ensemble.

... Toutefois Beethoven et Rossini ont compris diversement ce mouvement d'ascension. Je ne conçois pas de développement possible sans le concours simultané de deux ordres : l'un de principes immuables consacrés par l'expérience universelle, et qui constituent l'art ce qu'il est en soi, dans sa nature, dans son essence ; l'autre de développement progressif qui étend et agrandit l'art de tout ce qu'il acquiert successivement et du génie et du temps : développement qu'il ne faut pas confondre avec ces innovations purement arbitraires, sans germe d'existence, parce qu'elles sont sans racine dans la nature humaine, isolées, sans règle, sans vie. Cette doctrine vient se résumer au complet dans ce qu'une haute philosophie a appelé l'*ordre de foi* et l'*ordre de conception*.

Examinons maintenant la doctrine que l'école a substituée à celle-ci. Quelques individus se sont rencontrés qui, s'érigeant en arbitres suprêmes du goût et du beau dans leur art, ont fouillé dans les archives du génie, ont révisé ses titres ; ont décidé en dernier ressort de ce qui était vrai, de ce qui était faux ; ont appelé règles invariables des formules arbitraires péniblement élaborées dans leur tête ; ont assigné à l'activité de l'esprit humain les bornes de leur propre capacité ; et, emprisonnant le génie dans les limites circonscrites de leur sphère particulière, lui ont dit : *Tu n'iras pas plus loin !* Du reste, pour tout ce qui tient aux traditions des siècles, aux développemens futurs, liberté entière, disent-ils, à condition qu'on ne sortira pas du cercle de leurs théories. Cette école, en littérature, a pris le nom de *classique* ou d'*académique*; en musique, elle s'est décorée du nom de *Conservatoire*. Un enseignement despote, un génie esclave, un art artificiel, exotique, voilà ce qu'on doit à cet ordre de foi bâtard.

L'esprit d'investigation qui forme le caractère intellectuel des Allemands lutta avec avantage contre cette disposition à l'immobilité naturelle à l'école. Néanmoins plusieurs partisans de Haydn et de Mozart ne furent pas à l'abri de ce préjugé classique. Je suis loin de méconnaître ce que l'on doit à ces deux musiciens célèbres, que je n'hésite pas à placer au rang des grands hommes. Très-probablement sans eux Beethoven n'aurait jamais existé, ou du moins n'aurait pas été Beethoven. Haydn est le créateur de la musique instrumentale, et ce titre suffirait à sa gloire quand bien même il n'eût laissé en ce genre tant d'admirables chefs-d'œuvre que rien ne fera oublier. Je ne sais pourtant si je m'abuse : malgré l'originalité de ses conceptions, jusque dans ses créations les plus vierges, les plus primitives, on sent encore je ne sais quel *faire* conventionnel, je ne sais quoi d'exigé, de formulé qui ressemble à de l'étiquette. Point de cette couleur antique, de ces inspirations hardies qui rassemblent sous un point de vue

l'art et ses âges. Rien n'y sort du cercle d'une
école et d'une époque; tout y porte la date d'un
siècle. J'en dirais peut-être autant de Mozart si
Mozart n'eût agrandi la sphère du maître, et si
d'ailleurs la mort ne l'eût surpris à trente-cinq ans,
au moment où son génie fût devenu à la fois
chroniqueur et cosmopolite; au moment où, ainsi
qu'il le disait lui-même, il allait écrire *sous la
dictée de son cœur.*

Beethoven prit la musique au point où Mozart
l'avait laissée. Ses premiers quatuors, ses deux
premières symphonies appartiennent encore au
genre classique. Cependant son individualité s'y
dessine déjà à grands traits, et l'on sent qu'il n'est
pas à l'aise dans la sphère où le génie de ses pré-
décesseurs s'était renfermé. A lui seul, le *finale*
de la deuxième symphonie, tout le cinquième
quatuor en *ré majeur*, font pressentir la symphonie
en *la*, le quatuor en *si bémol*, et servent de transition entre ces deux époques de sa carrière d'artiste.
Musicien à la première, musicien-poète à la
seconde, dans la troisième le monde, la nature,
ne lui suffisent plus; il lui faut l'infini.

Je vais parler des effets de la musique sur
l'ame. Mais ici se présente l'éternelle question de
savoir comment un art dépourvu de toute expression
fixe et positive agit si puissamment sur notre être.

Il semble, d'après les impressions qui nous viennent de la poésie et de la peinture, que le cœur ne peut être ému sans que l'esprit soit éclairé par une idée ou arrêté sur une image, laquelle exprime aussi une pensée. Ainsi l'expression de ces deux arts est déterminée; l'expression musicale, au contraire, est indéterminée, parce qu'il est impossible d'assigner un sens fixe quelconque aux diverses combinaisons des sons. L'impression découle ici d'une sensation d'une nature tellement vague qu'elle ne saurait faire naître tel sentiment à l'exclusion de tout autre, et le produire identique chez tous les individus. Mais c'est à raison de ce vague même que la musique nous affecte si intimement; c'est que le cœur humain est vague dans ses pensées, dans ses désirs, dans ses espérances, qu'il est sans cesse indécis, ballotté, flottant, et, comme dit saint Augustin, *ne sachant où se poser*. Qu'on ne cherche pas en dehors de soi et dans l'art même l'explication de ce langage mystérieux ; c'est dans son ame que chacun la trouve. Une ame pieuse y verra l'expansion de sa prière ; une ame ardente le délire de sa passion, une ame tourmentée les déchiremens du remords. Si parfois il arrive que la musique réveille une pensée commune, c'est que ses effets s'associent alors à une impression connue. Hors de ce cas son expression n'a plus de limites, parce que le cœur humain contient l'infini. C'est pour cela qu'Hoffmann appelle la musique le plus romantique de tous les arts. De là cette pensée si vraie que je tiens d'un homme à qui je dois laisser le soin de la développer. La musique, suivant M. de Montlosier, est la parole de l'ame sensible, de même que le langage est la parole de l'ame intellectuelle. Et quant à ces êtres disgraciés qui sont nés *insensibles* aux séductions de cet art, il ajoutait qu'ils sont, relativement à la musique, ce que les sourds-muets sont à l'égard de la parole. Le sens intérieur leur manque, comme le sens extérieur aux seconds.

Ce qui prouve que la musique n'est pas un art tout de sensations, ou plutôt que les sens ne sont que les conducteurs de ce fluide magique, c'est que tout compositeur peut *penser* sa musique, qu'il peut en entendre intérieurement toutes les parties, tous les effets. Beethoven (et remarquez qu'à la fin de sa vie il était devenu sourd) ne prenait jamais la plume, que toute son œuvre fût arrangée, *gravée* dans sa tête avec ses innombrables détails; et lorsqu'il écrivait il n'y changeait jamais une note. Ainsi l'on écrit la musique comme la parole, donc la musique est un langage. Tout homme bien organisé peut jouir d'un air qu'il a retenu, et le chanter en lui-même; seulement, quand il l'entend exécuter, le plaisir qu'il éprouve s'accroît de toute l'intensité de la sensation. Combien de fois m'est-il arrivé d'être poursuivi, obsédé par une mélodie que je voulais chasser de mon imagination, et qui revenait sans cesse pour me persécuter de nouveau! Ici, comme dans les cas précédens, la sensation n'est évidemment pour rien, puisque physiquement je n'entends pas, et que je puis entendre en même temps un bruit étranger. Si l'on dit que la musique ne produit d'autres effets que ceux de la sensation, la musique est impossible; car il faudrait supposer que le musicien, au moment où il compose, éprouve les mêmes effets; ce qui est absurde. Tout prouve au contraire que c'est dans le calme des sens que le musicien produit. Il existe à cet égard une analogie frappante entre l'auditeur et le compositeur: l'existence extérieure est nulle pour eux. La musique endort leurs sens. Quant à celui qui écoute, elle se sert de l'ouïe comme d'un véhicule au moyen duquel elle établit avec l'ame ses mystérieuses communications. Non, ces visions d'un monde merveilleux ne nous viennent pas du dehors. Plusieurs personnes, et celui qui écrit ces lignes est du nombre, assurent que pendant le sommeil il leur est arrivé d'entendre une

musique ravissante, aérienne, céleste, telle que
sur la terre il n'en existe pas de semblable. Ré-
pondra-t-on que c'est le souvenir d'une sensation? Mais d'abord comment se fait-il qu'un
simple souvenir soit plus parfait que la sensation
elle-même? et en second lieu faudra-t-il attribuer
à la même cause ces intuitions sublimes, ces sou-
daines illuminations qui, pendant le sommeil, brillent tout d'un coup à l'esprit d'un poëte, d'un méta-
physicien, d'un philosophe, au lieu d'y voir, comme
je suis porté à le croire, une révélation d'en haut?

Beethoven, à qui cette digression me ramène,
dans la vie ordinaire était dans un état approchant
du somnambulisme. Brouillé avec la vie positive
des autres hommes, la sienne était vague, rêveuse,
idéale comme la musique. À Vienne, il entre dans
un restaurant, demande la carte, la retourne, tire
un crayon de sa poche, trace des lignes et des
notes sur le revers. Quelques instans après un gar-
çon apporte le potage; il répond qu'il a dîné, et,
sans laisser le temps de faire la moindre observation, il paie et s'en va.

Ainsi absorbé dans la musique, elle s'identifia
avec tout son être, comme Paganini avec son
violon. De même que l'instrument de Paganini exprime bien mieux l'homme que l'homme ne peut
le faire tout seul, la musique devint sa parole et

nous fit connaître sa pensée bien mieux que le langage. Entre ses mains la musique instrumentale se développa et s'accrut de tout ce qui débordait dans son ame. Isolé, comme je viens de le dire, de la société de ses semblables, d'abord par son caractère indépendant, chagrin et maussade ; plus tard, par ses infirmités, sa tête était devenue un volcan, et il chargeait la musique d'exprimer tout ce qui fermentait dans ce cœur, dans cette imagination bouillonnante. Aussi, à l'exception de Byron et de Bonaparte, je ne connais pas d'homme, dans les temps modernes, qui ait imprimé à ses œuvres un tel caractère de grandeur et de force.

Dans la symphonie, il s'est montré plus particulièrement poète ; dans le quatuor, c'est l'homme qu'il a voulu peindre ; il est ici plus profond, plus philosophe.

Une idée traverse son imagination : il la prend, triviale ou noble, grandiose ou naïve, selon qu'elle se présente à son esprit. Voilà le sujet de sa symphonie. L'orchestre s'ébranle, se meut, roule avec fracas, ainsi qu'une vaste machine qui pivote sur un point fixe. Voyez (car on croirait, comme dit un grand artiste bien digne d'être cité à côté de Beethoven, qu'à certains instants l'oreille aussi a sa vue [1])... voyez l'architecte magique éle-

[1] Victor Hugo, *Notre-Dame de Paris*, le *Carillon*.

ver d'abord une façade imposante, la surmonter de portiques et de colonnades, y jeter des frises, des arabesques, des rosaces. L'édifice se découvre, s'agrandit ; il est immense, indestructible. Tout à coup il souffle dessus ; la masse pyramidale s'évanouit ou tombe en flocons légers qui tourbillonnent dans l'air ; alors une voix s'élève, triste, lugubre, du milieu de ces décombres. Les plaintes du poëte s'exhalent peu à peu en une rêverie abandonnée, il s'endort sur ces ruines. Pendant son rêve, tous les accidens, tous les effets du monde réel, toutes les visions d'un monde idéal, toutes les apparitions fantastiques passent et repassent devant son imagination. Ces images, distinctes d'abord, s'épaississent, s'entre-croisent, puis s'obscurcissent de taches noires et livides. Il se réveille en sursaut, et, comme un enfant qui a brisé son jouet, le visage rouge de colère et mouillé de pleurs, il part d'un rire forcené et diabolique ; il ramasse ces débris, construit à la hâte un chaos. Insensiblement ces blocs informes se dessinent, les nuances se tranchent, les objets saillissent et s'éclairent ; les sons représentent les divers effets de la lumière, et le palais enchanté, splendide, harmonieux, s'enfuit et disparaît dans le lointain.

— Dans le quatuor, Beethoven est d'autant plus admirable que sa pensée, débarrassée de l'attirail

poétique de l'orchestre, s'y montre plus entière,
plus intime, plus nue. C'est dans le silence et
pour ainsi dire dans le tête-à-tête de la confidence
qu'il me dévoile les secrets de son cœur, qu'il me
fait le long récit de ses souffrances, de ses joies,
de ses passions. Il me semble le voir étendu, ou
plutôt crucifié sur un grabat, pâle, haletant,
roulant ses membres, livré à toutes les tortures
du désespoir, me découvrant sans réticence, sans
arrière-pensée, le fond de son ame, ses contradictions et ses angoisses : langage mystérieux,
profond, que l'on ne peut entendre du milieu de
l'existence extérieure du monde, du sein de ce
tourbillon où les regards tombent sur mille objets
sans se fixer sur un seul, mais qui pénètre jusqu'à
la moelle des os, qui remue jusqu'aux dernières
fibres de son être, l'homme exercé par le malheur
à se replier sur lui-même et à ne pas se dissimuler
sa conscience. Voilà le philosophe, non le moraliste sec, dissertateur, mais l'homme, l'homme
vivant d'une double vie, à la fois objet d'admiration et d'une immense pitié, penché vers la terre,
mais regardant le ciel ; débile et puissant, adorant
et blasphémant tour à tour ; consumé d'amour et
brûlant de rage ; et, des chastes délices de l'extase,
descendant, misérable, honteux, dans la fange de
son cœur.

Et lorsqu'on pense que dans sa course immense, ce géant ne s'est jamais arrêté; qu'à l'âge où les facultés humaines commencent à décliner, les siennes augmentaient en jeunesse et en puissance; qu'à cinquante-cinq ans, à la dernière année de sa vie, il posa les bases d'un genre tout nouveau en musique, dans cette symphonie monumentale connue sous le nom de symphonie avec chœur : l'imagination, impuissante à fixer le point auquel il serait parvenu, retombe effrayée sur elle-même. D'ici à un siècle peut-être, un homme, prenant son point de départ de cette limite tracée par un tombeau, découvrira aux générations étonnées un nouvel horizon, et cet horizon déjà Beethoven l'aurait déroulé à nos yeux sans le coup qui le frappa. En 1828, un an après sa mort, on exécutait à Vienne la symphonie en *la*. Il y avait dans l'auditoire un homme échevelé, muet, absorbé. Tout à coup des larmes couvrent son visage, et cette exclamation *È morto ! è morto !* s'échappe de sa bouche. Cet homme, c'était Paganini. Ainsi le génie ne fait qu'effleurer la terre. Un autre génie prononce son oraison funèbre. *È morto !* Et le monde avance, puis il s'arrête, jusqu'à ce qu'une nouvelle secousse l'ébranle et le pousse encore.

Quelquefois un phénomène se manifeste: le génie meurt dans un homme qui ne meurt pas;

ou plutôt le génie s'envole ; il *remonte au ciel dont il est descendu*; l'homme reste seul. Il n'y a plus de différence entre les autres hommes et lui, si ce n'est une auréole de gloire qui brille encore autour de sa tête, comme ces lampes qui brûlent sur un cercueil. Il y a eu tels hommes, hommes de génie jusqu'à quarante et cinquante ans ; après cela, ils rentrent dans la vie commune, et n'habitent plus que la terre ; on les voit passer comme des sépulcres vivans. Mais pour Beethoven, ce n'est pas cela. On dirait que le génie de la musique, comme cette fatalité dont parle Bossuet, a soufflé sur sa tête, en lui criant : *Marche !* Mais l'homme n'a pas marché seul, isolé : l'art en masse a avancé avec lui. Dans ses ouvrages sont venues se grouper, se résumer toutes les traditions, toutes les poésies, toutes les inspirations, depuis les chants de la primitive Église jusqu'à Mozart, depuis Michel-Ange jusqu'à Rubens, depuis Homère jusqu'à Lamartine.

La révolution opérée par Beethoven dans la musique instrumentale, Rossini l'a faite dans la musique vocale dramatique. J'ai déjà fait entendre cependant que ce dernier n'a pas envisagé les progrès de l'art sous un point de vue aussi complet. Ceci se rapporte, non à l'accompagnement, qu'il a peut-être moins orné que chargé, mais

au genre instrumental, qu'il a laissé en arrière ;
et ses ouvertures, du reste riches de mélodies pi-
quantes et originales, en sont la preuve. Après
l'exposition, le *tutti*, la *cabaletta* et le *crescendo*
obligé, une transition brusque ramène le premier
motif. La *cabaletta* et le *crescendo*, au lieu de
voltiger et de galoper à la dominante, rentrent à
la tonique, et tout est fini. Soit précipitation,
soit envie de narguer l'école, ce qui est plus pro-
bable, Rossini a toujours dédaigné les développemens. Cette logique de la musique, qui consiste
à tirer d'un sujet tout ce qu'il renferme, toutes
les idées incidentes, toutes les oppositions, tous
les rapprochemens ; à le présenter sous des formes
inépuisables, comme dans un discours on déduit
toutes les conséquences d'un principe, on en fait
voir toutes les applications : cette logique est pour
lui l'objet d'un profond mépris. Fort des grands
résultats qu'il a obtenus dans les autres parties de
son art, dans le chant, dans la manière de poser
les voix et de rendre dramatiques les ornemens et
jusqu'aux *fioriture* de la mode ; de l'effet de ces
belles et brillantes périodes réchauffées par un
souffle puissant ; de l'effet non moins décisif d'un
rhythme vainqueur ; enfin, et à cause de tout
cela, fort du poids de son nom, il n'a vu dans le
reste qu'une morgue pédantesque, et y a opposé

un dédain satirique. Non-seulement il a foulé aux pieds les règles arbitraires des classiques, mais souvent il a remis en question les traditions reçues. Ce qui était rejeté comme le rebut de la doctrine, il l'a ramassé à plaisir dans la poussière de l'école, pour le rajeunir, le colorer malicieusement entre ses doigts brillans, en rancune de la science.

Cependant Rossini a rendu d'éminens services à l'art. Le premier il a proclamé en France le principe de liberté illimitée, comme un libéralisme généreux l'avait fait en politique, le romantisme en littérature et en poésie. A raison de son universalité, Rossini a prouvé que ce principe renfermait un germe fécond de vie et de développement. Il a porté à l'école un coup dont elle ne se relevera pas, comme le romantisme au classique. Il a tué, en musique, cette centralisation de la doctrine, regrettée par quelques savans comme un privilége. Il a rendu à cet art son moyen d'action le plus puissant, le rhythme, que l'école avait étouffé sous les bandelettes de la science.

J'ai distingué trois époques dans la carrière de Beethoven. Je pourrais diviser en trois celle de Rossini : la première, qui commence à son premier opéra, *Cambiale de matrimonio*, 1810, et qui finit à *Il Filio per azzardo*, 1813; la seconde , qui commence à *Tancredi*, même année, et finit au *Comte Ory*, 1828 ; enfin la troisième, qui se compose de *Guillaume Tell*. J'avertis un peu tard peut-être que les observations précédentes ne sauraient tomber sur ce dernier chef-d'œuvre. Tous ces moyens d'effet , rajeunis par Rossini et usés entre ses mains , ici il les a répudiés. Il a su faire une large part aux traditions de l'art, sans concession en faveur d'une école fausse et mesquine. On n'a pas assez calculé, selon moi , tout ce que suppose de puissance une semblable transformation du génie , dans un âge mûr, après trente-cinq opéras , et , pour ainsi dire, du sein d'un système arrêté et suivi jusque-là avec persévérance. Il y a ici un tour de force dont lui seul a donné l'exemple.

Il était impossible qu'un tel homme , venu dans un tel temps , doué d'une si riche imagination et de facultés si séduisantes , n'entraînât la génération d'artistes qu'il avait fascinée dans la sphère de son brillant génie. Et cependant si un homme devait être moins qu'un autre proposé à l'imitation , c'était assurément Rossini. Éblouis par la magie de son talent , les imitateurs se sont jetés à corps perdu dans son système. Ils ont appauvri l'art qu'il n'avait fait que simplifier, et ils ont formé une sorte d'école qui ne brille que d'un reflet de son nom.. On peut, on doit profiter des améliorations introduites par le génie, mais on joue son individualité à vouloir prendre celle d'un autre. Grâce à leur talent, ils sont devenus de jolies miniatures d'une grande statue; mais qu'ils prennent garde, un rien peut les faire grimacer, et voilà la caricature.

Je le répète: dans le genre vocal Rossini n'a pas de rivaux. Sous ce point de vue, l'Allemagne a un grand pas à faire. Autant que je puis lire dans les destinées futures de l'art, c'est de la réunion et, pour ainsi dire, de la fusion du système vocal créé par Rossini et du système instrumental tel que Beethoven l'a conçu, que doit se former un grand système lyrique-dramatique. *Guillaume Tell* est la pierre d'attente. Mais il est un autre élément qui doit entrer pour sa part dans cette régénération : c'est la poésie, cette antique sœur de la musique. Le système de prose cadencée de M. Castil-Blaze, tout ingénieux et tout vrai qu'il est relativement à notre époque, ne saurait être regardé comme définitif, parce qu'il n'est pas dans la nature des choses. Il ne faut point perdre de vue que nous sommes dans une ère de transition, que chaque élément a été détourné de son but principal, qui est l'harmonie de l'ensemble, à laquelle tout doit tendre, pour être précipité dans une voie tout individuelle. A mesure que les arts dévieront de la fausse direction que leur ont donnée les conventions humaines, se replaceront sur leurs bases naturelles, et convergeront vers un centre commun, les rapports qui doivent exister entre eux renaîtront d'eux-mêmes ; et, sans rien perdre de leur essence, ils viendront concourir, chacun pour leur part, à cette majestueuse unité dans laquelle le vrai et le beau se confondent.

J'ai présenté l'école comme le plus grand obstacle aux progrès de l'art. J'ai besoin de m'expliquer à ce sujet pour prévenir toute interprétation qui serait loin de ma pensée. L'enseignement se compose de plusieurs branches qui toutes doivent être cultivées avec le même soin et dans la même proportion. Malheureusement, pendant long-temps en France, les diverses parties de l'enseignement ont été sacrifiées à l'étude du contre-point et de la composition, étude rigide et toute scolastique. Si, dans l'exécution instrumentale, nos jeunes artistes sont parvenus au plus haut point de perfection qu'il soit possible d'atteindre, c'est que cette partie a été confiée à des mains particulières. Il est facile d'entrevoir les résultats qu'a dû produire un tel système isolé et rétréci.

On a fait d'habiles routiniers, on n'a pas fait d'artistes. Au lieu d'enseigner un art, on a appris un métier. Joignez à cela une sorte de méfiance que non-seulement l'école nourrit de ses propres sujets, mais que la nation a d'elle-même, et vous comprendrez pourquoi le découragement tue le peu d'enthousiasme qui reste. De pareilles mesures réagissent tôt ou tard contre leurs auteurs. MM. Lesueur, Berton, Boïeldieu, et surtout Méhul et M. Cherubini, voilà certainement des noms fort imposans. Il est heureux que l'admiration allemande vengé ces deux derniers de l'oubli dans lequel leurs ouvrages sont tombés parmi nous. Du reste, il en devait être ainsi chez le peuple allemand, patient et studieux; pour ce qui est des Français, qu'ils ne les accusent pas d'ingratitude, la première faute est à eux.

Si de l'école je passe aux artistes, un certain nombre d'entre eux me paraissent peu propres à favoriser la régénération musicale. Je divise les artistes en trois classes.

Dans la première, je range les *jeunes* artistes; et quand je les appelle ainsi, ce n'est pas que je les classe d'après la date de leur acte de naissance, mais parce qu'il s'opère en eux un développement constant correspondant aux développemens successifs de l'art; Selon qu'ils auront du génie, du talent

ou de la bonne volonté, ils devanceront ou hâteront
ce mouvement. A ce rang je place M. Habeneck,
qui n'est plus jeune. Il en est d'autres moins âgés
que lui que je ne nomme pas, et que je dois écarter.

Dans la seconde je range les *vieux* artistes,
c'est-à-dire ceux qui s'imaginent que l'art a définitivement été fixé par tel ou tel homme, ou qui,
le mesurant d'après leurs propres facultés, sont
fermement convaincus qu'il ne saurait aller au-
delà du point où ils se sont arrêtés eux-mêmes :
espèce de revenans d'une autre époque, qui sortent par momens de leur cabinet comme du passé,
pour voir défiler le siècle devant eux, et se ven-
gent de ne pas le comprendre en le prenant en
profonde pitié. Plusieurs hommes jeunes par
leur âge figurent dans cette seconde classe, par
la raison contraire à celle que j'ai exposée plus
haut.

Enfin, dans la troisième, viennent se ranger
les artistes qui, au lieu d'aimer l'art pour l'art,
ne l'aiment que pour eux-mêmes ; qui se figurent
en quelque sorte en être le centre, et que tout
doit aboutir à leur *moi*. C'est un ridicule comme
tant d'autres, sans conséquence chez les gens
qui n'y joignent aucun talent. Mais si, par malheur, il se fait une semblable alliance entre le
génie et l'orgueil, le mal est grave : alors il se

forme autour de l'idole un essaim d'adulateurs, cet essaim forme une secte, cette secte une école qui dévore l'art, et l'art meurt.

LETTRE A M. FÉTIS, DIRECTEUR DE LA REVUE MUSICALE.

Paris, 15 avril 1833.

Monsieur,

Permettez-moi de me féliciter d'abord de ce que vous avez paru attacher assez d'importance à mon article inséré le 5 de ce mois, dans la *Revue de Paris*, sous le titre : *Du mouvement et de la résistance en musique*, pour consacrer à son examen sept colonnes de votre recueil. Mais aussi souffrez qu'à mes remerciemens je joigne quelques observations relatives à la manière toute particulière dont vous avez entendu et expliqué les principes que j'y expose. Si vous vous étiez borné à combattre ces principes, vous auriez usé de votre droit. C'eût été, dans ce cas, une guerre de système à système. Mais vous en avez agi autrement : vous m'avez prêté des idées que je n'ai jamais exprimées, et, chose singulière, vous les avez réfutées, par les principes mêmes que j'établis. De telle sorte que, pour me justifier, il est peu nécessaire de rappeler mon article : il sera bien plus simple et bien plus agréable pour moi, monsieur, de recourir à vos propres paroles.

Je me vois forcé à regret de revenir sur quelques principes qui ont servi de base à ma discussion. Et d'abord il est impossible de raisonner sur un art quelconque, si l'on ne part de quelques notions premières, de quelques règles fixes, universellement reconnues pour vraies, qui constituent à la fois son essence et la certitude de sa doctrine, et forment la partie constante et immuable de l'art. Envisagée de cette manière, la musique compose un corps de science, une doctrine commune, positive, à laquelle quiconque veut en faire une étude est obligé d'acquiescer. De là ce qu'on a appelé *l'ordre de foi.*

Mais comme tout tend à se développer, à se perfectionner, et que, du reste, l'activité est de l'essence même de l'esprit humain ; à côté de cet ordre, s'élève un autre ordre que l'on a nommé *l'ordre de conception,* qui se compose des conceptions successives de l'intelligence. Celui-ci a dans le premier sa base et sa règle : il y a sa base, parce qu'il suppose toujours des vérités sur lesquelles l'esprit humain s'exerce ; il y a sa règle, parce qu'un art ne peut se développer que conformément aux lois en vertu desquelles il existe. Dès là qu'une conception s'harmonise avec les élémens primitifs qui constituent l'art, dès là qu'une découverte est sanctionnée par l'expérience, elle rentre dans la sphère de l'art et fait partie de l'ordre de foi.

Ainsi, l'esprit humain, lorsqu'il conçoit, est à la fois dépendant et libre : dépendant des lois qui composent l'ordre de foi et qui sont aussi celles de l'intelligence; libre, parce qu'il ne dépend que de ces lois, qui sont celles de la nature. Tout développement tient donc de ces deux ordres, du premier, dans lequel il trouve la base sur laquelle il s'opère; du second, parce qu'il suppose l'exercice de l'activité de l'intelligence.

Telle est, monsieur, la doctrine, indiquée sommairement dans mon article. Toutefois cette doctrine, que je ne puis reproduire ici dans toute son étendue, vous l'avez si singulièrement travestie, que si je ne craignais de ne m'être pas assez clairement exprimé, je serais tenté de croire que vous ne m'avez pas compris.

De ces deux principes, vous m'avez fait tirer deux conséquences fausses; savoir, la première, que *je considère la science en musique, c'est-à-dire l'art d'écrire, comme la voie stationnaire, comme la résistance, comme l'obstacle enfin qui s'oppose aux progrès de la musique ;* la seconde, que je regarde les progrès de l'art comme tellement indépendans de la science positive et des traditions reçues, que le *mouvement* n'est, selon moi, que *l'oubli du passé,* et *qu'il ouvre à l'imagination une carrière sans bornes.*

Je suis d'autant plus étonné que vous m'ayez attribué un semblable raisonnement, que j'en avais fait précisément un tout contraire. En effet, en disant : « Je ne conçois pas de développement » possible sans le *concours simultané,* de deux or- » dres, l'un de principes immuables, etc., etc., » l'autre de développement progressif, etc., etc., » j'avois assez nettement exprimé, ce me semble, par ces mots, *concours simultané,* que la science, loin d'être *l'obstacle qui s'oppose aux progrès de l'art,* n'est au contraire en quelque sorte que le ressort de l'imagination ou du génie ; et de plus, en distinguant soigneusement les *développemens* des *innovations,* j'avais expliqué d'une manière non moins claire que le progrès, ou, si vous voulez, le *mouvement,* n'est pas *l'oubli du passé :* car, à moins de se contredire dans les termes, un développement n'est autre chose que l'extension d'un principe qui se prête à de nouvelles applications, se combine avec d'autres élémens homogènes, sans rien perdre de son essence ni de sa force interne. A voir la préoccupation dans laquelle vous semblez être à l'égard de ce passage, après l'avoir ainsi transcrit et commenté, il ne me reste plus qu'à vous prier de le lire.

Ma surprise augmente, monsieur, lorsque je vous vois vous-même développer la même doctrine. Vous distinguez très-bien la musique à l'état de *science proprement dite* et à l'état de *formes*. Sous le premier point de vue, la science *n'enseigne que la classification méthodique des faits qui se sont accumulés dans la suite des temps, et qui ont été les résultats des progrès de l'art.* Sous le second, *les formes sont aussi variables que les temps ; elles subissent l'empire de la mode..... elles constituent les styles.* Avouez, monsieur, que vous ne vous attendiez pas à vous réfuter vous-même.

Arrivons maintenant au troisième point, le point important, vital, de la discussion.

Entre le premier ordre, dont nous avons parlé, qui forme la doctrine commune, la partie invariable de l'art, et le second ordre qui compose sa partie mobile, flottante, fantastique même, viennent se placer deux systèmes également faux : l'un qui renverse l'ordre de foi en ne donnant pour règle de toute conception que le goût et les caprices individuels de l'homme ; l'autre qui détruit la liberté des conceptions. C'est de ce dernier système que j'ai voulu parler en signalant cette doctrine fausse, mesquine, désignée dans mon article sous le nom de *classique*, qui s'est avisée de substituer aux notions éternelles de l'art, des formules d'une époque, d'une école, d'un homme ; qui arrête tout progrès, tout élan, qui sape en aveugle dans les vénérables traditions de l'art, condamne d'avance toute tentative de développement, et, à force de sécheresse, de rigidité, de règles inflexibles, amortit le génie même. Misérable parodie de l'ordre de foi, qui atteste que l'homme veut toujours mettre son *moi* à la place des lois imprescriptibles de la nature ! En littérature, c'est le *classique*; en politique, c'est le *despotisme de la centralisation*; en religion, c'est le *gallicanisme*. C'est cette doctrine, et celle-là seulement, que j'ai attaquée comme l'obstacle aux progrès de la musique; c'est en elle que se manifeste la *résistance* au mouvement d'ascension que de nos jours Beethoven et Rossini me paraissent représenter, l'un dans le genre instrumental, l'autre dans le genre vocal. Et certes, je l'ai dit assez nettement pour ne pas vous laisser de doute sur ma pensée. Outre le dernier passage que vous avez transcrit dans son entier, et qui a tellement excité votre indignation que vous l'avez

qualifié de *déclamations fastidieuses*, j'ai dit,
en parlant de Rossini : « Non-seulement il a foulé
» aux pieds *les règles arbitraires des classiques*,
» mais encore il a remis en question *les traditions*
» *reçues*. — J'ai présenté l'école, » ai-je ajouté
à la fin de mon article, « comme le plus grand
» obstacle aux progrès de l'art. » L'école n'est plus
la science, et je suis loin de rendre la science res-
ponsable de tout ce que fait l'école. On disait à
je ne sais quel personnage de Gil-Blas, condamné
à tort : « La justice est bien injuste ! — Vous vous
trompez, répondit-il : la justice est toujours équi-
table ; ce sont ceux qui l'exercent qui ne le sont
pas. »

Je le répète, c'est de l'école et non de la science
que vient la résistance ; de même que dans l'ordre
politique la résistance ne vient pas des principes
qui sont la base des institutions, mais des idées
étrangères et fausses qui les vicient pour en empêcher le développement naturel. Vous m'assu-
rez, monsieur, que les Conservatoires n'enseignent pas d'autre science que celle que j'ai définie
d'abord, c'est-à-dire celle consacrée par l'expérience et qui constitue l'art ce qu'il est en soi.
Vous êtes bien mieux que moi à portée de le savoir ; et c'est sans doute pour m'offrir la preuve
de ce que vous avancez, que vous dites : « Je ne

» sache pas que le professeur de Conservatoire le
» plus entêté de sa vieille passion de science ait
» jamais conseillé à ses élèves de faire des fugues
» et du contre-point dans un opéra ; loin de là,
» il leur fait voir que ces formules musicales
» sont essentiellement liées à de certains styles
» qu'il ne faut employer qu'à propos, soit dans la
» musique sacrée, soit dans le genre instrumen-
» tal. Chaque chose a sa place. *Voilà la doctrine*
» *de l'école.* » Et moi je dis : Voilà la tyrannie
de l'école. Pour ce qui est de la musique religieuse, est-il rien de plus absurde que des fugues
obligées sur des paroles telles que celles-ci : *Kyrie,*
eleison; Et vitam venturi sæculi; Hosanna in
excelsis ; Amen, etc. ? Ne vaudrait-il pas mieux
laisser au compositeur la liberté de se livrer au
sentiment que ces paroles lui inspirent et de donner
à son poème la forme qu'il conçoit ? Le professeur
le plus *entêté* n'a jamais conseillé à ses élèves de
faire des fugues et du contre-point dans un opéra.
Eh bien ! moi, tout ennemi de la science que
vous me supposez, je dirai hardiment à un élève:
Faites des fugues dans un opéra, osez tenter un
nouveau moyen de frapper l'auditoire, si vous jugez que la situation de la scène soit favorable à de
semblables effets. Mais, monsieur, n'est-ce pas
vous qui avez parlé de *ces imitateurs qui ont con-*

verti le produit du génie en conventions et en formules ; qui, de toutes les choses inventées par le génie, font *des patrons sur lesquels chacun s'est habillé à sa taille ? Chacun*, remarquez bien ; ce qui veut dire *tous*. En vérité, monsieur, vous allez plus loin que moi, car je n'avais parlé que de *quelques individus*.

Si je suis parvenu à rétablir les points principaux de ma discussion, toutes vos accusations partielles tombent d'elles-mêmes. Je reprends maintenant certaines propositions de votre article que je ne m'explique que par l'espèce de préoccupation dont j'ai parlé plus haut. Selon vous, le mouvement dans l'ordre politique est *une tendance vers la substitution de l'exercice de la raison à celui de l'imagination*. Il ne m'appartient pas d'examiner jusqu'à quel point cette définition est juste. J'observe seulement qu'en politique vous vous rangez dans le parti du mouvement. Mais « le mouvement dans les arts, ajoutez-vous, » tel qu'on paraît le concevoir aujourd'hui, n'est » plus dans le même sens, car c'est précisément » la raison qu'on veut bannir pour ouvrir une » carrière sans bornes à l'imagination. Quant aux » résultats, ils sont à peu près les mêmes, car » ils se bornent *à des actes de velléité non satis-* » *faite*. » D'abord il n'est pas certain que le mou-

vement dans les arts , *tel qu'on paraît le conce-*
voir aujourd'hui, soit *tel* que vous le définissez.
Si , au contraire, il n'est autre chose , comme je
l'ai dit, que le développement de ce qui existe
déjà, que cette marche ascendante de tout ce qui
est susceptible de combinaisons nouvelles, de
quel droit venez-vous affirmer que ses *résultats*
ne se bornent qu'à des actes de velléité non sa-
tisfaite, et que le parti qui le représente est tout-
à-fait *dans l'incapacité de produire ?* Quoi ! ce
mouvement *qui n'a point eu d'interruption depuis*
quatre siècles (ce sont vos paroles), vous lui or-
donnez de s'arrêter brusquement , le 11 juin 1831,
comme Josué au soleil, en lui disant *Sta !* Et ,
tout en reconnaissant *aux vénérables artistes* des
siècles passés le droit de s'affranchir, *audacieux*
romantiques , des préjugés de leur temps et de
s'abandonner aux impressions de leur sensibilité
musicale en même temps qu'aux lumières de leur
raison, vous décidez qu'à dater d'aujourd'hui il
n'y aura plus de *préjugés à vaincre,* plus de progrès à faire !

D'une autre part, s'il est vrai que par mouvement en politique on entend telle chose déterminée, que par mouvement dans les arts on entend
la chose contraire, il faut convenir qu'*on* est bien
absurde, et que la société, prise dans son en-

semble, évidemment ne s'entend pas. Car il s'ensuivrait que la même impulsion qui se manifeste
dans tous les ordres d'idées, elle l'interpréterait
en sens inverse, suivant chacun de ces ordres en
particulier. J'ai besoin, monsieur, de me faire
violence pour me persuader qu'un esprit large,
étendu, soit à la fois du mouvement en politique,
et de la résistance dans les arts. Il n'y a pas de
raison alors pour que vous ne soyez stationnaire
en littérature, rétrograde en philosophie, etc.,
comme si l'esprit humain, selon les diverses formes sous lesquelles il se présente, suivant les diverses connaissances qu'il embrasse, devait tantôt
marcher, tantôt s'arrêter, tantôt reculer; et comme
si toutes les sciences, toutes les branches des études
humaines ne tendaient pas à une amélioration
progressive, à une vaste et magnifique unité.

« L'erreur de ce parti du mouvement, dites-
» vous encore, qui se désigne lui-même sous le
» nom de romantique, est de croire que le mou-
» vement n'a pas toujours existé, et que c'est
» d'aujourd'hui que date l'ère d'innovation. »
Pour ce qui regarde l'auteur de cette lettre, vous
ajoutez : « Si je l'ai bien compris, ce n'est, selon
» lui, que d'aujourd'hui que le véritable but de
» la musique a été aperçu. » Si vous m'avez bien
compris, monsieur? Vous avez raison de vous

mes principes, puisque vous êtes obligé de les admettre vous-même pour combattre ceux que vous me supposiez. Si, comme je suis porté à le croire, ceci n'est qu'un malentendu, je me félicite d'être entré dans ces explications avec vous, et j'aime à penser qu'elles suffiront pour dissiper vos doutes. Que si, au contraire, ce n'était qu'une attaque d'un système contre un autre système, je n'aurais jamais espéré, en entrant dans la lutte, avoir à combattre un adversaire tel que vous. S'il en est ainsi, je ne reculerai pas néanmoins, et le temps décidera.

Agréez, etc.

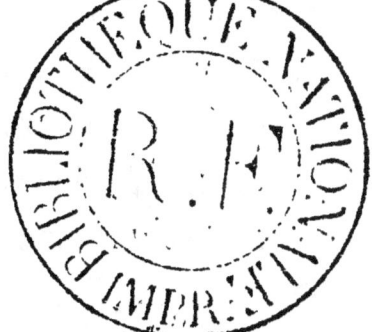

FIN.

TABLE.

FIN DE LA TABLE.

www.ingramcontent.com/pod-product-compliance
Lightning Source LLC
Chambersburg PA
CBHW051350220526
45469CB00001B/192